Grundkurs Geschäftsprozess-Management

Lizenz zum Wissen.

Sichern Sie sich umfassendes Technikwissen mit Sofortzugriff auf tausende Fachbücher und Fachzeitschriften aus den Bereichen: Automobiltechnik, Maschinenbau, Energie + Umwelt, E-Technik, Informatik + IT und Bauwesen.

Exklusiv für Leser von Springer-Fachbüchern: Testen Sie Springer für Professionals 30 Tage unverbindlich. Nutzen Sie dazu im Bestellverlauf Ihren persönlichen Aktionscode C0005406 auf *www.springerprofessional.de/buchaktion/*

Springer für Professionals.
Digitale Fachbibliothek. Themen-Scout. Knowledge-Manager.

- 🔍 Zugriff auf tausende von Fachbüchern und Fachzeitschriften
- ☺ Selektion, Komprimierung und Verknüpfung relevanter Themen durch Fachredaktionen
- 📎 Tools zur persönlichen Wissensorganisation und Vernetzung

www.entschieden-intelligenter.de

Springer für Professionals

Andreas Gadatsch

Grundkurs Geschäftsprozess-Management

Analyse, Modellierung, Optimierung und Controlling von Prozessen

8., vollständig überarbeitete Auflage

Andreas Gadatsch
Hochschule Bonn-Rhein-Sieg
Sankt Augustin, Deutschland

ISBN 978-3-658-17178-0   ISBN 978-3-658-17179-7 (eBook)
DOI 10.1007/978-3-658-17179-7

Die Deutsche Nationalbibliothek verzeichnet diese Publikation in der Deutschen Nationalbibliografie; detaillierte bibliografische Daten sind im Internet über http://dnb.d-nb.de abrufbar.

Springer Vieweg
© Springer Fachmedien Wiesbaden GmbH 2001, 2002, 2004, 2005, 2008, 2010, 2013, 2017
Das Werk einschließlich aller seiner Teile ist urheberrechtlich geschützt. Jede Verwertung, die nicht ausdrücklich vom Urheberrechtsgesetz zugelassen ist, bedarf der vorherigen Zustimmung des Verlags. Das gilt insbesondere für Vervielfältigungen, Bearbeitungen, Übersetzungen, Mikroverfilmungen und die Einspeicherung und Verarbeitung in elektronischen Systemen.
Die Wiedergabe von Gebrauchsnamen, Handelsnamen, Warenbezeichnungen usw. in diesem Werk berechtigt auch ohne besondere Kennzeichnung nicht zu der Annahme, dass solche Namen im Sinne der Warenzeichen- und Markenschutz-Gesetzgebung als frei zu betrachten wären und daher von jedermann benutzt werden dürften.
Der Verlag, die Autoren und die Herausgeber gehen davon aus, dass die Angaben und Informationen in diesem Werk zum Zeitpunkt der Veröffentlichung vollständig und korrekt sind. Weder der Verlag, noch die Autoren oder die Herausgeber übernehmen, ausdrücklich oder implizit, Gewähr für den Inhalt des Werkes, etwaige Fehler oder Äußerungen. Der Verlag bleibt im Hinblick auf geografische Zuordnungen und Gebietsbezeichnungen in veröffentlichten Karten und Institutsadressen neutral.

Gedruckt auf säurefreiem und chlorfrei gebleichtem Papier

Springer Vieweg ist Teil von Springer Nature
Die eingetragene Gesellschaft ist Springer Fachmedien Wiesbaden GmbH
Die Anschrift der Gesellschaft ist: Abraham-Lincoln-Strasse 46, 65189 Wiesbaden, Germany

Vorwort zur 8. Auflage

Seit der ersten Auflage dieses Buches im Jahr 2001 hat sich das Thema Prozessmanagement in Forschung und Praxis sehr stark weiterentwickelt. Das in den 1990er-Jahren u. a. von Michael Hammer, August Wilhelm Scheer und Hubert Österle entwickelte Konzept des „Business Reengineering" bzw. „Geschäftsprozessmanagement (GPM)" hat sich als Standarddisziplin der Wirtschaftsinformatik etabliert und die Betriebswirtschaftslehre sehr stark beeinflusst.

Jahrzehntelang genutzte betriebswirtschaftliche Fachbegriffe wie „Arbeitsablauf" oder „Funktion" wurden seitdem in sehr vielen Fach- und Lehrbüchern durch Begriffe wie „Geschäftsprozess", „Prozess" oder „Prozess-Schritt" ersetzt. Die fachliche Modellierung mit „ereignisgesteuerten Prozessketten (eEPK)" oder die technische Umsetzung mit Hilfe der „Business Process and Model Notation (BPMN)" wird bereits zum Teil schon an Berufsschulen für IT-orientierte Ausbildungsberufe unterrichtet. Gleiches gilt für die Nutzung von prozessunterstützender Standardanwendungssoftware, wie insbesondere dem SAP ERP-System, oder der Nutzung von kostenfreien Modellierungstools wie z. B. ARIS Express, das auch im Rahmen des Buches zur Modellierung der Beispiele verwendet wurde. Von daher kann man guten Gewissens sagen: Die Idee des Prozessmanagements hat die Welt verändert.

Prozesse werden zunehmend auch außerhalb wirtschaftlich tätiger Unternehmen (Geschäftsprozesse im ursprünglichen Sinn), im öffentlichen Dienst, in (größeren) Vereinen und anderen Institutionen betrachtet. Dennoch ist Geschäftsprozessmanagement noch immer nicht in allen Organisation real angekommen. Immerhin wird die große Bedeutung von Prozessmanagement regelmäßig in Umfragen und Interviews betont. Es mangelt allerdings noch an der konsequenten Umsetzung der Ideen und Konzepte. Eine kürzlich weltweit mit über 400 Teilnehmern durchgeführte wissenschaftliche Studie des Autors und seiner sehr geschätzten Fachkollegen Prof. Dr. Ayelt Komus von der Hochschule Koblenz und Prof. Dr. Jan Mendling von der Wirtschaftsuniversität Wien zeigt nach wie vor eine unzureichende Zielerreichung und Methodendefizite im Praxiseinsatz auf.

Diese Situation hat den Autor dazu veranlasst, das Buch zu überarbeiten und im Hinblick auf die Digitalisierung von Prozessen zu aktualisieren. Lag der Schwerpunkt bisher auf der Modellierung und dem IT-Einsatz mit Hilfe von ERP-Systemen, wird nun der gesamte „BPM-Life-Cycle" von der Strategieentwicklung über die fachliche Modellierung und technische Umsetzung bis hin zum übergreifenden Prozesscontrolling abgedeckt. Dazu wurden viele Passagen gestrafft, um Platz für aktuelle Fragestellungen (Digitalisierung, Industrie 4.0, Big Data, Cloud-Computing u. a.) zu schaffen.

Eine umfassende Überarbeitung eines langjährig an vielen Hochschulen und Universitäten eingesetzten Lehrbuches kann nur bedingt fehlerfrei gelingen. Über Verbesserungsvorschläge an andreas.gadatsch@h-brs.de freue ich mich sehr. Hier können Sie auch gerne die aktualisierten Grafiken des Buches für Lehr- und Ausbildungszwecke bzw. die wissenschaftliche Verwendung erhalten.

Abschließend möchte ich meinen Studierenden Alexander Axt und Thomas Neifer danken, die mich bei der Qualitätssicherung des Buches hervorragend und sehr zuverlässig unterstützt haben.

Sankt Augustin   Andreas Gadatsch
Januar 2017

Inhaltsverzeichnis

1	**Einführung in das Geschäftsprozessmanagement**	1
1.1	Begriffsklärung	1
1.2	Historische Entwicklung	2
1.3	Prozesse	5
	1.3.1 Merkmale	5
	1.3.2 Prozessdefinitionen	6
	1.3.3 Hierarchisierung von Prozessen	8
	1.3.4 Kategorien von Prozessen	8
1.4	Workflows	11
	1.4.1 Zentrale Begriffe der Informationsverarbeitung	11
	1.4.2 Workflow-Definitionen	11
	1.4.3 Abgrenzung Geschäftsprozess und Workflow	12
	1.4.4 Workflow-Typen	13
1.5	End-to-End Prozesse	14
1.6	Funktion versus Prozess	16
1.7	Wiederholungsfragen und Übungen	17
	1.7.1 Fragen	17
	1.7.2 Übung „End-to-End Prozess"	17
	Literatur	17
2	**Konzepte des Prozessmanagements**	19
2.1	Integriertes Geschäftsprozess- und Workflowmanagement	19
2.2	Strukturelemente	22
	2.2.1 Perspektiven des Prozesswürfels	22
	2.2.2 Ebenen	24
	2.2.3 Phasen	25
	2.2.4 Sichten	28
2.3	Vom Funktions- zum Prozessdenken	29
2.4	Optimierungskonzepte	32
	2.4.1 Business Reengineering	32
	2.4.2 Geschäftsprozessprozessoptimierung	34

| | | 2.4.3 Fallbeispiel: Restrukturierung Ersatzteilbeschaffung | 35 |
| | | 2.4.4 Fallstudie: Optimierung Bewerbermanagement | 39 |

2.5 Verwandte Managementkonzepte ... 41
- 2.5.1 Process Performance Management ... 41
- 2.5.2 Lean Management ... 41
- 2.5.3 Kaizen/Kontinuierlicher Verbesserungsprozess (KVP) ... 42
- 2.5.4 Agile Methoden ... 42

2.6 Referenzmodelle ... 43
2.7 Wiederholungsfragen und Übungen ... 44
- 2.7.1 Fragen ... 44
- 2.7.2 Übung „Prozesswürfel" ... 44

Literatur ... 45

3 Organisation und Einführung des Geschäftsprozessmanagements ... 47
3.1 Prozessorientierte Organisationsformen ... 48
- 3.1.1 Gestaltungsformen ... 48
- 3.1.2 Bewertung ... 50

3.2 Rollen und Akteure ... 51
3.3 Projektorganisation ... 54
3.4 Wiederholungsfragen und Übungen ... 56
- 3.4.1 Fragen ... 56
- 3.4.2 Übung Prozessorganisation ... 56

Literatur ... 57

4 Prozesscontrolling ... 59
4.1 Entwicklung einer Prozess-Strategie ... 59
4.2 Prozess-Scorecard ... 62
4.3 Prozessvereinbarungen ... 64
4.4 Prozesskennzahlen ... 65
4.5 Prozesskostenrechnung ... 75
4.6 Wiederholungsfragen und Übungen ... 76
- 4.6.1 Fragen ... 76
- 4.6.2 Übungen ... 76

Literatur ... 76

5 Modellierung und Analyse von Prozessen ... 79
5.1 Grundfragen der Modellierung ... 79
- 5.1.1 Überblick über ausgewählte Modellierungskonzepte ... 79
- 5.1.2 Begriffssystem und Metamodell als Konstruktionsmerkmale von Modellierungssprachen ... 82
- 5.1.3 Prozessmodellierung in der Praxis ... 83

5.2	Prozesslandkarte	84
	5.2.1 Notation	84
	5.2.2 Modellierungsbeispiele	85
	5.2.3 Bewertung	86
5.3	Prozesssteckbrief	86
	5.3.1 Notation	86
	5.3.2 Modellierungsbeispiele	87
	5.3.3 Bewertung	87
5.4	Tabellarische Prozessmodellierung	88
	5.4.1 Notation	88
	5.4.2 Modellierungsbeispiele	88
	5.4.3 Bewertung	90
5.5	Swimlane-Diagramm	90
	5.5.1 Notation	90
	5.5.2 Modellierungsbeispiele	91
	5.5.3 Bewertung	92
5.6	Ereignisgesteuerte Prozesskette (EPK)	92
	5.6.1 Überblick	92
	5.6.2 Basisnotation (EPK)	96
	5.6.3 Übungen zur Basisnotation	104
	5.6.4 Erweiterte Ereignisgesteuerte Prozesskette (eEPK)	106
	5.6.5 Modellierungsbeispiele	110
	5.6.6 Bewertung	110
5.7	Business Process and Model Notation (BPMN)	112
	5.7.1 Überblick	112
	5.7.2 Basisnotation	113
	5.7.3 Aktivitäten	114
	5.7.4 Pools und Lanes	115
	5.7.5 Gateways	118
	5.7.6 Daten	120
	5.7.7 Ereignisse	122
	5.7.8 Modellierungsbeispiel	124
	5.7.9 Bewertung	126
5.8	Grundsätze ordnungsgemäßer Modellierung	126
5.9	Methoden im Vergleich	127
5.10	Wiederholungsfragen und Übungen	129
	5.10.1 Fragen	129
	5.10.2 Übung zur Prozessmodellierung „Behandlung im Krankenhaus"	129
	5.10.3 Übung zur Prozessmodellierung „Dienstreiseantrag stellen"	130
Literatur		130

6 IT-Unterstützung für das Prozessmanagement 133
    6.1 Werkzeuge für die Modellierung, Analyse und Gestaltung
        von Prozessen (BPM-Tools) 133
        6.1.1 Zielsetzung und Begriff 133
        6.1.2 Ausgewählte Modellierungs-Werkzeuge 135
    6.2 Werkzeuge für die Prozess-Steuerung (Workflow-Management-Systeme)...... 136
        6.2.1 Zielsetzung und Begriff 136
        6.2.2 Ausgewählte WFMS 138
    6.3 Werkzeuge für die fachliche Prozessunterstützung 140
        6.3.1 Standardsoftware versus Individualsoftware 140
        6.3.2 Enterprise Resource-Planning Systeme (ERP-Systeme) 146
        6.3.3 Wirtschaftlichkeit von Standardsoftware 151
    6.4 Einführung von Standardsoftware 152
    6.5 Auswirkungen neuer Technologien und Konzepte auf das
        Prozessmanagement 156
        6.5.1 Digitalisierung 156
        6.5.2 Big Data 157
        6.5.3 Cloud-Computing 160
        6.5.4 Industrie 4.0/Internet der Dinge 162
        6.5.5 Auswirkungen auf Geschäftsmodelle und -prozesse 163
    6.6 Wiederholungsfragen und Übungen 164
        6.6.1 Fragen 164
        6.6.2 Fallstudie 164
    Literatur 167

Stichwortverzeichnis 169

Abbildungsverzeichnis

Abb. 1.1	Begriffsklärung Prozessmanagement	2
Abb. 1.2	Arbeitsteiligkeit von Prozessen – Schematische Darstellung	5
Abb. 1.3	Prozessvarianten nach Berkau (1998)	7
Abb. 1.4	Hierarchisierung von Prozessen	9
Abb. 1.5	Prozesskategorien	9
Abb. 1.6	Prozesskategorien in einem Kraftfahrzeugbetrieb	10
Abb. 1.7	Wichtige IT-Begriffe (vgl. Herzwurm und Pietsch 2009, modifiziert)	11
Abb. 1.8	Geschäftsprozess und Workflow	12
Abb. 1.9	Geschäftsprozess versus Workflow	13
Abb. 1.10	End-to-End Prozess (Schema nach Schmelzer und Sesselmann 2013, S. 53)	15
Abb. 1.11	End-to-End Prozess (Beispiel nach Schmelzer und Sesselmann 2013, S. 53)	16
Abb. 1.12	Prozess versus Funktion	16
Abb. 2.1	Integriertes Geschäftsprozess- und Workflowmanagement	20
Abb. 2.2	GPM-Würfel	22
Abb. 2.3	Ebenenkonzept (Gehring 1998)	24
Abb. 2.4	Geschäftsprozess- und Workflow Life-Cycle-Modell	26
Abb. 2.5	Life-Cycle-Modell der Firma EON für das Geschäftsprozess- und Workflowmanagement	27
Abb. 2.6	Controlling-Regelkreis	27
Abb. 2.7	Sichtenkonzepte des Prozessmanagements	28
Abb. 2.8	Funktionale Organisation (Schema)	30
Abb. 2.9	Prozessverlauf bei funktional gegliederten Organisationen (Dillerup und Stoi 2012)	30
Abb. 2.10	Kamineffekt (Osterloh und Frost 2003, S. 29)	31
Abb. 2.11	Ziele und Zielkonflikte bei funktionaler Organisation	31
Abb. 2.12	Business Engineering (Österle 1995, S. 30)	34
Abb. 2.13	Restrukturierungsansätze nach (Bleicher 1991, modifiziert)	35
Abb. 2.14	Ersatzteilbeschaffung vor Prozessoptimierung	36

Abb. 2.15	Ersatzteilbeschaffung nach Optimierung	38
Abb. 2.16	Analyse der Stellenbesetzungsdauer	40
Abb. 3.1	Grundlegende Gestaltungsformen der Prozessorganisation	48
Abb. 3.2	Matrixorganisation im Krankenhaus	49
Abb. 3.3	Zusammenfassende Charakterisierung der Organisationsformen des Prozessmanagements nach Schmelzer und Sesselmann (2013)	51
Abb. 3.4	Rollen im Prozessmanagement	52
Abb. 3.5	Rollen im Life-Cycle des Prozessmanagements	54
Abb. 3.6	Projektorganisation für Restrukturierungsprojekte (vgl. Schmelzer und Sesselmann 2013)	55
Abb. 3.7	Vorgehensmodell für Restrukturierungsprojekte (Diebold o. J.)	55
Abb. 4.1	Zusammenhang Prozess-Strategie und Leistungsfähigkeit (Krcmar 2005)	60
Abb. 4.2	Strategisches Prozesscontrolling als Führungskreislauf nach Schmelzer und Sesselmann (2013)	61
Abb. 4.3	Von der Mission zur Maßnahme	61
Abb. 4.4	Verankerung Prozessstrategie mit Unternehmensstrategie	62
Abb. 4.5	Ursache-Wirkungsketten (Appel et al. 2002, S. 88))	63
Abb. 4.6	Prozess-Scorecard	64
Abb. 4.7	Prozess-Scorecard Beispiel (Vertrieb von Produkten)	64
Abb. 4.8	Prozessvereinbarung – Schematische Darstellung	65
Abb. 4.9	Beispiel einer Geschäftsprozessvereinbarung aus dem Gesundheitswesen (Kölking 2007)	66
Abb. 4.10	Regelkreislauf Prozesscontrolling	67
Abb. 4.11	Kennzahlen-Struktur	68
Abb. 4.12	Prüfkriterien für Kennzahlen (nach Kütz 2011, modifiziert)	69
Abb. 4.13	Beispiel für einen Kennzahlensteckbrief (Struktur in Anlehnung an Kütz 2011)	70
Abb. 4.14	Prozesskennzahlen für einen Order-to-Cash-Prozess (Daxböck 2014, S. 60, modifiziert)	72
Abb. 4.15	Prozesskennzahlen (Formeln)	73
Abb. 4.16	Ermittlung Prozesszeit (nach Schmelzer und Sesselmann 2013)	73
Abb. 4.17	Ermittlung Termintreue (nach Schmelzer und Sesselmann 2013)	74
Abb. 4.18	Ermittlung Prozessqualität (nach Schmelzer und Sesselmann 2013)	74
Abb. 4.19	Prozesskostenrechnung	74
Abb. 5.1	Modell einer Bahnfahrt (Bildquelle: Kölner Verkehrsbetriebe (Hrsg.), Stadt Köln)	80
Abb. 5.2	Überblick über ausgewählte Modellierungsmethoden	81
Abb. 5.3	Metamodellierung (vgl. Gehring 1998)	83
Abb. 5.4	Prozesslandkarte – Notation	85

Abb. 5.5	Prozesslandkarte – Beispiel Kfz.-Betrieb	86
Abb. 5.6	Prozesssteckbrief der Freien Universität Berlin (2015)	87
Abb. 5.7	Tabellarische Prozesserhebung Formular	89
Abb. 5.8	Tabellarische Prozesserhebung	89
Abb. 5.9	Swimlane-Notation	91
Abb. 5.10	Swimlane Modell Behandlung im Krankenhaus	92
Abb. 5.11	ARIS-Haus (Scheer 1998)	93
Abb. 5.12	ARIS – Vom Problem zum Programm (Scheer 1998)	94
Abb. 5.13	ARIS als Methode zur Softwareeinführung	95
Abb. 5.14	EPK-Notation „Funktion"	97
Abb. 5.15	EPK-Notation „Ereignis"	98
Abb. 5.16	EPK-Notation „Einfaches Beispiel"	98
Abb. 5.17	EPK-Notation „Konnektoren"	99
Abb. 5.18	EPK-Notation „Beispiel für den Einsatz des XOR-Konnektors"	99
Abb. 5.19	EPK-Notation „Beispiel für den Einsatz des UND-Konnektors"	100
Abb. 5.20	EPK-Notation „Beispiel für den Einsatz des ODER-Konnektors"	100
Abb. 5.21	EPK-Modellierungsbeispiel „Mängelbearbeitung"	101
Abb. 5.22	EPK-Verknüpfungsarten (vgl. z. B. Hoffmann et al. 1992, S. 12)	102
Abb. 5.23	Modellierungsbeispiel 1 mit ARIS-Express (Software AG, Darmstadt)	105
Abb. 5.24	Modellierungsbeispiel 2 mit ARIS-Express (Software AG, Darmstadt)	106
Abb. 5.25	Modellierungsbeispiel 3 mit ARIS-Express (Software AG, Darmstadt)	107
Abb. 5.26	Modellierungselemente der eEPK nach Keller et al. 1992	108
Abb. 5.27	Semantik der eEPK	108
Abb. 5.28	Prozessbeschreibung und Zuordnung der Modellierungselemente zur eEPK	109
Abb. 5.29	Notationselemente der eEPK	109
Abb. 5.30	eEPK-Beispielmodell „Vertragsabschluss"	111
Abb. 5.31	Notationselemente der eEPK des Tools „ARIS Express"	112
Abb. 5.32	Modellierungsbeispiel „Erstellung von Angeboten" mit der eEPK unter Nutzung von ARIS-Express	113
Abb. 5.33	Basisnotationselemente der BPMN (vgl. White 2010)	114
Abb. 5.34	Einfaches Notationsbeispiel mit BPMN (vgl. White 2010)	115
Abb. 5.35	BPMN – Beispiel zu Aktivitäten (entnommen aus Seidlmeier 2015, modelliert mit ARIS 9.7)	116
Abb. 5.36	BPMN – Beispiel zum Standardsequenzfluss	116
Abb. 5.37	BPMN – Lanes und Pools	117
Abb. 5.38	BPMN – Pool mit Lanes nach Organisationseinheiten (entnommen aus Allweyer 2015, S. 22)	117
Abb. 5.39	BPMN – Nachrichtenfluss zwischen Pools (vereinfachte Darstellung nach Allweyer 2015, S. 51)	118
Abb. 5.40	BPMN – Exclusiver Gateway (XOR-Gateway, entnommen aus Allweyer 2015, S. 24)	119

Abb. 5.41	BPMN – Paralleler Gateway (AND-Gateway)	119
Abb. 5.42	BPMN – Inclusiver Gateway (ODER-Gateway, entnommen aus Allweyer 2015, S. 32)	120
Abb. 5.43	Komplexer Gateway (entnommen aus Allweyer 2015)	120
Abb. 5.44	BPMN – Datenobjekte als Input oder Output von Prozessschritten	121
Abb. 5.45	BPMN – Datenspeicher für mehrere Schritte	121
Abb. 5.46	BPMN – Standard-Ereignisse	122
Abb. 5.47	BPMN – Spezielle Ereignisse	122
Abb. 5.48	BPMN – Einsatz von Nachrichten zur Darstellung von Abhängigkeiten (vgl. Allweyer 2015, S. 37)	123
Abb. 5.49	BPMN – Fehlerereignisse (GI 2010)	123
Abb. 5.50	BPMN – Mehrfachereignisse	124
Abb. 5.51	BPMN – Terminierung von Prozessen	124
Abb. 5.52	BPMN – Modellierungsbeispiel Bewerbung (entnommen und modifiziert aus Allweyer 2015, S. 32)	125
Abb. 5.53	Modellierungsmethoden im Vergleich – Notation	128
Abb. 5.54	Modellierungsmethoden im Vergleich – Merkmale	129
Abb. 6.1	Formen der Toolunterstützung (Nägele und Schreiner 2002)	134
Abb. 6.2	Prinzipdarstellung Workflow-Management-System	138
Abb. 6.3	Prozessintegration am Beispiel Einkaufslogistik	149
Abb. 6.4	Prozessintegration am Beispiel Vertriebslogistik	150
Abb. 6.5	Strategien zur Einführung von SSW	155
Abb. 6.6	IT-Megatrends	156
Abb. 6.7	Aktuelle Themen (Komus et al. 2016)	157
Abb. 6.8	Zukünftige Themen (Komus et al. 2016)	158
Abb. 6.9	Big Data Datenquellen	159
Abb. 6.10	Cloud-Organisation (in Anlehnung an Kunze et al. 2019, S. 26)	161

Einführung in das Geschäftsprozessmanagement

Prozessmanagement verändert die Arbeitswelt

> **Zusammenfassung**
>
> In diesem einführenden Kapitel werden zunächst der Begriff und die historische Entwicklung des Geschäftsprozessmanagements erläutert. Anschließend werden mehrere grundlegende Begriffe wie „Funktion", „Geschäftsprozess", „Prozess", „End-to-End Prozess" und „Workflow" definiert und voneinander abgegrenzt. Den Abschluss bilden Wiederholungsfragen und eine Übung.

1.1 Begriffsklärung

Warum brauchen wir eigentlich Geschäftsprozessmanagement? Diese Frage stellt sich nicht nur den BWL-Studierenden, die erwartungsvoll in eine entsprechende Vorlesung gehen, sondern auch erfahrenen Praktikern. Ein Blick in die Geschichte hilft hier ein wenig weiter. Seit Anfang des 19. Jahrhunderts ist die Arbeitswelt durch die vorangegangene industrielle Revolution durch eine starke Arbeitszerlegung geprägt. Eine wichtige Rolle hat der *Taylorismus* gespielt, benannt nach dem US Amerikaner Frederick W. Taylor (vgl. die Ursprungsarbeit Taylor 1903).

Das *Geschäftsprozessmanagement* (GPM) bzw. kurz *Prozessmanagement* wurde zu Beginn der 1990er-Jahre entwickelt um u. a. die Folgen der Arbeitsteilung, sowie die mangelhafte Koordination, wieder zu beseitigen.

Geschäftsprozessmanagement beschäftigt sich mit der Dokumentation, Analyse und Restrukturierung von Arbeitsabläufen (Prozessen). In der deutschsprachigen Literatur war

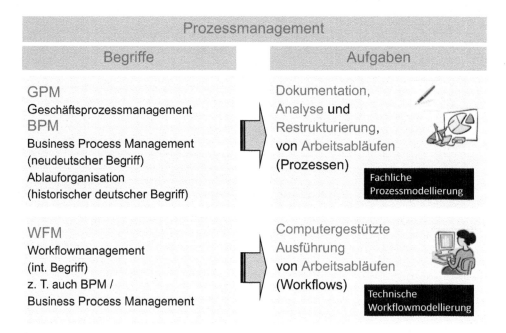

Abb. 1.1 Begriffsklärung Prozessmanagement

hierfür lange Zeit der Begriff „Ablauforganisation" üblich. Die Dokumentation der Prozesse wird auch als „Fachliche Prozessmodellierung" bezeichnet. Im internationalen Umfeld ist der Begriff „Business Process Management (BPM)" üblich.

Davon abzugrenzen ist der Begriff „Workflowmanagement (WFM), der die computergestützte Ausführung von Arbeitsabläufen (sogenannten „Workflows") abdeckt. Hier spricht man auch von der „technischen Workflowmodellierung". Im internationalen Sprachgebrauch werden die Begriffe „Geschäftsprozessmanagement und Workflowmanagement häufig nicht weiter differenziert, man spricht in beiden Situationen meist vom „Business Process Management (BPM)". Die Abb. 1.1 stellt die Begrifflichkeiten im Überblick dar.

1.2 Historische Entwicklung

In der Entwicklung des Prozessmanagements lassen sich vier Phasen der Entwicklung identifizieren (vgl. Tab. 1.1).

I. Phase: Arbeitszerlegung (Taylorismus) Die Frühphase des Prozessmanagements beginnt mit dem Taylorismus, benannt nach Frederic Winslow Taylor (1856 – 1915), der planende und ausführende Tätigkeiten konsequent getrennt hat. In der ersten Phase wurden gemäß dem damaligen betriebswirtschaftlichen Paradigma die Aufbau- und Ablauforganisation getrennt betrachtet. In der Literatur wurde dies in den Werken von Nordsiek und

1.2 Historische Entwicklung

Tab. 1.1 Entwicklungsphasen des Prozessmanagements

I. Phase	ab 1900	Arbeitszerlegung in Funktionen (Taylorismus)
II. Phase	ca. 1970–1980	Aneinanderreihung von Funktionen (Aktionsorientierte Datenverarbeitung)
III. Phase	ca. 1990 bis 2010	Bildung von Prozessen als übergreifendes Strukturelement (Prozessorientierung)
IV. Phase	nach 2010	Digitalisierung von Prozessen

Hennig um 1930 erstmalig deutlich (Gaitanides 2007, S. 7). Die Aufbauorganisation regelte die disziplinarische Struktur (Wer ist wem unterstellt?) und legte die Aufgabenzuordnung fest (Wer hat welche Teilaufgabe zu erfüllen?). Damit war die Verantwortung für Teilabschnitte der Leistungserstellung (Funktionen) geklärt. Die Ablauforganisation diente der Zerlegung der Arbeit in kleine Einzelschritte und letztlich der Zuordnung zu Elementen der Aufbauorganisation, also den Bereichen, Abteilungen, Gruppen und Personen. Der Vorteil dieses für die damalige Zeit sinnvollen Organisationskonzeptes lag in der Unterstützung der industriellen Massenproduktion durch die effiziente Ausnutzung der Ressourcen (Maschinen, Mitarbeiter u. a.). Nachteilig war jedoch die Zersplitterung des Ablaufes in einzelne Fragmente. Für den Einzelnen war kein Blick für den gesamten Ablauf möglich, sondern nur für den eigenen Aufgabenbereich. Dies führte zu einer eingeengten Sicht und letztlich geringem Interesse daran, was vor oder nach der eigenen Tätigkeit erfolgte. Damit war der Grundstein gelegt für die Förderung von Abteilungsdenken und Egoismen welche die Zusammenarbeit in Unternehmen bis in die heutige Zeit erschweren.

II. Phase: Aktionsorientierte Datenverarbeitung (Vorläufer des Prozessmanagements) Erst mit der Weiterentwicklung der „Elektronischen Datenverarbeitung (EDV)" kam nach vielen Jahrzehnten wieder Bewegung in die traditionelle organisatorische Trennung von Arbeitsabläufen und der Aufbauorganisation.

In den 1980er-Jahren wurde das Konzept der aktionsorientierten Datenverarbeitung (AODV) als Vorläufer des Prozessmanagements entwickelt um die Möglichkeiten der EDV zur Steuerung von arbeitsteiligen Abläufen besser zu nutzen (vgl. Berthold 1983 und Hofmann 1988). Die Grundidee bestand darin, Abläufe auf der Ebene elementarer Arbeitsschritte zu steuern (vgl. Berthold 1983, S. 20).

Dies erfolgte über gemeinsam von den Einzelkomponenten der EDV verwendeten Datenbanken. Sogenannte „Aktionsdatenbanken" enthielten Informationen von Anwendungsprogrammen (z. B. Mindestlagerbestand für den Artikel Nr. 4711 ist um 10 Stück unterschritten) und gaben diese an den jeweiligen Bearbeiter in Form von Aktionsnachrichten weiter (z. B. Nachricht an Disponent: „Beschaffungsauftrag für Artikel Nr. 4711 auslösen"). Die Übermittlung der Nachrichten an die Mitarbeiter erfolgte über rudimentäre Electronic-Mail-Systeme. Die Aktionsdatenbank erfüllte hierbei die Funktion eines Postkorbes für den Mitarbeiter, der den dort enthaltenen Arbeitsvorrat und dessen Prioritäten einsehen und abarbeiten konnte. Triggerdatenbanken erhielten ebenfalls strukturierte Informationen von Programmen (Ereignisse) und leiteten diese wiederum an Programme weiter und stießen hierdurch die Ausführung von Programmläufen an. Ein Trigger beschreibt eine durchzuführende Aktion und das die Aktion auslösende Ereignis (vgl. Scheer 1994, S. 72).

Die Ziele der AODV lagen in der Verkürzung von Durchlaufzeiten der Bearbeitungsobjekte, der Reduktion der Papierflut und einer verbesserten Nutzung der Ressourcen. Die AODV wurde in den Jahren erfolgreich in größeren Unternehmen für die Beschaffung, Kundenauftrags-, Sachstamm- und Stücklistenverwaltung realisiert (vgl. Berthold 1983, S. 25). Sowohl die Akzeptanz des Konzeptes bei den Mitarbeitern, als auch der Grad der Zielerreichung war positiv. Dennoch konnte sich das Konzept nicht durchsetzen, da die Leistungsfähigkeit der Informationstechnik damals für größere Datenmengen nicht ausreichte. Die zugrunde liegende Idee wurde erst später als „Workflowmanagement" erfolgreich umgesetzt (vgl. hierzu Mertens 2006, S. 28).

III. Phase: Prozessorientierung Anfang 1990 wurde eine „Prozessmanagement-Welle" in der Unternehmenspraxis durch zahlreiche Publikationen renommierter Forscher und Praktiker ausgelöst. Bekannte Namen waren in den USA die Autoren Hammer und Champy (vgl. Hammer 1990 sowie Hammer und Champy 1994), in Deutschland Scheer (vgl. Scheer 1990) sowie in der Schweiz Österle (vgl. Österle 1995). Sie lösten heftige Diskussionen aus, da die Grundidee der Konzepte konträr zu den damaligen Gepflogenheiten in den Unternehmen war. Sie forderten insbesondere die Wiederzusammenfügung von zusammenhanglosen Funktionen zu einem übergreifenden Gesamtprozess und die Trennung von Prozessverantwortung und Aufbauorganisation. Hinzu kam die intensive Nutzung der mittlerweile deutlich leistungsfähigeren Informationstechnik als „Integrationsinstrument". Viele Vorstände und Geschäftsführer nutzen die neuen Technologien um verkrustete Strukturen in den Unternehmen aufzubrechen und „erzwangen" durch den Einsatz prozessorientiert konzipierter Anwendungssoftware einen organisatorischen Wandel in ihren Unternehmen. Hiervon konnte insbesondere das betriebswirtschaftliche Standardsoftwaresystem „SAP R/2" und später das Nachfolgeprodukt „SAP R/3" der Firma SAP AG, Walldorf weltweit profitieren. Die bislang methodisch kaum unterstützte Modellierung (strukturierte Beschreibung) von Prozessen wurde durch ganzheitliche wissenschaftlich fundierte Konzepte, wie die „Architektur Integrierter Informationssysteme (ARIS)" nach Scheer (vgl. Scheer 1991) sowie erste Generationen leistungsfähiger Modellierungswerkzeuge für Personal Computer (z. B. „ARIS Toolset" der IDS Scheer, Saarbrücken oder „Bonapart" der UBIS GmbH, Berlin) unterstützt, welche zuvor an deutschen Lehrstühlen für Wirtschaftsinformatik als Prototypen entwickelt wurden (ARIS Toolset bei Prof. Scheer, Saarbrücken, Bonapart bei Prof. Krallmann, Berlin).

IV. Phase: Digitalisierung Ab etwa 2010 kann vom Beginn der „Digitalisierungs-Welle" gesprochen werden. Neue Konzepte des Informationsmanagements wie *Cloud Computing*, *Big Data* und *Industrie 4.0* beeinflussen das Prozessmanagement in unterschiedlicher Weise. Neben der organisatorischen Koordination (Wer macht was?) kommt nun die technische Koordination hinzu (Welche Prozesse werden mit welchen „Apps" unterstützt?). Anwendungsgebiete für Cloud-Computing sind zum Beispiel die bis dahin eher auf intern betriebener Software durchgeführte Modellierung und Ausführung von Prozessen. Typische Anwendungsgebiete für Big Data sind zum Beispiel die Echtzeitanalyse von Maschinendaten mit Eingriffen in den Wartungsprozess bei Unregelmäßigkeiten oder die „Aktive Käufersteuerung" durch Echtzeitanalyse von Abverkäufen und Vorhersage des aktuellen Kundenverhaltens („Wir wissen was der Kunde morgen kauft"). Neue Geschäftsmodelle führen auf Basis von Big Data Technologien verstärkt zu bislang nicht realisierbaren, digitalisierten Geschäftsprozessen (vgl. Gadatsch 2014).

1.3 Prozesse

1.3.1 Merkmale

Grundlegende Merkmale Mittlerweile sind viele Definitionen und Synonyme für den „Geschäftsprozess" oder kurz „Prozess" bekannt geworden, wie z. B. Unternehmensprozess, Leistungserstellungsprozess, Kernprozess, Schlüsselprozess, Hauptprozess, Prozesskette, Organisationsprozess u. a. (vgl. Schmelzer und Sesselmann 2013, S. 55). Für den Einstieg lassen sich folgende wichtige Merkmale eines Prozesses festhalten: Ein Prozess unterstützt ein unternehmensbezogenes Ziel, das sich an der Strategie des Unternehmens bzw. der Organisation ausrichtet, besteht aus mehreren Einzelschritten, findet regelmäßig statt, wird häufig arbeitsteilig durch mehrere Personen, Abteilungen, Bereiche oder Unternehmen durchgeführt, erfordert in der Regel Unterstützung durch ein oder sogar mehrere Softwaresysteme und ggf. weiterer Ressourcen (z. B. Telefon, Kopierer, Transportfahrzeug, Maschinen, Anlagen), verarbeitet Informationen (Input) und führt zu einem durch das Unternehmen gewünschten Ergebnis (Output). Der Gesamtzusammenhang von Prozessen und deren Arbeitsteiligkeit ergibt sich aus Abb. 1.2.

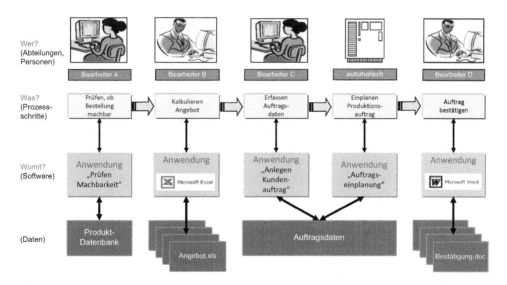

Abb. 1.2 Arbeitsteiligkeit von Prozessen – Schematische Darstellung

Typische Prozesse Die Vielfalt von Prozessen in der Praxis ist unüberschaubar. Typische Prozesse sind:

- Bearbeitung von Kundenanfragen und Erstellung von Angeboten in einem Industriebetrieb,
- Erstellung einer Produktionsplanung in einer Motorenfabrik,
- Untersuchung und Behandlung von Patienten in einer Arztpraxis,
- Durchführung von Lehrveranstaltungen und Prüfungen an Hochschulen,
- Produktion von Backwaren in einer Bäckerei,
- Erstellung der jährlichen Gewinn- und Verlustrechnung, sowie der Bilanz (Jahresabschluss),
- Einkauf, Lagerung und Verkauf von Waren in einem Supermarkt.

Ein Prozess unterscheidet sich von einem einmalig durchgeführten Projekt dadurch, dass er mehrmals wiederholt wird. So handelt es sich bei der Einführung eines Logistiksystems für ein Unternehmen oder der Feier eines Unternehmens anlässlich des 50. Firmenjubiläums um ein Projekt und keinen Prozess.

▶ **Youtube-Video (2 Minuten) zur Darstellung von Geschäftsprozessen: „Stephie's Bäckerei"** Im Internet findet sich auf dem Videoportal Youtube unter der Adresse http://www.youtube.com/watch?v=ehcYYLYHOuI ein interessantes und gut gemachtes Video, welches kompakt und eindrucksvoll anhand des Beispiels „Stephie's Bäckerei" die wesentlichen Elemente von Geschäftsprozessen erklärt.

1.3.2 Prozessdefinitionen

Hilmer hat eine umfangreiche wissenschaftliche Studie zur Systematisierung des Prozessbegriffs vorgelegt und 75 Merkmale von Prozessen identifiziert (vgl. Hilmer 2016, S. 267). Er hat dazu 101 Quellen verarbeitet (vgl. Hilmer 2016, S. 268 ff.) was auf eine rege wissenschaftliche Diskussion hinweist. Die hier ausgewählten Definitionen geben ohne Anspruch auf Vollständigkeit einen Einblick in die mehrjährige Diskussion um den Geschäftsprozessbegriff.

Unternehmensprozess nach Hammer und Champy Hammer und Champy definieren den *Unternehmensprozess* als eine Menge von Aktivitäten, für die ein oder mehrere unterschiedliche Inputs benötigt werden und die für den Kunden ein Ergebnis von Wert erzeugen (Hammer und Champy 1994). Als Beispiel nennen sie die Entwicklung eines neuen Produkts. Gesteuert wird ein Unternehmensprozess durch einen Prozessverantwortlichen, der dem Kreis der oberen Managementebene entstammen soll.

Geschäftsprozess nach Scheer und Jost Scheer und Jost verstehen unter einem *Geschäftsprozess* die modellhafte Beschreibung der in einem Unternehmen durchzuführenden

1.3 Prozesse

Funktionen in ihrer inhaltlichen und zeitlichen Abhängigkeit (vgl. Scheer und Jost 1996). Unter Funktionen werden einzelne Aufgaben und Tätigkeiten verstanden, die über auslösende bzw. erzeugte Ereignisse miteinander verknüpft werden. Scheer stellt den Begriff des Geschäftsprozesses den Begriffen der Prozesskette und der Vorgangskette gleich (vgl. Scheer 1990) und betont damit den funktionsübergreifenden Charakter des Geschäftsprozesses, der sich über mehrere Funktionsschritte hinweg erstreckt.

Geschäftsprozess nach Österle Nach Österle ist der *Geschäftsprozess* eine Abfolge von Aufgaben, die über mehrere organisatorische Einheiten verteilt sein können und deren Ausführung von informationstechnologischen Anwendungen unterstützt wird (vgl. Österle 1995). Ein Prozess ist zugleich Produzent und Konsument von Leistungen und verfolgt von der Prozessführung gesetzte Ziele. Als spezielle Form der Ablauforganisation konkretisiert der Geschäftsprozess die Geschäftsstrategie und verknüpft sie mit dem Informationssystem. Daher kann der Geschäftsprozess als Bindeglied zwischen der Unternehmensstrategie und der Systementwicklung bzw. den unterstützenden Informationssystemen gesehen werden.

Berkau Die Ingenieurwissenschaften haben viele Jahre früher mit der Formalisierung von Prozessen und deren systematischer Dokumentation begonnen um die gleichbleibende Qualität bei sich wiederholenden Tätigkeiten durch verschiedene Personen sicherzustellen. Prozesse können daher in technische Prozesse und betriebswirtschaftliche (Geschäfts-)Prozesse gegliedert werden (vgl. Abb. 1.3) (vgl. Berkau 1998, S. 27). Technische Prozesse (z. B. Fräsen eines Zylinderkopfes, Montage eines Motors) werden durch Stücklisten und Arbeitspläne (Stückfertigung) bzw. Rezepturen (Prozessfertigung) formal

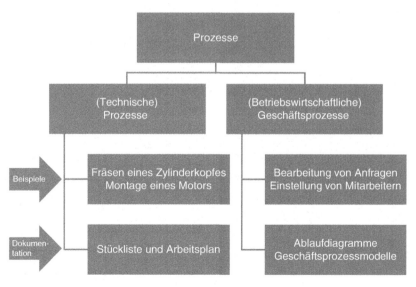

Abb. 1.3 Prozessvarianten nach Berkau (1998)

beschrieben. Betriebswirtschaftliche Geschäftsprozesse beziehen sich auf kaufmännische Tätigkeiten wie z. B. die Bearbeitung von Kundenaufträgen oder die Einstellung eines Mitarbeiters. Sie werden mit Ablaufdiagrammen oder Geschäftsprozessmodellen dokumentiert und umgangssprachlich auch als „Büroprozesse" bezeichnet.

Für die weiteren Ausführungen wird die Definition des Geschäftsprozesses nach Gehring (1998) zugrunde gelegt:

Gehring Ein Geschäftsprozess ist eine zielgerichtete, zeitlich-logische Abfolge von Aufgaben, die arbeitsteilig von mehreren Organisationen oder Organisationseinheiten unter Nutzung von Informations- und Kommunikationstechnologien ausgeführt werden können. Er dient der Erstellung von Leistungen entsprechend den vorgegebenen, aus der Unternehmensstrategie abgeleiteten Prozesszielen. Ein Geschäftsprozess kann formal auf unterschiedlichen Detaillierungsebenen und aus mehreren Sichten beschrieben werden. Ein maximaler Detaillierungsgrad der Beschreibung ist dann erreicht, wenn die ausgewiesenen Aufgaben je in einem Zug von einem Mitarbeiter ohne Wechsel des Arbeitsplatzes ausgeführt werden können (vgl. Gehring 1998).

1.3.3 Hierarchisierung von Prozessen

Prozesse können auf unterschiedlichen Abstraktionsebenen betrachtet werden. Insbesondere bei sehr großen Unternehmen ist es wichtig, diese Ebenen zu identifizieren und für die weitere Arbeit zu verwenden. Die Hierarchisierung von Geschäftsprozessen erfolgt stufenweise nach dem „Top-Down-Prinzip". Abb. 1.4 zeigt das Hierarchisierungsprinzip, ausgehend vom Geschäftsprozess über Geschäftsprozess-Schritte bis hin zu elementaren Geschäftsprozess-Schritten, die zur Aufgabenerfüllung keinen Bearbeiterwechsel mehr erfordern (vgl. Abb. 1.4).

1.3.4 Kategorien von Prozessen

Eine wichtige Kategorisierung von Geschäftsprozessen ist die Untergliederung in Abhängigkeit von der Nähe zum Kerngeschäft eines Unternehmens (vgl. z. B. Seidlmeier 2002, S. 2 f.). Demnach lassen sich Prozesse in „Steuerungsprozesse" (alternativ „Führungsprozesse"), „Kernprozesse" (auch „Primärprozesse") und „Unterstützungsprozesse" (alternativ „Querschnittsprozesse") differenzieren (vgl. Abb. 1.5).

Steuerungsprozess Steuerungsprozesse regeln aktiv eingreifend das Zusammenspiel aller Geschäftsprozesse (z. B. Strategieentwicklung, Unternehmensplanung). Sie sind die unternehmerische Klammer über leistungserstellende und unterstützende Prozesse und sorgen für eine zielorientierte Struktur.

1.3 Prozesse

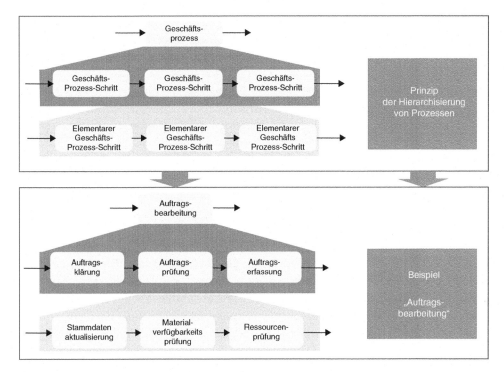

Abb. 1.4 Hierarchisierung von Prozessen

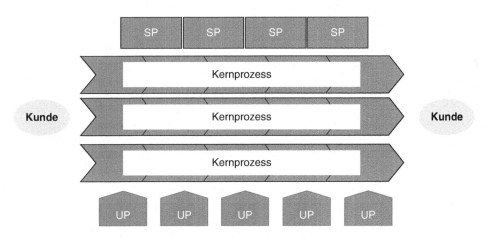

- **Steuerungsprozesse** sichern das Zusammenspiel der Gesamtheit aller Prozesse (z. B. Strategieentwicklung, Unternehmensplanung)
- **Kernprozesse** unterstützen die Wertschöpfungskette vom Kunden zum Kunden, z. B. vom Auftragseingang bis zur Auslieferung
- **Unterstützungsprozesse** leisten Basisdienste für die Kerngeschäftsprozesse und treten aus Sicht des Kunden nicht zwangsläufig in Erscheinung.

Legende
SP = Steuerungsprozess
UP = Unterstützungsprozess

Abb. 1.5 Prozesskategorien

Kernprozess Kernprozesse sind Geschäftsprozesse mit hohem Wertschöpfungsanteil. Sie kennzeichnen das Wesen des Unternehmens, sind in der Regel wettbewerbskritisch und bilden Leistungserstellungsprozesse ausgehend vom Kundenwunsch bis hin zur vom Kunden wahrgenommenen Auslieferung bzw. Leistungserbringung ab. Typische Beispiele sind die Auftragsbearbeitung, Produktentwicklung, Produktion, Distribution und der Service.

Unterstützungsprozess Unterstützungsprozesse haben keinen oder nur einen sehr geringen Wertschöpfungsanteil. Sie offerieren Querschnittsleistungen für andere Prozesse, ohne die die Wertschöpfung des Unternehmens nicht erstellbar ist. Sie sind in der Regel nicht wettbewerbskritisch und tauchen nicht direkt im Wahrnehmungsbereich des Kunden auf. Beispiele sind die Finanzbuchhaltung, Kostenrechnung, Berichtswesen oder das Personalwesen.

Die Abb. 1.6 zeigt ein Beispiel für die Kategorisierung von Prozessen für einen fiktiven Kraftfahrzeugbetrieb. Im oberen Bereich der Darstellung sind vier Steuerungsprozesse abgebildet: Strategieentwicklung, Controlling, Produktplanung und Personalsteuerung. Darunter sind in detaillierter Form die beiden Kernprozesse („Autokauf" und „Service") abgebildet, wobei hier die wichtigsten Geschäftsprozessschritte in sequentieller Form dargestellt werden. Unten werden die Unterstützungsprozesse Marketing, Rechnungswesen, Kundenbewirtung, Informationstechnik und Verwaltung aufgeführt. Alle Unterstützungsprozesse sind nicht direkt einem Prozess zugeordnet sondern entweder allgemein für das ganze Unternehmen wirksam (z. B. Informationstechnik, Verwaltung) oder für mehrere Prozesse (z. B. Kundenbewirtung für „Autokauf-Kunden" und für „Service-Kunden").

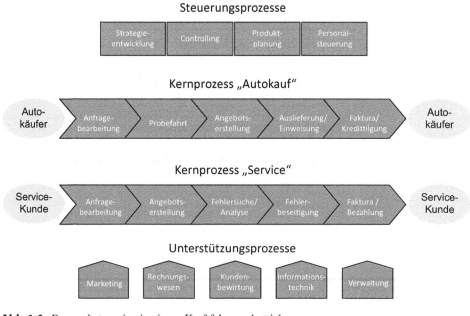

Abb. 1.6 Prozesskategorien in einem Kraftfahrzeugbetrieb

1.4 Workflows

1.4.1 Zentrale Begriffe der Informationsverarbeitung

Die zunehmende Digitalisierung führt dazu, dass immer mehr Prozesse computerunterstützt ausgeführt werden. Hierbei nimmt der Begriff des „Workflows" eine zentrale Stellung ein. Workflows sind Prozesse, die auf Basis von Modellen und Algorithmen gesteuert werden. Sie setzen also eine Möglichkeit zur zumindest teilweisen Automatisierung des Prozesses und dessen Ausführung mit Hilfe von Softwaresystemen voraus.

Bevor auf den Begriff des Workflows näher eingegangen wird, sollen einige ausgewählte Begriffselemente im Kontext von Hardware, Software und Geschäftsprozessen präzisiert werden (vgl. Abb. 1.7). Die untere Ebene der IT-Unterstützung besteht aus Hardware (z. B. Rechner, Drucker) und sonstigen technischen Einrichtungen (z. B. Lesegeräte, Scanner) die als Hardwaresystem bezeichnet wird. Zusammen mit dem Softwaresystem bestehend aus Anwendungssoftware (z. B. Mail, Buchhaltung) und Basissoftware (z. B. Betriebssystem) bildet das Hardwaresystem das „Anwendungssystem". Wenn man das Anwendungssystem um organisatorische Komponenten (Personen und Geschäftsprozesse) ergänzt, so handelt es sich um ein „Informationssystem".

1.4.2 Workflow-Definitionen

Die Digitalisierung von Prozessen wird aktuell intensiv diskutiert. Workflows sind digital ausgeführte und von einem Softwaresystem anhand von Regeln gesteuerte Geschäftsprozesse. Die ersten Workflowdefinitionen reichen weit in die Vergangenheit zurück:

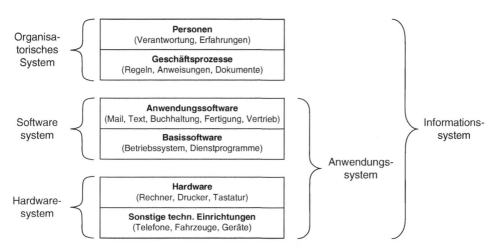

Abb. 1.7 Wichtige IT-Begriffe (vgl. Herzwurm und Pietsch 2009, modifiziert)

- Galler und Scheer sehen im Workflow eine technische Verfeinerung des betriebswirtschaftlichen Geschäftsprozesses (vgl. Galler und Scheer 1995). Als Kriterium für den Grad der Verfeinerung dient dabei die Automatisierbarkeit. Der Workflow muss als Input und Regelwerk für die Steuerung durch ein auf Prozesssteuerung spezialisiertes Softwaresystem (Workflowmanagement-System) verwendbar sein.
- Ähnlich beschreibt Österle (1995) den Workflow als einen verfeinerten Geschäftsprozess. Ausgehend von einem Prozessentwurf auf der Makro-Ebene und dessen sukzessiver Zerlegung in Teilprozesse wird die Mikro-Ebene dann erreicht, wenn die Aufgaben so detailliert sind, dass sie von den Prozessmitarbeitern als Arbeitsanweisung umgesetzt werden können. Anhand der Aufgabenkette kann eine Führungskraft den Arbeitsablauf steuern. Der Workflow stellt somit die detaillierte Form des Mikro-Prozesses dar. Anstelle einer Führungskraft übernimmt nun der Computer die Ablaufsteuerung.

1.4.3 Abgrenzung Geschäftsprozess und Workflow

Geschäftsprozesse und Workflows beschreiben Arbeitsabläufe, allerdings in unterschiedlicher Detaillierung. Geschäftsprozesse beschreiben aus betriebswirtschaftlicher Sicht, wer etwas macht. Der Workflow ist eine Verfeinerung des Geschäftsprozesses in informationstechnischer Hinsicht (vgl. Abb. 1.8).

Eine klare Abgrenzung ist wegen des gemeinsamen Untersuchungsgegenstandes nicht immer möglich und führt häufig dazu, dass die Begriffe gleichgesetzt werden, obwohl sie unterschiedliche Ziele verfolgen. Es bestehen einige wesentliche Unterschiede, die in Abb. 1.9 zusammengefasst sind:

Geschäftsprozess: Der Geschäftsprozess beschreibt, „was" zu tun ist um die vorgegebene Geschäftsstrategie umzusetzen. Der Workflow beschreibt, „wie" dies umgesetzt werden soll. Der Geschäftsprozess ist der fachlich-konzeptionellen Ebene, der Workflow der operativen Ebene zuzurechnen. Der erforderliche Detaillierungsgrad eines Geschäftsprozesses ist dann erreicht, wenn er die Arbeitsschritte beschreibt, die von einem Mitarbeiter in einem Zug an einem Arbeitsplatz ausgeführt werden können.

Workflow: Die Workflow-Ebene wird dann erreicht, wenn der Detaillierungsgrad von dem ausführenden Mitarbeiter als konkrete Arbeitsanweisung verstanden werden kann

Abb. 1.8 Geschäftsprozess und Workflow

1.4 Workflows

	Geschäftsprozess	Workflow
Ziel	Analyse und Gestaltung von Arbeitsabläufen im Sinne gegebener (strategischer) Ziele	Spezifikation der technischen Ausführung von Arbeitsabläufen
Gestaltungsebene	Konzeptionelle Ebene mit Verbindung zur Geschäftsstrategie	Operative Ebene mit Verbindung zu unterstützender Technologie
Detaillierungsgrad	In einem Zug von einem Mitarbeiter an einem Arbeitsplatz ausführbare Arbeitsschritte	Konkretisierung von Arbeitsschritten hinsichtlich Arbeitsverfahren sowie personeller und technologischer Ressourcen

Abb. 1.9 Geschäftsprozess versus Workflow

und die Beschreibung für computerunterstützt ausführbare Arbeiten so konkret vorgegeben ist, dass sie von einem Anwendungssystem ausgeführt werden können. Ein eindeutiges Unterscheidungsmerkmal ist die Ausführbarkeit durch einen menschlichen Aufgabenträger (Mitarbeiter) oder ein Computerprogramm.

▶ **Workflow-Definition** Ein Workflow ist ein formal beschriebener, ganz oder teilweise automatisierter Geschäftsprozess. Er beinhaltet die zeitlichen, fachlichen und ressourcenbezogenen Spezifikationen, die für eine automatische Steuerung des Arbeitsablaufes auf der operativen Ebene erforderlich sind. Die hierbei anzustoßenden Arbeitsschritte sind zur Ausführung durch Mitarbeiter oder durch Anwendungsprogramme vorgesehen. Von dem Workflow als Typ oder Schema eines teil- bzw. automatisierten Arbeitsablaufes zu unterscheiden ist eine Workflow-Instanz, die eine konkrete Ausführung des Workflows bezeichnet (vgl. Gehring 1998).

Beim Workflow steuert der Computer den Ablauf Die aktuellen Digitalisierungstendenzen führen dazu, dass der Unterschied zwischen Geschäftsprozessen und Workflows zunehmend weniger sichtbar wird, da kaum noch Prozesse ohne Unterstützung durch Softwaresysteme denkbar sind und die aktive Prozesssteuerung durch Computer rapide ansteigt. Beim Workflow steuert der Computer den Ablauf der Tätigkeiten, beim Geschäftsprozess steuert der Mensch.

1.4.4 Workflow-Typen

Workflows lassen sich hinsichtlich des Strukturierungsgrades der zugrundeliegenden Prozesse und des Grades der Computerunterstützung für die Prozesse unterscheiden.

Workflows nach der Strukturierbarkeit des Prozesses Der **allgemeine Workflow**, der auch als Produktions- oder Transaktions-Workflow bezeichnet wird, betrifft gut strukturierte Arbeitsabläufe in Organisationen wie z. B. die Reisekostenabrechnung. Allgemeine Workflows sind durch repetitiven Charakter sowie vorab im Detail definierbare Arbeitsschritte charakterisiert. Sie lassen sich in hohem Grade automatisieren bzw. durch Informationsverarbeitungssysteme unterstützen.

Der **fallbezogene Workflow**, der auch als flexibler Workflow bezeichnet wird, kennzeichnet Arbeitsabläufe, die nicht vollständig standardisierbar sind. Beispiele hierfür ist die Bearbeitung von Kreditanträgen bei Banken. Der Übergang vom fallbezogenen zum allgemeinen Workflow ist fließend. Im Vergleich zum allgemeinen Workflow weisen fallbezogene Workflows höhere Freiheitsgrade für die Bearbeiter auf. Einzelne Vorgänge können übersprungen oder modifiziert werden (z. B. Verzicht auf einzelne Prüfvorgänge im Rahmen einer Kreditbearbeitung oder auf ein Assessment-Center bei der Einstellung eines Mitarbeiters).

Ad hoc Workflows sind unstrukturierte Prozessschritte, deren Ablauffolge sich nicht vorab bestimmen lässt. Bei ad hoc Workflows legt der Bearbeiter einer Workflow-Instanz den nachfolgenden Bearbeiter in eigener Verantwortung fest (Scheer 1998, S. 90). Ad hoc Workflows können nicht modelliert werden (z. B. Arbeitsgruppe zur Erarbeitung eines Werbefeldzugs). Ein weiteres Beispiel ist die Bearbeitung von Investitionsanträgen in Großunternehmen. Sie ist häufig nur grob z. B. hinsichtlich der Unterschriftsregelungen vorstrukturiert und bietet hohe Freiheitsgrade hinsichtlich der Beteiligten und des Verlaufes. Je nach Investitionsart können unterschiedliche Ansprechpartner und Vorarbeiten notwendig sein, bevor der Antrag genehmigt wird.

Workflow nach dem Grad der Computerunterstützung Workflows können nach dem Grad der Computerunterstützung unterteilt werden. Der **freie Workflow** wird vollständig manuell durch einen personellen Bearbeiter durchgeführt (z. B. Prüfung der Zuständigkeit einer eingegangenen Anfrage). In diesem Fall ist nur ein Ablaufcontrolling des Prozesses möglich, d. h. eine Überprüfung, ob alle Teilschritte in der richtigen Reihenfolge abgearbeitet wurden. Der **teilautomatisierte Workflow** wird, unterstützt durch ein Informationsverarbeitungsprogramm, von einem personellen Bearbeiter durchgeführt (z. B. Eingabe der Stammdaten eines neuen Kunden). Der **automatisierte Workflow** wird ohne Eingriffe eines personellen Bearbeiters durch ein Programm ausgeführt (z. B. Ausdruck einer Rechnung nach Durchführung der Lieferung). Beim teilautomatisierten bzw. automatisierten Workflow ist neben dem Ablaufcontrolling auch ein Ausführungscontrolling möglich, d. h. es ist sichergestellt, dass z. B. eine bestimmte Transaktion ausgeführt worden ist.

1.5 End-to-End Prozesse

Das in den 1990er-Jahren entwickelte Prozessmanagement hatte die Verbesserung der Kundenwünsche im Fokus. Prozesse dienen direkt (Kernprozess) oder indirekt (Unterstützungsprozess, Führungsprozess) der Erfüllung von Bedürfnissen, Erwartungen oder

1.5 End-to-End Prozesse

Anforderungen von Kunden. Die Steuerung von Prozessen erfolgt durch einen Geschäftsprozessverantwortlichen, der die Ziele und Kennzahlen zur Steuerung des Prozesses im Rahmen der Unternehmensstrategie vorgibt.

Ein **End-to-End Prozess** ist ein kundenfokussierter Prozess. Der Begriff „Kunde" kann hierbei erweitert werden. „Kunde" steht entweder für den externen Unternehmenskunden, der zum Beispiel Waren bestellt und diese an ihn ausgeliefert werden oder für einen „internen Prozesskunden", der eine Leistung eines anderen Prozesses anfordert und diese erhält. So kann der Prozess „Führung von Mitarbeitern" im Rahmen der Neubesetzung einer Stelle vom Prozess „Neue Mitarbeiter einstellen" die Leistung anfordern, dass ein ausgewählter Mitarbeiter einen Arbeitsvertrag erhalten soll.

Der End-to-End Prozess beginnt mit der Auslösung durch den (Prozess-)Kunden und endet durch die Erfüllung der Bedürfnisse beim Kunden. Kernprozesse eines Unternehmens sollten als End-to-End Prozesse organisiert sein (vgl. das Schema in Abb. 1.10). Für den Fall des externen Kunden spricht man von „Kunde-zu-Kunde Prozessen".

▶ **Merke:** Beim End-to-End Prozess steht am Anfang ein Kundenbedarf und am Ende die Leistung, die ein Kunde erhält.

Ein Beispiel für den in Tab. 1.2 tabellarisch beschriebenen End-to-End Prozess „Angebotsbearbeitung" ist der Abb. 1.11 zu entnehmen.

Abb. 1.10 End-to-End Prozess (Schema nach Schmelzer und Sesselmann 2013, S. 53)

Tab. 1.2 End-to-End Prozess Angebotsbearbeitung

Zentrale Anforderungen des Kunden	Zeitnah erstelltes Angebot mit realistischen und zur Anfrage passenden Lieferterminen sowie günstigen Preisen
Wesentliche Aktivitäten der Leistungserstellung	Entgegennahme der Anfrage, Klären von Details, Klären der Angebotsinhalte (Produkte, Termine, Preise, Zusatzleistungen, Ressourcencheck, ggf. Einbindung Lieferanten), Angebotserstellung und Übermittlung, Überwachung des Angebotes
Mögliche Prozessziele	Qualitativ hochwertiges Angebot mit realistischen Lieferterminen und verbindlichen Preisen
Mögliche Kennzahlen zur Steuerung	Bearbeitungsdauer Bestellquote (Anzahl Bestellungen/Angebote)

Beispiel für eine Beschreibung eines End-to-End Prozesses

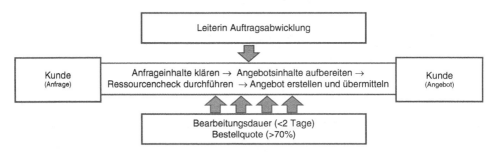

Abb. 1.11 End-to-End Prozess (Beispiel nach Schmelzer und Sesselmann 2013, S. 53)

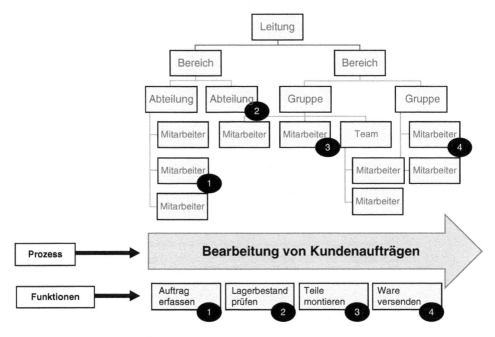

Abb. 1.12 Prozess versus Funktion

1.6 Funktion versus Prozess

Die Aufbauorganisation eines Unternehmens dient der vertikalen Abbildung der Hierarchie. Jede Stelle (Mitarbeiter, Führungskraft) führt einzelne Funktionen im Rahmen der Arbeitsteilung des Unternehmens aus. Die Funktion „Lagerbestand prüfen" erfolgt in der Disposition, die Funktion „Kundenauftrag erfassen" wird im Vertrieb ausgeführt. Der gesamte Prozess („Bearbeitung von Kundenaufträgen") ist nicht sichtbar und es fehlt die Gesamtverantwortung über alle eingebundenen Abteilungen.

Der Prozess entsteht durch sinnvolles Koppeln einzelner Funktionen z. B. „Auftrag erfassen", „Lagerbestand prüfen" unter einer einheitlichen Führung durch den Prozessverantwortlichen (z. B. „Bearbeitung von Kundenaufträgen" in Abb. 1.12) zu einem sinnvollen Ganzen.

1.7 Wiederholungsfragen und Übungen

1.7.1 Fragen

1. Grenzen Sie das Geschäftsprozessmanagement vom Workflowmanagement ab.
2. Beschreiben Sie die wesentlichen Merkmale von Prozessen.
3. Grenzen Sie den Geschäftsprozess vom Workflow ab.
4. Grenzen Sie das Projekt vom Geschäftsprozess ab.
5. Erläutern Sie verschiedene Kategorien von Geschäftsprozessen und geben Sie für jede Kategorie jeweils ein Beispiel aus einer Branche Ihrer Wahl.
6. Erläutern Sie den Unterschied zwischen einer betrieblichen Funktion und einem Geschäftsprozess anhand eines Beispiels ihrer Wahl.

1.7.2 Übung „End-to-End Prozess"

Identifizieren Sie einen „End-to-End Prozess" Ihrer Wahl und erstellen Sie ein übersichtliches Prozess-Schema das folgende Angaben enthält: Prozessbezeichnung, zentrale Anforderungen des Kunden, wesentliche Aktivitäten der Leistungserstellung, mögliche Prozessziele und mögliche Kennzahlen zur Steuerung.

Literatur

Berkau, C.: Instrumente der Datenverarbeitung für das effiziente Prozesscontrolling, in: Kostenrechnungspraxis, Sonderheft 2, 1998, S. 27–32

Berthold, H. J.: Aktionsdatenbanken in einem kommunikationsorientierten EDV-System, in: Informatik-Spektrum, Heft 6, 1983, S. 20–26

Gadatsch, A.: Big Data: Chance für das Informationsmanagement, in: Keuper, F.; Schmidt, D. (Hrsg.) „Smart (Big) Data Management", Berlin, 2014, S. 41–58

Galler, J.; Scheer, A.-W.: Workflow-Projekte: Vom Geschäftsprozessmodell zur unternehmensspezifischen Workflow-Anwendung, in: Information-Management, Heft 1, 1995, S. 20–27

Gaitanides, M.: Prozessorganisation: Entwicklung, Ansätze und Programme des Managements von Geschäftsprozessen, 2. Aufl., München, 2007

Gehring, H.: Betriebliche Anwendungssysteme, Kurseinheit 2, Prozessorientierte Gestaltung von Informationssystemen, Fern-Universität Hagen, Hagen, 1998

Hammer, M.: Reengineering Work: Don't Automate, Obliterate, in: Harvard Business Review, Vol. 68 (1990), Nr. 4, S. 104–112

Hammer, M.; Champy, J.: Business Reengineering, 2. Aufl., Frankfurt, New York, 1994

Herzwurm, W.; Pietsch, W.: Management von IT-Produkten, Heidelberg, 2009

Hilmer, C.: Prozessmanagement in indirekten Bereichen, Wiesbaden, 2016

Hofmann, J.: Aktionsorientierte Datenbanken im Fertigungsbereich, Reihe Betriebs- und Wirtschaftsinformatik 27, Berlin, 1988

Mertens, P.: Moden und Nachhaltigkeit in der Wirtschaftsinformatik, Arbeitspapier Nr. 1/2006, Universität Erlangen-Nürnberg, Bereich Wirtschaftsinformatik I

Österle, H.: Business Engineering. Prozess- und Systementwicklung, Band 1, Entwurfstechniken, Berlin, 1995

Scheer, A.-W.: ARIS – Vom Geschäftsprozess zum Anwendungssystem, 3. Aufl., Berlin et al., 1998

Scheer, A.-W : EDV-orientierte Betriebswirtschaftslehre, 4. Aufl., Berlin et al., 1990

Scheer, A.-W.: Architektur integrierter Informationssysteme – Grundlagen der Unternehmensmodellierung, Berlin et al. 1991

Scheer, A.-W.: Wirtschaftsinformatik – Referenzmodelle für industrielle Geschäftsprozesse, 4. Aufl., Berlin et al., 1994

Scheer, A.-W.; Jost, W.: Geschäftsprozessmodellierung innerhalb einer Unternehmensarchitektur, in: Vossen, G.; Becker, J. (Hrsg.): Geschäftsprozessmodellierung und Workflowmanagement, Modelle, Methoden, Werkzeuge, Bonn, 1996, S. 29–46

Schmelzer, H.J.; Sesselmann., W.: Geschäftsprozessmanagement in der Praxis, 8. Aufl., Hanser, München, 2013

Seidlmeier, H. Prozessmodellierung mit ARIS®. Eine beispielorientierte Einführung für Studium und Praxis, Braunschweig und Wiesbaden, 2002

Taylor, Frederick W. (1903): *Shop Management*. In: Transactions, American Society of Mechanical engineers, Bd. XXVIII, S. 1337–1480.

2 Konzepte des Prozessmanagements

Prozessmanagement erfordert Methodeneinsatz

> **Zusammenfassung**
>
> In diesem Kapitel wird zunächst ein integriertes Konzept für das Geschäftsprozess- und Workflowmanagement vorgestellt. Es wird hinsichtlich seiner Elemente (Ebenen, Phasen und Sichten) beschrieben. Anschließend werden standardisierte Optimierungskonzepte für Geschäftsprozesse thematisiert und einige bekannte Managementkonzepte vorgestellt, die ähnliche Ziele wie das Prozessmanagement verfolgen. Den Abschluss bildet ein Abschnitt über Referenzmodelle für das Prozessmanagement sowie Fragen und eine Übung.

2.1 Integriertes Geschäftsprozess- und Workflowmanagement

Geschäftsprozesse und Workflows sind eng miteinander verbunden und können nicht unabhängig voneinander entwickelt werden. Daher muss Prozessmanagement ganzheitlich in einem integrierten Konzept abgebildet werden. Der Gestaltungsrahmen des in Abb. 2.1 dargestellten Konzeptes des integrierten Geschäftsprozess- und Workflowmanagements umfasst auf mehreren Ebenen die Entwicklung und Steuerung der Unternehmensstrategie (strategische Ebene), das Prozessmanagement im engeren Sinne (fachlich-konzeptionelle Ebene), das technisch orientierte Workflowmanagement (operative Ebene) sowie die mit dem Prozessmanagement vernetzten Aufgabenbereiche der Anwendungssystem- und die Organisationsgestaltung (vgl. Gehring und Gadatsch 1999, S. 70). Das Konzept dient dem

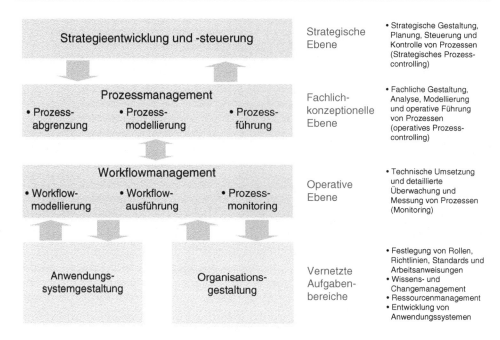

Abb. 2.1 Integriertes Geschäftsprozess- und Workflowmanagement

Abgleich mit der Unternehmensstrategie, der organisatorischen Gestaltung von Prozessen sowie deren technischer Umsetzung mit geeigneten Kommunikations- und Informationssystemen und dem strategischen und operativen Prozesscontrolling.

Strategische Ebene (Strategieentwicklung und -steuerung) Auf der strategischen Ebene werden die Geschäftsfelder eines Unternehmens einschließlich der hier wirksamen kritischen Erfolgsfaktoren betrachtet. Hierbei werden die zentralen Prozesse des Unternehmens identifiziert, geplant und mit Hilfe geeigneter Maßnahmen umgesetzt. Das strategische Prozesscontrolling überwacht und steuert anhand von strategischen Kennzahlen die Umsetzung und Zielerreichung durch die initiierten Maßnahmen und leitet ggf. bei zu großen Abweichungen von den Zielwerten Korrekturmaßnahmen ein.

Auf der darunter liegenden fachlich-konzeptionellen Ebene erfolgt die Ableitung der Prozesse im Rahmen des Prozessmanagements. Das Prozessmanagement stellt hierbei die Verbindung zur Unternehmensplanung auf der strategischen Ebene dar, während das Workflowmanagement aus der Perspektive der darunter liegenden Ebene der operativen Durchführung die Anwendungssystem- und Organisationsgestaltung einbindet.

Fachlich-konzeptionelle Ebene (Prozessmanagement i. e. S.) Das Prozessmanagement umfasst die Phasen der Prozessabgrenzung, der Prozessmodellierung und der Prozessführung im Lebenszyklus von Prozessen:

- Die Prozessabgrenzung beschreibt die Prozessentstehung. Ausgehend von den Geschäftsfeldern und strategisch orientierten Spezifikationen wie Produktsortiment, kritische Erfolgsfaktoren usw. sind in einem schrittweisen Vorgehen Prozesskandidaten für jedes Geschäftsfeld abzuleiten, zu bewerten und schließlich die zu modellierenden und zu implementierenden Prozesse auszuwählen.
- In der Prozessmodellierung geht es darum, Realitätsausschnitte aus einem Geschäftsfeld unter einer fachlich-konzeptionellen Perspektive in einem Geschäftsprozess abzubilden. Abhängig von den strategischen Zielen eines Unternehmens kann dabei z. B. eine völlige Neugestaltung von Abläufen oder eine weitergehende Automatisierung bestehender Prozesse angestrebt werden. So entwickelt die BMW-Group im Werkzeug- und Anlagenbau spezielle Geschäftsstrategien, welche die gestiegenen Umweltanforderungen hinsichtlich der CO2-Emmissionsgrenzwerte und der damit verbundenen Verbrauchsreduzierung und Sicherheitsanforderungen explizit berücksichtigen. Diese finden anschließend ihren Niederschlag in überarbeiteten und an diese Erfordernisse angepassten Geschäftsprozessen (vgl. Brunner et al. 2002, S. 312 f.).
- Auf die Phase der Prozessdurchführung bezieht sich die Prozessführung. Ihr Ziel ist die Ausrichtung der Prozesse an vorzugebende Messgrößen für den Prozesserfolg, die so genannten Prozess-Führungsgrößen. Die Führungsgrößen der Prozesse sind, gegebenenfalls in mehreren Schritten, aus den kritischen Erfolgsfaktoren der jeweiligen Geschäftsfelder abzuleiten. Je nach Umfang ermittelter Erfolgsdefizite, aufgetretener Schwachstellen im Projektablauf usw. kann eine Re-Modellierung bzw. ein erneutes Durchlaufen der Prozessmodellierung erforderlich sein.

Operative Ebene (Workflowmanagement) Das Workflowmanagement wird in die Phasen Workflowmodellierung, Workflowausführung und Workflowmonitoring unterteilt. Die Workflowmodellierung folgt der Geschäftsprozessmodellierung. Hierbei wird der modellierte Geschäftsprozess um Spezifikationen erweitert, die für eine automatisierte Prozessausführung unter der Kontrolle eines Workflowmanagement-Systems notwendig sind. Anschließend erfolgt die Phase der Workflowausführung; sie beinhaltet die Erzeugung von Prozessobjekten und den Durchlauf von Prozessobjekten entlang der vorgesehen Bearbeitungsstationen unter der Kontrolle eines Workflowmanagement-Systems. Das anschließende Workflowmonitoring dient der laufenden Überwachung des Prozessverhaltens. Die Gegenüberstellung von Prozess-Führungsgrößen und entsprechenden Prozess-Ist-Größen auf der Ebene von Workflows liefert Informationen darüber, ob ein Prozess bereits richtig eingestellt ist oder ob korrigierende Eingriffe vorzunehmen sind.

Wegen der Unterstützungsfunktion für das Geschäftsprozessmanagement werden Workflowmanagementsysteme auch zunehmend als BPM-Systeme (Business-Process-Management-Systeme) bzw. Prozessmanagementsysteme (PMS) bezeichnet (z. B. Dadam et al. 2011, S. 364).

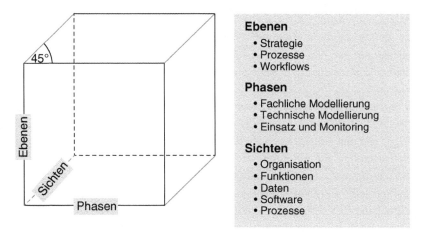

Abb. 2.2 GPM-Würfel

Vernetzte Aufgabenbereiche (Anwendungssystem- und Organisationsgestaltung) Die Organisationsgestaltung ergänzt als allgemeine Unterstützungsfunktion das Prozessmanagement durch die Festlegung von Rollen, Richtlinien, Standards und konkreten Arbeitsanweisungen für die Mitarbeiter. Daneben stellt es Methoden für das Wissens- und Changemanagement zur Verfügung und steuert das Management der personellen und sonstigen Ressourcen.

Die Anwendungssystemgestaltung stellt prozessorientierte Informationssysteme bereit. Diese können individuell für das Unternehmen entwickelt werden oder als Standardsoftware in adaptierter Form im Unternehmen zum Einsatz kommen.

2.2 Strukturelemente

2.2.1 Perspektiven des Prozesswürfels

Die Struktur des Prozessmanagements lässt sich in drei Perspektiven (Ebenen, Phasen und Sichten) untergliedern (vgl. hierzu den „Prozesswürfel in Abb. 2.2)". Als Abstraktionsebenen kommen Strategie, Prozesse und Workflow in Betracht (vgl. Abschn. 2.2.2). Als Phasen kommen die Fachliche Modellierung, die Technische Modellierung und der Einsatz und das Monitoring der laufenden Aktivitäten in Betracht (vgl. Abschn. 2.2.3). Die Modellierung kann durch die Sichten Organisation, Funktion, Daten, Software und Prozess strukturiert werden (vgl. Abschn. 2.2.4).

Anwendung des Prozesswürfels Mit Hilfe der Strukturelemente des Prozesswürfels kann ein prozessorientiertes Konzept für die Unternehmensgründung beschrieben werden. Der Würfel dient hierbei als Gliederung. Nachfolgend werden exemplarisch einige Aspekte aufgeführt, die zum Beispiel bei der Gründung eines „Online-Autohauses" zu bedenken sind.

2.2 Strukturelemente

- Abstraktionsebenen
  - *Strategie*: Ein Onlineautohaus benötigt eine Abgrenzung zu Wettbewerbern. Es konkurriert mit Werksniederlassungen der Automobilhersteller, freien ortsgebundenen Autohändlern und spezialisierten EU-Importeuren. Der Vorteil des Onlineautohauses ist die komplette Abwicklung des Autokaufes von der Beratung, Auswahl bis zur Auslieferung und Übergabe über digitale Medien und spricht daher insbesondere jüngere und medientechnisch interessierte Käufer an.
  - *Prozesse*: Alle für den Kunden sichtbaren Prozesse sollen digitalisiert werden und über beliebige internetfähige Endgeräte (PC, Tablet, Smartphone) erreichbar sein. Papierunterstützung bis auf gesetzlich nicht abwendbare Ausnahmen sind zu vermeiden.
  - *Workflow*: Für das Onlineautohaus sind zahlreiche Prozesse als Workflow zu realisieren, d. h. die Prozesse sollen von einem Softwaresystem gesteuert werden. Beispiel sind: Kundendaten erfassen, Versicherungsdaten erfassen, Im Fahrzeugbestand recherchieren, Fahrzeuginformationen anfordern, Fahrzeug auswählen, Fahrzeug reservieren, Fahrzeug für den Kunden zulassen und versichern, Probefahrt vereinbaren, Onlineberatung durch Mitarbeiter, Bestellung, Übergabetermin vereinbaren, Rücktritt vom Kauf oder Stornierung.
- Phasen
  - *Fachliche Modellierung*: Zunächst müssen Führungs-, Kern- und Unterstützungsprozesse fachlich beschrieben werden. Die Modelle sollen für den jeweiligen Mitarbeiter (z. B. Online-Verkaufsberater) im Intranet sichtbar sein und später auch als Nachschlagewerk dienen.
  - *Technische Modellierung*: Die Umsetzung der Prozesse auf der Workflowebene werden an ein externes Softwarehaus übergeben und dort programmiert. Wichtig ist, dass allgemeine IT-Standards und Besonderheiten der Automobilindustrie abgebildet werden um die Anbindung an Datennetze der Automobilhersteller zu erhalten.
  - *Einsatz und das Monitoring*: Nach erfolgter Programmierung und Test sollen die Anwendungen im Betrieb genutzt werden. Für das Monitoring der Prozesse soll in Echtzeit auf Kundenreaktionen (z. B. Modellvergleiche, Abbruch der Online-Sitzungen) reagiert werden.
- Sichten
  - *Organisation*: Interne Abteilungen (Rechnungswesen, Verwaltung, Marketing, IT), Externe Abteilungen (Verkauf/Beratung; Service)
  - *Funktion*: Stammdatenerfassung, Fahrzeugdatenerfassung, Preisdatenerfassung u. a.
  - *Daten*: Fahrzeugdaten, Preisdaten (eigene Preise, Wettbewerbspreise), Kundendaten, Kundenverhalten, Statistiken (Abverkauf, Lagerdauer, Durchschnittspreise) u. a.
  - *Software*: Interne Software für Buchhaltung, Verwaltung, Personalabrechnung, Onlineportal mit allen Kundenorientierten Funktionen u. a. Kunden-App für die operative Abwicklung von Beratung und Kauf sowie Kundenbindung
  - *Prozess*: Steuerungsprozesse (Unternehmensplanung, Marketingstrategie, Controlling; Kernprozesse , Fahrzeuginformationen bereitstellen, Kaufprozess abwickeln, Reklamationen bearbeiten, Fahrzeugauslieferung durchführen, …), Unterstützungsprozesse (Rechnungswesen, Lagerhaltung, Personalwesen, IT-Bereitstellung, u. a.)

2.2.2 Ebenen

Die Unterscheidung von Geschäftsprozessen und Workflows führt zu einer Differenzierung nach Abstraktions- und Modellierungsebenen (vgl. Gehring 1998). Wegen der unterschiedlichen Ziele der Begriffe und deren Komplexität ist es sinnvoll, eine Bildung von Modellierungssichten vorzunehmen und in Phasen zu gliedern um sich in der praktischen Arbeit auf die jeweils untersuchten Fragestellungen fokussieren zu können. Die fachliche Analyse und Modellierung von Prozessen hat das Ziel festzulegen welche Aufgaben von welchen Organisationseinheiten auszuführen sind. Die technische Analyse und Modellierung legt fest, wie der Prozess im Detail mit Hilfe von Softwaresystemen auszuführen ist. Für die Modellierung sind daher zwei Ebenen zu bilden, die Ebene der fachlich-konzeptionellen Prozessmodellierung und die hieraus abgeleitete operative Ebene der Workflowmodellierung (vgl. Abb. 2.3).

▶ In der Praxis wird zur Abgrenzung der Abstraktionsebenen auch von „Fachlicher Modellierung" und „Technischer Modellierung" gesprochen. Unter einer „Round-Trip-Modellierung" ist dann der ganzheitliche Ansatz zu verstehen, bei dem aus dem fachlichen Modell sukzessive ein ausführbares Modell verfeinert wird. Dies ist z. B. mit der Modellierungssprache BPMN möglich (vgl. Abschn. 5.7).

Repository (Modelldatenbank) Zu den vorgestellten Zusammenhängen des Rahmenkonzeptes kommen die Ergebnisse der Gestaltungs- und Modellierungstätigkeit hinzu. Diese werden in Form von Modellen (Prozessmodell, Workflowmodell und ergänzenden Informationen, vgl. hierzu Kap. 6) dauerhaft gespeichert. Das Repository stellt ein Wörterbuch dar, das zur Beschreibung der Modellbausteine und der zwischen den Bausteinen

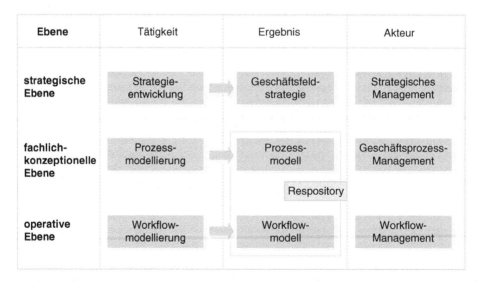

Abb. 2.3 Ebenenkonzept (Gehring 1998)

bestehenden Beziehungen dient. Es erfasst Geschäftsprozesse und Verbindungen zwischen Geschäftsprozessen und Workflows. Beschrieben werden außerdem die Schnittstellen zur Modellumwelt. Letztere besteht vor allem aus der jeweiligen Geschäftsfeldstrategie, den unterstützenden Informationssystemen und den involvierten Organisationseinheiten.

▶ Im Rahmen des Einsatzes moderner Softwarewerkzeuge die z. B. mittels der Modellierungssprache BPMN 2.0 (vgl. hierzu Abschn. 5.7) ausführbare Workflowmodelle erzeugen ist das Repository eine notwendige Voraussetzung für die Ausführung der Prozesse.

2.2.3 Phasen

Prozessmanagement wird arbeitsteilig in Projekten organisiert (vgl. Abschn. 3.3). Hierzu bedient man sich Phasen- bzw. Life-Cycle-Modelle um die komplexen Tätigkeiten insbesondere im Rahmen der Modellierungsaufgaben zu strukturieren. Die Modellierung kann einstufig oder zweistufig erfolgen.

Bei der einstufigen Modellierung wird das Workflow-Modell direkt erstellt, ohne ein Geschäftsprozessmodell vorauszusetzen. Bei der zweistufigen Vorgehensweise wird ein Workflow-Modell aus einem zuvor erstellten Geschäftsprozessmodell abgeleitet. Die zweistufige Workflowmodellierung trägt der Tatsache Rechnung, dass Geschäftsprozesse und Workflows unterschiedlichen Zwecken dienen, wenn auch eine Abgrenzung nicht in jedem Einzelfall exakt möglich ist. In der Praxis wird oft der zweistufige Ansatz bevorzugt, da es neben den unterschiedlichen Einsatzzwecken der Modelle nur wenige Softwaretools gibt, die den einstufigen Ansatz so unterstützen, dass die Anforderungen aller beteiligten Personengruppen voll unterstützt werden. In Abb. 2.4 wird ein zweistufiger Workflow Life-Cycle dargestellt, der drei teils vermischte Teilzyklen beinhaltet.

Teilzyklus (1) Der Teilzyklus (1) umfasst die Geschäftsprozessmodellierung, -analyse und -restrukturierung sowie die Geschäftsstrategieentwicklung und lässt sich in die strategische bzw. fachlich-konzeptionelle Ebene des integrierten Gesamtkonzeptes einordnen. Ausgangspunkt für den Teilzyklus (1) ist die Erhebung und Modellierung der Ist-Geschäftsprozessmodelle. Diese werden anschließend einer Geschäftsprozessanalyse hinsichtlich ihres Beitrages zur Erfüllung der aus der Geschäftsstrategie abgeleiteten Geschäftsprozessziele unterzogen. Hierbei werden unproduktive oder überflüssige Geschäftsprozesse und Organisationsstrukturen identifiziert. Die Geschäftsprozessanalyse kann auch Rückwirkungen auf die zunächst vorgegebene Geschäftsstrategie des Unternehmens haben, was wiederum die nachfolgende Gestaltung und Restrukturierung der Geschäftsprozesse beeinflusst. Die neu gestalteten und hinsichtlich der Zielvorgaben der Geschäftsstrategien restrukturierten Geschäftsprozesse werden als Soll-Geschäftsprozessmodelle formal beschrieben. Eine nachfolgende Analyse der Soll-Geschäftsprozessmodelle kann zu weiteren Restrukturierungszyklen führen, bis die Gestaltung der Geschäftsprozesse mit den vorgegebenen oder ggf. angepassten Geschäftszielen konform ist.

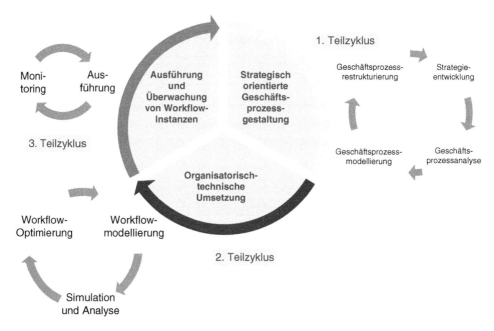

Abb. 2.4 Geschäftsprozess- und Workflow Life-Cycle-Modell

Teilzyklus (2) Mit dem Abschluss von Teilzyklus (1) ist die fachlich-konzeptionelle Gestaltung der Geschäftsprozesse abgeschlossen. Im anschließenden Teilzyklus (2) werden die Geschäftsprozessmodelle bis auf die operative Workflow-Ebene verfeinert. Der angestrebte Detaillierungsgrad soll einerseits eine automatische Ausführung und andererseits eine simulationsbasierte Analyse von Workflows gestatten. Die der Analyse folgende Workflowoptimierung vervollständigt den zweiten, gegebenenfalls iterierten Teilzyklus.

Teilzyklus (3) Die Ausführung von Workflows und deren laufende Überwachung bilden den Anfang des Teilzyklus (3), der ebenfalls der operativen Ebene zuzuordnen ist. Abhängig vom Grad der bei dem Monitoring festgestellten Abweichungen der Prozessergebnisse von den erwarteten Ergebnissen erfolgt eine Rückkopplung auf den Teilzyklus (1) oder (2). Kleinere Abweichungen führen zu inkrementellen Änderungen in Form des erneuten Durchlaufes von Teilzyklus (2), d. h. zu Optimierungen der Workflow-Modelle. Größere Abweichungen von Referenzwerten deuten auf Modellierungsdefizite hin und können eine Re-Modellierung bzw. einen Rücksprung zu Teilzyklus (1) erforderlich machen. Aktivitätsauslösende Schwellwerte für das Monitoring der Workflow-Instanzen sind im Rahmen der Geschäftsprozessmodellierung als Toleranzbereiche für Prozessführungsgrößen vorzugeben. Die Ergebnisse des Workflow-Monitoring können bei gravierenden Abweichungen auch Auswirkungen auf die Geschäftsstrategie des Unternehmens haben.

Phasenmodelle sind für die Praxis wichtig. Unternehmen entwickeln daher für ihre Belange angepasste Vorgehensmodelle. In Abb. 2.5 ist exemplarisch das Life-Cycle-Modell der Firma EON aufgeführt, welches alle relevanten Prozessschritte für ein integriertes Geschäftsprozess- und Workflowmanagement enthält (vgl. von Büdingen und Schlaf 2011, S. 83).

2.2 Strukturelemente

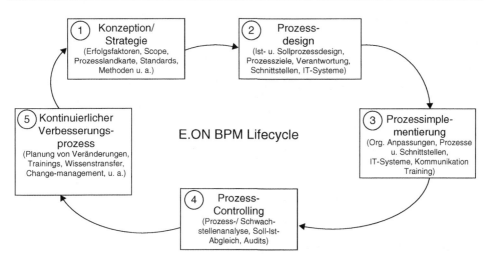

Abb. 2.5 Life-Cycle-Modell der Firma EON für das Geschäftsprozess- und Workflowmanagement

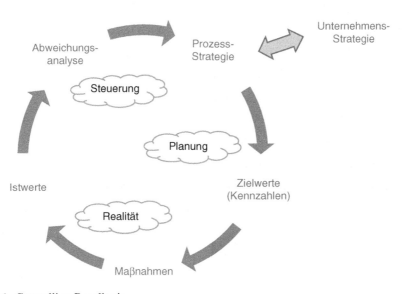

Abb. 2.6 Controlling-Regelkreis

Eine Besonderheit des EON-Modells in Abb. 2.5 ist die Integration eines Prozessschrittes „Prozesscontrolling" um die Bedeutung dieser Aufgaben hervorzuheben. Prozesscontrolling (vgl. hierzu ausführlich Kap. 4) ist allerdings als Regelkreis aufzufassen, wie in Abb. 2.6 dargestellt. Ausgehend von der Unternehmensstrategie wird eine Prozessstrategie abgeleitet. Diese wird mit Zielwerten und Maßnahmen konkretisiert. Dem stehen später die Ist-Werte aus den durchgeführten Maßnahmen gegenüber die im Rahmen einer Abweichungsanalyse ausgewertet werden. Der Controlling-Life-Cycle überlagert daher den Prozessmanagement-Life-Cycle im Sinne eines übergeordneten Meta-Regelkreises.

2.2.4 Sichten

Bei der Prozessmodellierung ist es nicht sinnvoll sämtliche modellierungsrelevanten Sachverhalte in einer einzigen Darstellung abzubilden, da der Überblick verloren gehen würde. Zur Reduktion der Komplexität der Darstellungen und zur Verbesserung der Transparenz empfiehlt sich die Anwendung eines Sichtenkonzeptes (vgl. Sinz 1996) welches die zu betrachtenden Aspekte sinnvoll gliedert. Die Abb. 2.7 gibt eine Übersicht über die in einigen ausgewählten Konzepten zum Prozessmanagement verwendeten Sichten (erweiterte Darstellung in Anlehnung an Gehring 1998).

Becker et al. Der Ansatz von Becker (Becker et al. 2007, 2008) hat das Ziel, einen Überblick über die Prozesslandschaft zu vermitteln und Maßnahmen für die Reorganisation der untersuchten Geschäftsprozesse zu unterstützen. Zur Unterstützung dieser Ziele werden vier Sichten vorgeschlagen: Organisationssicht (Wer führt etwas aus?), Geschäftsobjektsicht (Was wird verarbeitet/produziert?), Prozesssicht (Was wird wie ausgeführt?) und Ressourcensicht (Womit wird etwas ausgeführt?). Diese Sichten werden in vier Modelltypen realisiert: Geschäftsobjektmodell, Organisationsmodell, Prozessbaustein und Ressourcenmodell.

Gadatsch Gadatsch untergliedert im Hinblick auf die Berücksichtigung der Belange der Workflow-Modellierung in eine zentrale Prozess-Sicht und vier ergänzende Struktursichten (vgl. Gadatsch 2000, S. 179 f.). Die Prozesssicht beschreibt die an einem Prozess beteiligten Modellierungsobjekte aus ablauforientierter Sicht. Die Struktursichten beschreiben die Struktur der Modellierungsobjekte, die in der Prozess-Sicht zusammengeführt werden.

Gehring Gehring orientiert sich bei der Bildung von Sichten an den Grundelementen der Prozessmodellierung, dem Prozess, den organisatorischen Strukturen und den Daten (vgl. Gehring 1998).

\multicolumn{7}{c}{Sichtenkonzepte der Geschäftsprozessmodellierung}
Becker	**Ferstl/Sinz**	**Gadatsch**	**Gehring**	**Österle**	**Scheer**	**Weske**
Organisation	Leistungssicht	Prozess-Sicht	Organisationssicht	Organisation	Organisationssicht	Function Modeling
Geschäftsobjekt	Lenkungssicht	Organisationsstruktursicht	Funktionssicht	Funktionen	Funktionssicht	Information Modeling
Prozess	Ablaufsicht	Aktivitätsstruktursicht	Datensicht	Daten	Datensicht	Organization Modeling
Ressource		Applikationsstruktursicht		[Personal]	Steuerungssicht	IT Landscape Modeling
		Informationsstruktursicht		[...]	Leistungssicht	

Abb. 2.7 Sichtenkonzepte des Prozessmanagements

Österle Österle spricht bei seinem Konzept nicht von Sichten, sondern von Gestaltungsdimensionen (vgl. Österle 1995). Er nennt Organisation, Daten, Funktionen und Personal als Dimensionen des Business Engineering, bezieht aber die Personaldimension nicht in das Konzept ein. Eine separat ausgewiesene „dynamische" Dimension existiert nicht. Wohl werden aber dynamische Aspekte bei der Darstellung von Prozessen mit Aufgabenkettendiagrammen berücksichtigt

Scheer Scheer nimmt eine Zerlegung nach fünf Sichten vor. Dabei werden die primär statischen Beschreibungsobjekte von Geschäftsprozessen in der Organisations-, der Daten-, der Funktions- und der Leistungssicht abgebildet. Die dynamischen Aspekte werden in der Steuerungssicht zusammengefasst (vgl. Scheer 1998a, b).

Weske Weske gliedert in die Modellierungsdomänen Function Modeling, Information Modeling, Organization Modeling und in IT-Landscape Modeling (vgl. Weske 2007, S. 77). Er trägt damit der besonderen Bedeutung der Informationstechnik Rechnung.

Die zuvor kurz skizzierten Konzepte der Autoren Gadatsch, Gehring, Scheer, Österle und Weske betrachten den Prozess bzw. die Funktion jeweils als zentrales Element, welches Inputdaten mit Hilfe von Organisationseinheiten in Outputdaten transferiert.

Das objektorientierte Konzept von Ferstl und Sinz (vgl. Sinz 1996) betrachtet den Prozess dagegen als Ganzes und verzichtet auf Detailsichten zur Darstellung von Daten und Organisationseinheiten.

2.3 Vom Funktions- zum Prozessdenken

Die traditionelle funktionale Organisation von Unternehmen (vgl. Abb. 2.8) ist streng hierarchisch aufgebaut. An der Spitze der Organisation liegt die Führung, z. B. der Vorstand oder Geschäftsführer des Unternehmens. Darunter liegen nach fachlichen Gesichtspunkten differenzierte Bereiche. Sie sind nach betrieblichen Funktionen (z. B. Einkauf, Verkauf, Lager, Produktion, Personal, Finanzen) gegliedert.

Prozesse sind nicht Gegenstand einer Funktionalorganisation. Sie verlaufen quer durch die gesamte Organisation, ohne dass sie definiert, beschrieben oder überhaupt bekannt sein müssen. Oft haben die Mitarbeiter auch keine Vorstellung davon, was ein Prozess ist, sie identifizieren sich mit „ihrer" Aufgabe. In der Regel sind aber mehrere organisatorische Einheiten bei der Ausführung von Prozessen involviert, auch wenn diese nicht definiert sind. Faktisch existieren die Prozesse schon, sie sind jedoch nicht formal manifestiert.

An den Übergängen zwischen den an einem Prozess beteiligten Einheiten der Organisation entstehen daher Schnittstellen, bei denen der Prozess durch die Weitergabe von Objektinformationen (z. B. Auftragsdaten) ständig unterbrochen wird (vgl. Abb. 2.9). Zudem besteht die Gefahr von Medienbrüchen wenn bereits vorhandene Daten neu erfasst oder transformiert werden. Letztlich fehlt die Steuerung des Prozesses über die Organisationseinheiten hinweg, da jede Einheit nur für ihren „Prozessabschnitt" verantwortlich ist.

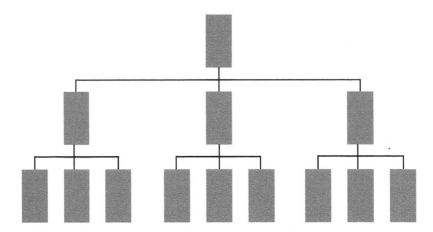

Abb. 2.8 Funktionale Organisation (Schema)

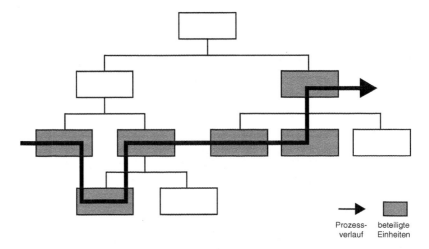

Abb. 2.9 Prozessverlauf bei funktional gegliederten Organisationen (Dillerup und Stoi 2012)

Die formal nicht vorhandenen, aber real existierenden Prozesse „suchen sich daher ihren Weg" durch die funktionale Organisation des Unternehmens.

Kamineffekt Die funktionale Organisation stellt in kleinen Organisationen kein Problem dar, weil die Mitarbeiter untereinander bekannt sind, das Zusammenwirken in den Prozessen kennen und sich bei Abstimmungsbedarf untereinander direkt austauschen und Konflikte lösen. In wachsenden Organisationen sehen viele Bereiche dagegen häufig nur noch Ihren eigenen Aufgabenbereich. Es fehlt der Überblick über das Ganze. Die Bereiche werden zu Silos: groß, dick und fensterlos (vgl. Osterloh und Frost 2003, S. 28 f.). Sie sehe nur noch das, was sich im Innern ihrer Bereiche abspielt. Das funktionale Denken der traditionellen Organisation führt zu internen Blockaden und zu „Informations-Silos", bei denen die interne Kommunikation zwischen den Abteilungen nur noch über das Berichtswesen und Aktennotizen und Memos stattfindet. Es kommt zum

2.3 Vom Funktions- zum Prozessdenken

„Kamineffekt", denn Bereichsübergreifende Probleme werden mangels horizontaler Kommunikation zur Unternehmensführung wie bei einem Kamin „hochgezogen" (vgl. Abb. 2.10 in Anlehnung an Osterloh und Frost 2003, S. 29).

Bei einer funktionsorientierten Organisation werden Ziele für die Leiterinnen und Leiter der Funktionsbereiche vereinbart und teilweise auch gehaltswirksam ausgestaltet. So erhält z. B. der Logistikleiter das Ziel den Lagerbestand möglichst gering zu halten, um die Kapitalkosten zu senken. Der Leiter für den Vertrieb hat dagegen das Ziel möglichst viele Einheiten zu verkaufen, was bei hohen Lagerbeständen einfacher wäre, als bei geringen Lagerbeständen.

Bei der prozessorientierten Organisation eines Unternehmens wird versucht, Prozessziele und die hieraus resultierenden Ergebnisse in den Vordergrund zu stellen. Diese sind im Regelfall nicht deckungsgleich, wenn man sie mit den Abteilungs- bzw. Bereichszielen und -ergebnissen der klassischen Funktionsorganisation vergleicht (vgl. Abb. 2.11).

Abb. 2.10 Kamineffekt (Osterloh und Frost 2003, S. 29)

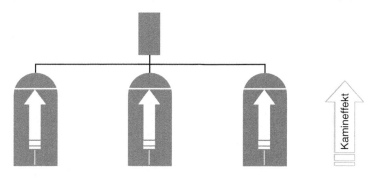

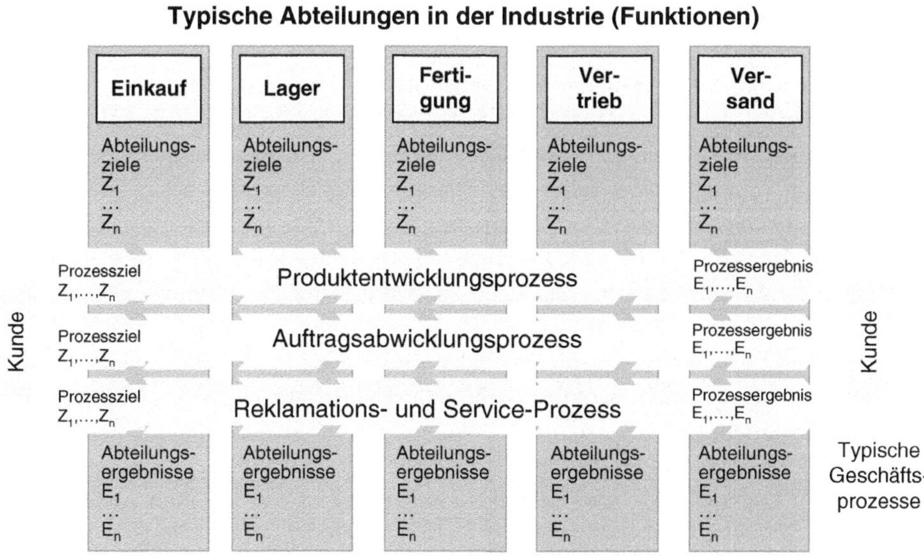

Abb. 2.11 Ziele und Zielkonflikte bei funktionaler Organisation

Beispiel: Einordnung der Rechnungsprüfung im Beschaffungsprozess

Ein typisches Beispiel für die unterschiedliche Sichtweise von Prozess- und Funktionsdenken ist die Beschaffung von Waren und Dienstleistungen. Im Rahmen der Gestaltung der Beschaffungsabläufe tritt regelmäßig die Frage auf, welchem Bereich die Teilaufgabe der „Rechnungsprüfung" zugeordnet werden soll: Der Logistik oder dem Rechnungswesen.

Für den Bereich Logistik spricht, dass die Rechnungsprüfung die qualitative und mengenmäßige Kontrolle durchführt. Die Logistik verfolgt u. a. das Ziel, die richtige Ware, in der richtigen Menge und Qualität zur richtigen Zeit zum Empfänger zu transportieren. Das Rechnungswesen beansprucht oft die Verantwortung für die Überprüfung von Kontierungen und Zahlungsbedingungen. Das Rechnungswesen hat u. a. das Ziel, eine ordnungsgemäße Bilanz und Gewinn- und Verlustrechnung aufzustellen.

Wird der Prozess gesplittet, z. B. in der Art, dass zunächst die qualitative und Mengenkontrolle in der Logistik durchgeführt wird und später nach Weitergabe der Dokumente (z. B. Lieferschein) die kaufmännische bzw. finanztechnische Prüfung im Rechnungswesen erfolgt, sind fast zwangsläufig durch den Bearbeiterwechsel Verzögerungen zu erwarten.

2.4 Optimierungskonzepte

2.4.1 Business Reengineering

Das Konzept des Business Reengineering steht für einen Managementansatz zur radikalen Unternehmensrestrukturierung, der Anfang der 1990er-Jahre durch die Arbeiten von Hammer und Champy eine hohe Popularität erzielt hat (vgl. Hammer 1990 sowie Hammer und Champy 1994). Die Diskussion fand zunächst im Wesentlichen in der Unternehmenspraxis und dort überwiegend im Bereich der Unternehmensberatung statt. Eine wissenschaftliche Erforschung des Business Reengineering erfolgte erst später. Diese Entwicklung führte zu einer Reihe von Weiterentwicklungen des ursprünglichen Konzepte von Hammer und Champy (Hess und Österle 1995, S. 128). In diesem Zusammenhang werden teilweise die Begriffe „Business Process Reengineering", „Business Engineering", „Business Redesign" u. a. synonym verwendet. Die genannten Konzepte behandeln schwerpunktmäßig die Analyse und Restrukturierung von Primärprozessen mit Markt- und Kundenausrichtung, wie z. B. Vertriebsprozesse. Allerdings finden sich auch vereinzelt Praxisbeispiele für einen Einsatz derartiger Ansätze in unterstützenden Querschnittsprozessen wie z. B. Rechnungswesen.

Hammer und Champy definieren Business Reengineering als „Radikalkur" für das Unternehmen. Sie verstehen hierunter ein grundlegendes Überdenken des Unternehmens und seiner Unternehmensprozesse, um im Wesentlichen Verbesserungen in den Kosten, der Qualität, des Services, der Zeit und insbesondere des Kundennutzens zu realisieren. (Hammer und Champy 1994, S. 48). Business Reengineering ist nach Ihrer Ansicht keine

2.4 Optimierungskonzepte

Optimierung bestehender Abläufe, sondern ein Neubeginn, d. h. ein völliges Überdenken der Strukturen (Hammer und Champy 1994, S. 12). Sie umreißen ihr Konzept mit den Schlüsselworten „fundamental", „radikal" und „dramatisch".

fundamental Das Schlüsselwort „fundamental" steht für die Beantwortung der Frage nach dem Sinn und Zweck jeder Tätigkeit im Unternehmen und auch der Art und Weise, wie sie durchgeführt wird.

radikal Der Begriff „radikal" steht für den Willen, auch grundlegende Veränderungen im Unternehmen durchzusetzen, d. h. es geht nicht um die Optimierung von bestehenden Abläufen (vgl. auch Hammer und Champy 1994, S. 12), sondern um einen Neubeginn, d. h. ein völliges Überdenken der Strukturen.

dramatisch Das Schlüsselwort „dramatisch" umschreibt die Forderung nach Veränderungen des Unternehmens und der Effizienz seiner Arbeitsabläufe in Quantensprüngen. Hammer und Champy weisen der Informationstechnologie eine tragende Rolle zur Aufgabenerfüllung zu (vgl. Hammer und Champy 1994, S. 113 f.). Ihnen geht es vor allem darum, dass die innovativen Möglichkeiten der Informationsverarbeitung ausgenutzt werden.

Kurz gesagt bedeutet Business Reengineering die Beantwortung der Frage „Wie würden wir vorgehen, wenn wir noch einmal ganz von vorne beginnen würden?". Das Management hat die Aufgabe, neu zu überdenken, wie die Arbeit durchgeführt und wie die Organisation strukturiert werden würde, wenn sie noch einmal ganz von vorne begännen (Robbins 2001, S. 33).

Die Ansätze des Business Reengineering wurden von anderen Autoren aufgegriffen und intensiv weiterentwickelt. Teilweise synonym verwendete Begriffe sind Business Process Reengineering, Business Engineering, Business Process Redesign u. a. m. Im deutschsprachigen Raum wurden insbesondere die Ansätze von Scheer und Österle bekannt. Österle definiert Business Reengineering umfassend in Form eines top-down-orientierten Ansatzes beginnend mit der Entwicklung der Geschäftsstrategie bis hinunter zur Ebene der Informationssysteme (Österle 1995, S. 24). Er verwendet den Begriff Business Engineering und versteht hierunter die Neugestaltung der informatorischen Wirtschaft (Österle 1995, S. 14). In Abb. 2.12 ist die Untergliederung nach Österle in die Ebenen Geschäftsstrategie, Prozess und Informationssystem dargestellt (Österle 1995, S. 30).

Die Geschäftsstrategie bestimmt die globalen Rahmendaten für das Unternehmen, wie z. B. die Unternehmensstruktur und die Geschäfts-felder. Die Prozessebene legt die organisatorischen Einheiten fest und bestimmt die Unternehmensprozesse und deren Leistungen. Sie legt auch die groben Entitätstypen der Informationsverarbeitung fest wie z. B. Kunde oder Konto. Auf der Informationssystemebene erfolgt die Spezifikation im Detail. Die Ebenenbetrachtung wird ergänzt um ein Sichtenkonzept. Österle unterscheidet für jede Betrachtungsebene die Sichten Organisation, Daten und Funktion (vgl. Österle 1995 S. 30) und lässt Raum für die Einbeziehung weiterer Sichten wie z. B. Personal, Marketing oder Recht.

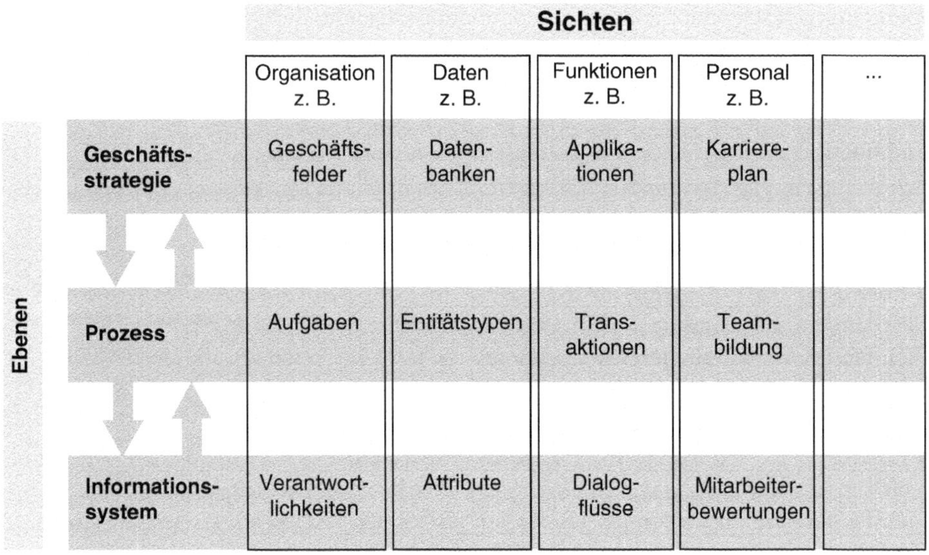

	Sichten				
Ebenen	Organisation z. B.	Daten z. B.	Funktionen z. B.	Personal z. B.	...
Geschäftsstrategie	Geschäftsfelder	Datenbanken	Applikationen	Karriereplan	
Prozess	Aufgaben	Entitätstypen	Transaktionen	Teambildung	
Informationssystem	Verantwortlichkeiten	Attribute	Dialogflüsse	Mitarbeiterbewertungen	

Abb. 2.12 Business Engineering (Österle 1995, S. 30)

2.4.2 Geschäftsprozessprozessoptimierung

Business Reengineering und Geschäftsprozessoptimierung sind, obgleich die Begriffe nicht selten synonym verwendet werden, unterschiedliche Ansätze zur Restrukturierung der Geschäftsprozesse eines Unternehmens.

Die Zielsetzung der Geschäftsprozessoptimierung ist die nachhaltige Verbesserung der Wettbewerbsfähigkeit eines Unternehmens durch Ausrichtung aller wesentlichen Arbeitsabläufe an den Kundenanforderungen. Dies bedeutet vor allem eine Fokussierung der Bemühungen auf diejenigen Geschäftsprozesse, die direkt durch Kundenaktionen (z. B.: Bestellung, Zahlung einer Rechnung, Reklamation) ausgelöst werden.

Praxisbeispiele für Ursachen sind:

- Medienbrüche im Arbeitsablauf: Eingabe von Daten in eine PC-Datenbank, die einem ausgedruckten Report aus dem SAP ERP-System entnommen wurde.
- Bearbeiterwechsel während des Arbeitsablaufes: Der Rechnungseingang erfolgt in der Poststelle, anschließend wird die Rechnung per Hauspost zur Buchhaltung weitergeleitet, nach Bearbeitung wird eine Kopie zwecks Prüfung zum Einkauf weitergegeben.
- Doppelarbeiten: Daten werden doppelt erfasst, da die Zuständigkeiten nicht abgegrenzt sind.
- Warte- oder Liegezeiten: Für die Buchung eines Zahlungsbeleges werden Daten aus der Finanzabteilung benötigt, die Rückfrage bleibt wegen Abwesenheit des Mitarbeiters erfolglos.

2.4 Optimierungskonzepte

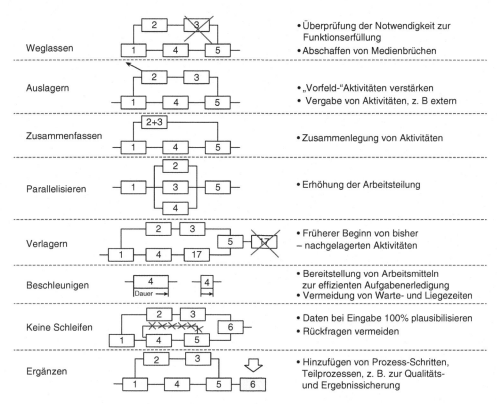

Abb. 2.13 Restrukturierungsansätze nach (Bleicher 1991, modifiziert)

Grundformen der Restrukturierung von Prozessen Wesentliche Ziele der Geschäftsprozessoptimierung sind die Verkürzung der Durchlaufzeit und die Verbesserung der Prozessqualität. Die Abb. 2.13 zeigt in Anlehnung an Bleicher (1991, S. 196) grundsätzliche Gestaltungsmöglichkeiten. Erläuterungen hierzu sind in vgl. Tab. 2.1 zu finden.

Die Restrukturierung von Prozessen kann in unterschiedlicher Form erfolgen. Es lassen sich reine organisatorische Ansätze wie „Weglassen überflüssiger Aktivitäten" oder technische Maßnahmen wie „Einsatz eines Webportals" oder Mischformen unterscheiden (vgl. Tab. 2.1).

2.4.3 Fallbeispiel: Restrukturierung Ersatzteilbeschaffung

Die Vorgehensweise der Geschäftsprozessoptimierung soll anhand eines bewusst überzogen formulierten Beispiels gezeigt werden. Die Aufbauorganisation und der Geschäftsprozess vor der Optimierung sind in Abb. 2.14 dargestellt.

Tab. 2.1 Grundformen der Restrukturierung von Prozessen nach Bleicher 1991, modifiziert

Nr.	Konzept	Erläuterung
1	Weglassen	Überprüfung der Notwendigkeit von Prozessen oder Teilprozessen zur Funktionserfüllung, Abschaffung von Medienbrüchen, Abschaffung von nicht sinnvollen Genehmigungsschritten
2	Auslagern	Vergabe von Teilprozessen oder vollständigen Prozessketten durch externe spezialisierte Dienstleister (z. B. Buchführung und Bilanzierung durch einen Steuerberater)
3	Zusammenfassen	Arbeitsteilige Aufgaben werden so zusammengefasst, dass ein Bearbeiter zusammengehörige Teilprozesse vollständig ohne Bearbeiterwechsel durchführt (z. B. Kundenberatung und Auftragserfassung bis zur Erstellung der Auftragsbestätigung)
4	Parallelisieren	Erhöhung der Arbeitsteilung bei parallelisierbaren Teilschritten (z. B. Klausurkorrektur durch mehrere Prüfer je Teilgebiet)
5	Verlagern	Verlagerung von Prozess-Schritten so dass Aufgaben frühzeitig durchgeführt werden, ohne später zu einem Flaschenhals zu werden (z. B. vollständige Erfassung der Kundeninformationen bei Auftragserfassung)
6	Beschleunigen	Einsatz von zeitsparenden Arbeitsmitteln (Dokumentenmanagementsystem ersetzt Papierdokumentation), Reduzierung von Warte- und Liegezeiten durch Erhöhung von Kapazitäten
7	Schleifen vermeiden	Schleifenfreie Gestaltung von Prozessen, d. h. Verzicht auf Wiederholung von Teilschritten eines Prozesses (z. B. Onlineerfassung aller Kunden- und Bestelldaten im Rahmen der Auftragserfassung und Freigabe des Auftrages erst nach vollständiger Plausibilisierung der Daten)
8	Ergänzen	Vermeidung von nachgelagerten Prozessen zur „Schadensbeseitigung" (z. B. Ergänzung einer Qualitätskontrolle nach der Teilemontage um einen möglichen „Nachbearbeitungsprozess" oder eine „Rückholaktion fehlerhafter Ware" zu vermeiden).

Quelle: In Anlehnung an Bleicher 1991

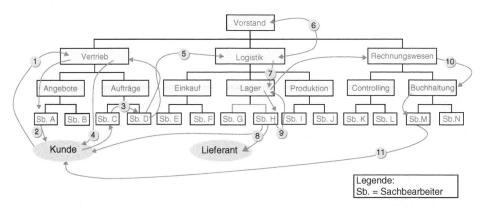

Abb. 2.14 Ersatzteilbeschaffung vor Prozessoptimierung

2.4 Optimierungskonzepte

Der Gegenstand des betrachteten Geschäftsprozesses ist die Ersatzteilbeschaffung eines fiktiven Maschinenbauherstellers.

1. Der Prozess beginnt beim Vertriebsleiter, der sich persönlich um eingehende Anfragen der Kunden kümmert.
2. Danach wird das Angebot vom Sachbearbeiter A an den Kunden versandt. Bevor das Angebot verschickt wird, wird es vom Vertriebsleiter kontrolliert. Da der Vertriebsleiter nicht immer anwesend ist, kann es vorkommen, dass ein vom Sachbearbeiter A fertig erstelltes Angebot einige Tage liegen bleibt.
3. Wenn der Kunde eine Bestellung vornimmt, wird diese vom Sachbearbeiter C manuell geprüft und danach vom Sachbearbeiter D im Auftragsbearbeitungssystem erfasst.
4. Der Kunde erhält eine Auftragsbestätigung, nachdem der Vertriebsleiter den Auftrag gesehen und freigegeben hat.
5. Nach der Erfassung des Auftrages geht der Auftrag an den Leiter der Logistikabteilung. Dieser entscheidet persönlich, ob ein Teil vom Lager entnommen werden kann, beschafft werden muss oder gar noch zu produzieren ist.
6. Falls er sich unsicher ist, fragt er beim Vorstand nach.
7. Der Lagerleiter erhält daraufhin den Auftrag, das Material auszuliefern. Da er an diesem Tag nicht im Betrieb anwesend ist, übergibt er den Auftrag erst am folgenden Werktag an einen seiner Sachbearbeiter, z. B. H.
8. Dieser Sachbearbeiter (hier H) entnimmt das Teil und versendet es an den Kunden und löst eine Nachbestellung des Ersatzteiles beim zuständigen Lieferanten aus.
9. Nach dem Versand übermittelt Sachbearbeiter H im Lager seinem Vorgesetzten die Abgangsbuchung. Dieser prüft den Beleg und verschickt ihn an den Leiter des Rechnungswesens.
10. Der Leiter Rechnungswesen gibt den Beleg an den Leiter der Abteilung Buchhaltung und dieser wiederum an einen seiner Sachbearbeiter. Da der Leiter Rechnungswesen häufig vom Vorstand für Planungsaufgaben eingesetzt wird, bleiben die Belege häufig einige Tage liegen.
11. Der Sachbearbeiter M erstellt in diesem Fall die Rechnung und verschickt sie an den Kunden.

Die wesentlichen Schwachstellen des Prozesses sind relativ einfach zu identifizieren:

- Führungskräfte entscheiden in operativen Fragen bis hinauf zur Geschäftsführung,
- Einbindung vieler Personen mit häufigem Bearbeiterwechsel,
- Es finden wenige Kontakt auf der Ebene der Sachbearbeiter statt, da die Weitergabe von Vorgängen häufig durch Führungskräfte erfolgt,
- bei Abwesenheit greift offensichtlich keine Vertretungsregelung.

- Hieraus ergeben sich mehrere Verbesserungsmöglichkeiten im Sinne einer Prozessoptimierung, d. h. einer Veränderung in kleinen Schritten:
- der Vorstand entscheidet in der Regel nicht in operativen Fragen der Geschäftsprozesse mit,
- Führungskräfte greifen nur in Ausnahmefällen in den Prozess ein, der Prozess wird durchgängig von der Sachbearbeiterebene gesteuert,
- der Kunde kommuniziert direkt mit den (zuständigen) Sachbearbeitern,
- Sachbearbeiter geben untereinander die Informationen direkt weiter,
- Mitarbeiter führen einen Bearbeitungsschritt komplett durch.

Wendet man diese Grundsätze auf den Geschäftsprozess an, so könnte eine optimierte Version des Prozesses den in Abb. 2.15 dargestellten Verlauf annehmen.

Der Ablauf des überarbeiteten Geschäftsprozesses stellt sich nun wie folgt dar:

1. Der Prozess beginnt beim Sachbearbeiter im Vertrieb, der auf der Grundlage der Kundenanfragen die Angebote selbständig erstellt.
2. Danach wird das Angebot vom Sachbearbeiter A erstellt und an den Kunden versandt.
3. Wenn der Kunde eine Bestellung vornimmt, wird diese vom Sachbearbeiter C geprüft und anschließend direkt im Auftragsbearbeitungssystem erfasst.
4. Anschließend wird vom Sachbearbeiter C der zuständige Einkäufer, Lagerist oder Produktionssachbearbeiter informiert, je nachdem, wie der Geschäftsvorfall zu beurteilen ist (Alternativen sind Lagerverkauf, Eigenfertigung oder Fremdbezug). Der Kunde erhält zugleich eine Auftragsbestätigung mit Angabe des Liefertermins zugesandt.
5. In dem hier betrachteten Fall erhält der Mitarbeiter G im Lager den Auftrag, das Material an den Kunden auszuliefern. Da er an diesem Tag nicht anwesend ist, übernimmt sein Stellvertreter H seine Aufgabe. Er entnimmt das Teil vom Lager, versendet es an den Kunden und löst eine Nachbestellung des Ersatzteiles beim zuständigen Lieferanten aus.

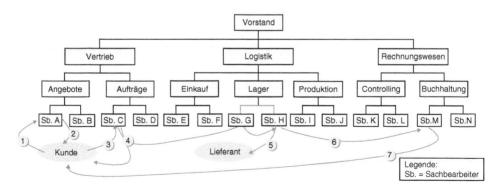

Abb. 2.15 Ersatzteilbeschaffung nach Optimierung

2.4 Optimierungskonzepte

6. Der Mitarbeiter H informiert nun Sachbearbeiter M in der Buchhaltung.
7. Der Sachbearbeiter M erstellt nun auf der Grundlage der erhaltenen Informationen die Rechnung und verschickt sie an den Kunden.

Für die operative Durchführung von Reengineering- bzw. Optimierungsprojekten empfiehlt sich die individuelle Erarbeitung einer Analyse-Checkliste mit Ansätzen für die Prozessoptimierung (Riekhof (1997, S. 15)):

- Kann auf Doppelarbeit oder unnötige Administration verzichtet werden?
- Können Prozesselemente vereinfacht und standardisiert werden?
- Können Prozesselemente automatisiert werden?
- Kann die Reihenfolge der Aktivitäten optimiert werden?
- Können Prozesselemente fehlbehandlungssicher gestaltet werden?
- Können nicht wertschöpfende Elemente eliminiert werden?
- Kann die Arbeitsteilung zwischen Prozesskunden und -lieferanten optimiert werden?

2.4.4 Fallstudie: Optimierung Bewerbermanagement

2.4.4.1 Ausgangssituation

Gegenstand des Fallbeispiels ist ein weltweit agierendes Großunternehmen. Es ist bestrebt frei werdende Stellen möglichst schnell mit geeigneten Bewerberinnen und Bewerbern zu besetzen. In der Vergangenheit wurden immer wieder Fälle bekannt, bei denen sich die Besetzung vakanter Stellen über mehrere Monate hinzog und keine optimalen Besetzungsentscheidungen getroffen wurden. Der Personalvorstand beauftragt deshalb ein Prozessverbesserungsteam damit, den Prozess zur Beschaffung von Personal zu untersuchen und Vorschläge für die Optimierung zu unterbreiten.

2.4.4.2 Problemlösung

Das Team untersucht zunächst die Dauer der Stellenbesetzung, gemessen von der Entscheidung „Stelle kann besetzt werden" bis zum Ereignis „Arbeitsvertrag unterschrieben" (vgl. Abb. 2.16).

Die Stellenbesetzungsdauer variiert stark nach den einstellenden Fachbereichen. Die Gründe sind unterschiedlich. Der Bereich Organisation und Informationstechnik (Org/IT) hat einen hohen Bedarf an Fachkräften, was offensichtlich zu beschleunigtem Einstellverhalten führt. Andere Bereiche (z. B. Einkauf, Fertigung oder Vertrieb) lassen sich dagegen mehr Zeit. Der Hierarchielevel hat offensichtlich wenig Einfluss auf die Einstellungsdauer.

Anders dagegen sieht die Situation in Abhängigkeit vom Kontaktmedium zum Bewerber aus. Klassische Medien wie Zeitungen oder Hochschulmessen führen zu mittleren bzw. guten Werten. Allerdings sind diese Lösungen vergleichsweise teuer (insbesondere Anzeigen in Zeitungen) bzw. personalintensiv (Hochschulmessen erfordern Standpersonal und lohnen nur

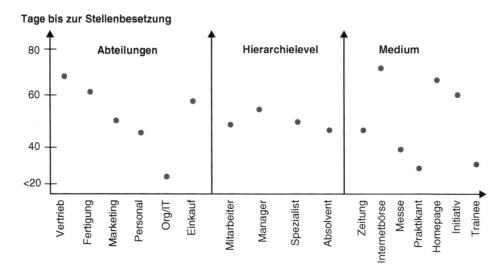

Abb. 2.16 Analyse der Stellenbesetzungsdauer

bei hinreichend großer Anzahl zu besetzender Stellen). Moderne und vermeintlich „schnelle" Medien wie Internetbörsen oder die eigene Homepage des Unternehmens führen zu einer hohen Anzahl von Bewerbungen, die leider oft von sehr schlechter Qualität sind (fehlende/ widersprüchliche Angaben, vielfach ungeeignete Kandidaten u. a. m.). Dies bindet zahlreiche Kapazitäten in der Personalabteilung und in den suchenden Fachbereichen. Besetzungen auf Grund von Initiativbewerbungen sind ebenfalls sehr langwierig, weil häufig bei guten Bewerbern geeignete Stellen fehlen und diese ggf. noch geschaffen werden müssen. Vergleichsweise kurze Besetzungsdauern sind bei Hochschulpraktikanten und Teilnehmern von Trainee-Programmen zu verzeichnen. Da die Personen im Unternehmen bereits bekannt sind, können die Fachbereiche deren Qualität und Einsetzbarkeit sehr gut einschätzen und sind an einer beschleunigten Einstellung sehr interessiert.

Eine Untersuchung des Zusammenhangs zwischen der Dauer der Stellenbesetzung und der Qualität der ersten Personalbeurteilung durch den direkten Vorgesetzten ergibt ein bedenkliches Bild. Je kürzer die Zeitspanne der Stellenbesetzung, desto höher ist die Wahrscheinlichkeit für eine gute Bewertung. Offensichtlich besteht die Gefahr, dass nach längerer Bewerbersuche Abstriche bei der Bewerberqualität gemacht werden, um die Stelle überhaupt besetzen zu können.

Vorschlag für die Prozessverbesserung Die Analysen führen zur Entscheidung, den Praktikantenpool deutlich auszuweiten und das Trainee-Programm für Hochschulabsolventen zu intensivieren. Auf Internetanzeigen in Jobbörsen wird zukünftig verzichtet. Stellenanzeigen in klassischen Printmedien werden auf Führungskräfte und Spezialisten begrenzt, da diese nicht aus dem Kreis der Praktikanten und Trainees zu gewinnen sind. Auf der Unternehmens-Webseite erscheinen nur noch Stellen, die zeitgleich in Printmedien veröffentlicht werden.

2.5 Verwandte Managementkonzepte

In den vergangenen Jahren wurden zahlreiche Managementkonzepte entwickelt und in die Praxis umgesetzt, die zumindest in Teilen vergleichbare Ziele wie das Prozessmanagement verfolgen. Insbesondere werden Ziele wie Kundenorientierung, Effizienz, Abbau von Schnittstellen und Vereinfachung der Arbeitsorganisation. Zu diesen Konzepten zählt das Process Performance Management, das Lean Management, Kaizen/KVP und in jüngerer Zeit auch agile Methoden der Softwareentwicklung.

2.5.1 Process Performance Management

Process Performance Management (auch „Business Performance Management", Scheer und Hess 2009, S. 145) hat sich aus dem Prozessmanagement heraus entwickelt (Oehler 2006, S. 50). Das Konzept umfasst das Prozessmanagement und betont insbesondere die Ermittlung und Analyse von Kennzahlen, die aus dem laufenden Prozess heraus ermittelt werden. Zur Umsetzung sind leistungsstarke Process Performance Management erforderlich, die für die Datensammlung und deren Analyse zum Einsatz kommen. Als technische Grundlage für Process Performance Management-Systeme dienen Data Warehouse Systeme. Sie übernehmen die formale Bereinigung, inhaltliche Prüfung und Verdichtung der Daten. Das Process Performance Management System greift hierauf zurück und erstellt Kennzahlen und Berichte (vgl. Schmelzer und Sesselmann 2013). Das Process Performance Management verfolgt wie das Prozessmanagement das Ziel, die Leistung der Geschäftsprozesse über alle Bereiche hinweg zu steigern wobei das Business Performance Management globaler angelegt ist und neben den Prozessen auch den Finanzbereich im Fokus hat (Scheer und Hess 2009, S. 145).

2.5.2 Lean Management

Eine Studie des Massachusetts Institute of Technologie (MIT) zu Beginn der 1990er-Jahre, in der japanische, US-amerikanische und europäische Kfz-Hersteller verglichen wurden, führte zur Entwicklung des Lean Management-Konzeptes. Ursprünglich lag der Focus auf der Produktion, was durch den Begriff „Lean Production" verdeutlicht wurde. Später erfolgte eine Ausweitung auf das gesamte Unternehmen. Unter Lean Management ist eine schlanke Unternehmensführung zu verstehen, deren Zielsetzung in einer hohen Effizienz, Schnelligkeit und überlegenen Qualität liegen. (vgl. z. B. Schmelzer und Sesselmann 2013).

2.5.3 Kaizen/Kontinuierlicher Verbesserungsprozess (KVP)

Eine japanische Management-Philosophie ist Kaizen (wörtlich „Verbesserung") bzw. KVP (Kontinuierlicher Verbesserungsprozess), unter der ein ständiger Verbesserungsprozess mit Einbindung der Mitarbeiter zu verstehen ist. Betont wird die starke Prozessorientierung, d. h. der Fokus liegt nicht auf dem Ergebnis, sondern auf dem Prozess zur Erstellung des Ergebnisses und der Einbindung der Mitarbeiter und Nutzung ihrer Fähigkeiten zur Lösung vorhandener Probleme in den Prozessen. Ziel ist es, eine permanente Steigerung der Prozessleistung durch eine Verbesserung in kleinen Schritten zu erreichen (vgl. z. B. Schmelzer und Sesselmann 2013).

2.5.4 Agile Methoden

Klassische Konzepte der Softwareentwicklung wie das Wasserfallmodell (vgl. z. B. Pomberger und Blaschek 1993) gehen davon aus, dass Softwarekunden zu Beginn wissen was sie benötigen und Softwareentwickler wissen, wie diese Wünsche umzusetzen sind und im Projektverlauf keine großen Veränderungen der Planung stattfinden. Leider ist die Realität oft anders. Oft wissen die Softwarekunde aber erst während der Projektlaufzeit, was sie benötigen und die Softwareentwickler erarbeiten Lösungen viel später und mit anderen Methoden und Werkzeugen als geplant. Zudem sind Projektpläne meist nur für kurze Zeit aktuell, sie werden rasch von der Realität eingeholt.

In einem agilen Manifest haben bekannte Softwareentwicklungsexperten revolutionäre Grundsätze niedergeschrieben, nach denen Ihrer Meinung nach die Schwächen klassischer Vorgehensmodelle überwunden werden können (vgl. Agile Manifesto o. J.). in dem Konzept wird eine gänzlich andere Vorgehensweise bei der Projektdurchführung vorgeschlagen.

Leider wird in der allgemeinen Diskussion „Agil" gelegentlich mit „Planlos" gleichgesetzt, allerdings ist nur der Planansatz herumgedreht worden, um das Zeitüberschreitungsproblem in den Griff zu bekommen (Hanschke 2016, S. 70). Bei der klassischen wasserfallorientierten Planung werden die Inhalte vom Auftraggeber vorgegeben. Daraus werden die Kosten des Projektes durch Schätzung abgeleitet. Hieraus ergibt sich der Zeitansatz des Projektes, der häufig überschritten wird. Bei der agilen Planung erfolgt die Planung anders, das Budget wird vorgegeben. Bei gegebenen Ressourcen (Mitarbeitereinsatz) ergibt sich daraus der Zeitansatz und hieraus letztlich die lieferbaren Inhalte (vgl. Hanschke 2016). Vereinfacht gesagt, der Auftraggeber weiß bei der agilen Planung was das Projekt kosten wird und wie lange es dauert. Die gelieferten Inhalte hängen von der Leistungsfähigkeit des Teams ab.

Die agilen Methoden wurden insbesondere durch die SCRUM-Methodik bekannt. Scrum ist ein Begriff aus dem Rugby-Sport. Er bezeichnet das dichte Beisammenstehen der Mannschaft, die nach dem Einwurf versucht den Ball zu erlangen. Übertragen auf Prozessmanagement bedeutet dies, dass das gesamte Projektteam versuchen muss, das Ziel der Prozessrestrukturierung zu erreichen. Hierbei müssen sich ergebende Hindernisse abgebaut werden und nicht als Problem betrachtet werden.

SCRUM kennt drei zentrale Rollen: den Product Owner, das Team und den Scrum Master (vgl. Sutherland o.J.). Der Product Owner ist vergleichbar mit dem Prozessverantwortlichen, der ist der „Anwalt" des zu entwickelnden Softwareproduktes und für die Festlegung von Arbeitspaketen und deren Priorisierung verantwortlich. Das Team erarbeitet eigenverantwortlich die Resultate der Arbeitspakete. Der Scrum Master ist verantwortlich für den korrekten Methodeneinsatz und unterstützt das Team bei methodischen Fragestellungen.

Die SCRUM-Methodik findet zunehmend Eingang in die Unternehmenspraxis. So setzt beispielsweise das Unternehmen Johnson Controls die Methodik für das Produktengineering ein (vgl. Errrektamps 2012). Die Deutsche Telekom nutzt SCRUM für ihr Projekt „Open Processes" zur Prozessoptimierung (vgl. Apeldorn 2012).

2.6 Referenzmodelle

Ein Referenzmodell ist ein vorgefertigtes Modell eines „idealen" Prozesses, der ohne bzw. mit wenigen Änderungen für das eigene Unternehmen verwendet werden kann. Typische Einsatzzwecke sind die Analyse und Restrukturierung der Geschäftsprozesse, Eigenentwicklung von Software, Auswahl von Standardsoftware und die Dokumentation von Software bzw. Standardsoftware durch die Softwareentwickler bzw. Hersteller. Quellen für Referenzmodelle sind andere vergleichbare Unternehmen der eigenen Branchen, Literaturquellen, Unternehmensberater und Software-Anbieter.

Der Nutzen des Einsatzes von Referenzmodellen besteht in der größere Erfahrungsbasis, die in eigene Projekte einbezogen werden kann und der Reduktion des eigenen Modellierungsaufwands. Risiken liegen vor allem im Verlust von Wettbewerbsvorteilen durch die Standardisierung der Prozesse. Dem Unternehmen wird die Möglichkeit zur positiven Abgrenzung vom Wettbewerb genommen. Zudem ist ein hoher Einarbeitungsaufwand zu berücksichtigen. Letztlich besteht die Gefahr mangelnder Akzeptanz bei Mitarbeitern, denn die werden mit einem Modell, an dessen Entwicklung sie nicht beteiligt gewesen sind, konfrontiert.

Ausprägungen von Referenzmodellen Zu unterscheiden sind insbesondere globale Betriebswirtschaftliche Referenzmodelle, Software-Referenzmodelle und Unternehmensprozessmodelle (vgl. Schmelzer und Sesselmann 2013): Betriebswirtschaftliche Referenzmodelle sind allgemeine auf bestimmte Anwendungsbereiche (z. B. Funktionen, Branchen) zugeschnittene Informationsmodelle. Sie dienen der Orientierung und als Empfehlung für die Konstruktion von unternehmensspezifischen Modellen. Als Beispiel lässt sich das „SCOR-Modell" (SCOR = Supply Chain Operations Reference for Supply Chains) anführen (vgl. SCOR 2001).

Software Referenzmodelle werden von Standardsoftwareherstellern angeboten und beschreiben diejenigen Prozesse, die von der Standardsoftware unterstützt werden. Sie stellen für den Kunden Muster (Templates) zur Verfügung, die den Einführungsaufwand der Standardsoftware reduzieren. Die Firma SAP AG aus Walldorf stellt mit der „SAP Solution Map" und der „SAP Business Szenario Map" umfangreiche modellhafte Beschreibungen der Funktionalität ihrer Software bereit.

Unternehmensprozessmodelle sind auf die spezifische Situation von Unternehmen zugeschnitten. Sie enthalten Vorgaben und Regeln für die Geschäftseinheiten wie deren Prozesse zu strukturieren und zu beschreiben sind. Sie werden häufig zentral von der Unternehmensleitung als interne Regeln vorgegeben. Elemente der Modelle sind u. a.: Hinweise zur Erfüllung gesetzlicher Vorschriften, Regeln zur Organisationsdokumentation, Vorgaben zur Auswahl von ERP-Systemen und zum Customizing von Standardsystemen. Als Beispiel lässt sich das „V-Modell" anführen, ein Vorgehensmodell für die Softwareentwicklung im öffentlichen Sektor (IABG o. J., Abruf 28.07.2016).

2.7 Wiederholungsfragen und Übungen

2.7.1 Fragen

1. Erläutern Sie das Konzept des ganzheitlichen Geschäftsprozess- und Workflow-Managements.
2. Weshalb wird die zweistufige Prozessmodellierung (1. Geschäftsprozess, 2. Workflow) in der Praxis häufig bevorzugt?
3. Erläutern Sie die wesentlichen Schritte eines Prozessmanagement-Life-Cycle-Modells.
4. Weshalb werden im Rahmen des Prozessmanagements Sichten gebildet?
5. Erläutern Sie unter welchen Bedingungen der „Kamineffekt" in Organisationen auftritt.
6. Stellen Sie die Optimierungskonzepte Business Reengineering und Geschäftsprozessoptimierung gegenüber.

2.7.2 Übung „Prozesswürfel"

Sie möchten eine Arztpraxis gründen und hierbei methodisch fundiert vorgehen. Nutzen Sie den Prozesswürfel um ein im Hinblick auf die Anwendung der Ideen des Prozessmanagements gegliedertes Konzept zur Praxisgründung zu erstellen. Notieren Sie zu jedem Element der Ebenen, Phasen und Sichten typische Beispiele aus dem Umfeld einer Arztpraxis, die später näher zu beschreiben sind.

Literatur

Agile Manifesto (Autorenteam) Manifesto for Agile Software Development, http://agilemanifesto.org, Abruf am 11.03.2011

Apeldorn, A.: Open Processes, Prozessmanagement bei Products & Innovations, Deutsche Telekom AG, Praxisforum BPM & ERP, Koblenz, 27.11.2012

Becker, J.; Algermissen, L.; Pfeiffer, D.; Räckers, M.: Bausteinbasierte Modellierung von Prozesslandschaften mit der PICTURE-Methode am Beispiel der Universitätsverwaltung Münster, in: Wirtschaftsinformatik, 49Jg., (2007) Heft 4, S. 267–279

Becker, J.; Bergener, P.; Kleist, S.; Pfeiffer, D.; Räckers, M.: Business Process Model-based Evaluation of ICT Investments in Public Administrations, in: 16th European Conference on Information Systems, Proceedings (CD-ROM), Galway, 2008

Bleicher, K.: Organisation, 2. Aufl., Wiesbaden 1991

Brunner, H.; Hartel, M.; Georges, T.: Szenariotechnik zur Entwicklung von Geschäftsstrategien am Beispiel des Werkzeug- und Anlagenbaus der BMW Group, in: Zeitschrift für Organisation, 71 Jg. (2002), Heft 5, S. 312–317

Dadam, P.; Reichert, M.; Rinderle-Ma, S.: Prozessmanagementsysteme, Nur ein wenig Flexibilität wird nicht reichen, in: Informatik Spektrum, Band 34, Heft 4, August 2011, S. 365–376

Dillerup, R; Stoi, R.: Unternehmensführung, München, 2. Aufl. 2012

Erretkamps, H.: Scrum in der Produktentwicklung eines Automobilzulieferers. Praxisforum BPM & ERP, Koblenz, 27.11.2012

Gadatsch, A.: Entwicklung eines Konzeptes zur Modellierung und Evaluation von Workflows, Dissertation, FernUniversität Hagen, 1999, Frankfurt et al., 2000

Gehring, H.: Betriebliche Anwendungssysteme, Kurseinheit 2, Prozessorientierte Gestaltung von Informationssystemen, FernUniversität Hagen, Hagen, 1998

Gehring, H., Gadatsch, A.: Ein Rahmenkonzept für die Prozessmodellierung, in: Information Management & Consulting, Heft 4, 1999, S. 69–74

Graf von Büdingen, G.; Schlaf, S.: BPM-Methoden und Tools als Basis für wirtschaftliche und compliancegerechte Abläufe im E.ON-Energie-Konzern, in: Komus, A.:: BPM Best Practice, Berlin, 2011

Hammer, M.: Reengineering Work: Don't Automate, Obliterate, in: Harvard Business Review, Vol. 68 (1990), Nr. 4, S. 104–112

Hammer, M.; Champy, J. (1994): Business Reengineering, 2. Aufl., Frankfurt, New York, 1994

Hanschke, I.: Agile Planung – nur so viel planen wie nötig, in: Wirtschaftsinformatik & Management, 4, 2016, S. 70–78

Hess, T.; Österle, H.: Methoden des Business Process Redesign: Aktueller Stand und Entwicklungsperspektiven. In: Handbuch der modernen Datenverarbeitung, Heft 183, 1995, S. 120–136

IABG (Hrsg.): V-Modell, o. J.; http://www.v-modell.iabg.de, Abruf 28.07.2016

Oehler, K.: Corporate Performance Management, Mit Business Intelligence Werkzeugen, München, 2006

Österle, H.: Business Engineering. Prozess- und Systementwicklung, Band 1, Entwurfstechniken, Berlin, 1995

Osterloh, M.; Frost, J.: Prozessmanagement als Kernkompetenz, 4. Aufl., Wiesbaden 2003

Pomberger, G.; Blaschek, G.: Grundlagen des Software Engineering, München und Wien, 1993

Riekhof, H.-Ch.: Die Idee des Geschäftsprozesses: Basis der lernenden Organisation, in: Riekhof, H.-Ch. (Hrsg.): Beschleunigung von Geschäftsprozessen. Wettbewerbsvorteile durch Lernfähigkeit, Mit Fallstudien von Bosch – Phoenix – Siemens – Volkswagen – Würth, Stuttgart, 1997, S. 7–28

Robbins, S. P.: Organisation der Unternehmung, München, 9. Aufl., 2001.

Scheer, A.-W.: ARIS – Modellierungsmethoden, Metamodelle, Anwendungen, Berlin, et al., 3. Aufl., 1998a

Scheer, A.-W.: ARIS – Vom Geschäftsprozess zum Anwendungssystem, 3. Aufl., Berlin et al., 1998b

Scheer, A.-W.; Heß, H.: Business Process/Performance Management im Rahmen eines ganzheitlichen Controlling-Ansatzes, in Controlling Zeitschrift für erfolgsorientierte Unternehmenssteuerung, 21. Jg., 2009 (3), S. 145–151

Schmelzer, H.J.; Sesselmann., W.: Geschäftsprozessmanagement in der Praxis, 8. Aufl., München, 2013

SCOR: Supply Chain Operations Reference Model, Supply Chain Council, http://www.supply-Chain.org, Abruf am 28.04.2001

Sinz, E. J.: Ansätze zur fachlichen Modellierung betrieblicher Informationssysteme – Entwicklung, aktueller Stand und Trends, in: Heilmann, H.; Heinrich, L. J.; Roithmayr, R.: Information Engineering, München, Wien, 1996, S. 127

Sutherland, J.: Scrum Handbook, o. J.; http://jeffsutherland.com/scrumhandbook.pdf, Abruf 28.07.2016

Weske, M.: Business Process Management, Concepts, Languages, Architectures, Berlin et al., 2007

Organisation und Einführung des Geschäftsprozessmanagements

3

Prozessmanagement ist permanente Projektarbeit

Zusammenfassung

Die Einführung von Prozessmanagement ist ein klassisches Veränderungsprojekt, das die ganze Organisation auf allen Ebenen in jedem Bereich betrifft. Viele Akteure, beginnend mit der Leitungsebene („Chief Process Officer") über die mittleren Führungsebenen („Prozessmanager") bis hinunter zum einzelnen Mitarbeiter, den „Prozessexperten", sind einzubinden. Prozesse zu verändern und zu optimieren bedeutet in erster Linie „Menschen zu verändern" und zu einer prozessorientierten Zusammenarbeit zu motivieren.

Das Kapitel beschreibt Möglichkeiten der prozessorientierten Organisation von Unternehmen und der Optimierung von Prozessen. Daneben werden die verschiedenen Rollen und Akteure vorgestellt, die je nach Unternehmensgröße unterschiedlich stark ausgeprägt werden müssen. Ein besonderer Fokus wird auf die Projektorganisation gelegt, die insbesondere bei der erstmaligen Einführung von Konzepten des Projektmanagements wichtig ist. Den Abschluss bilden wiederholende Fragen und eine Übung.

3.1 Prozessorientierte Organisationsformen

3.1.1 Gestaltungsformen

Die Einführung von prozessorientierten Organisationsformen ist noch nicht in der Praxis angekommen. Eine wissenschaftliche Studie zum Geschäftsprozessmanagement ergab ein ernüchterndes Resultat: „Für über 80 % der Teilnehmer sind die Verbesserung der Qualität sowie die Erhöhung der Transparenz die wichtigsten Ziele für das Prozessmanagement in den Unternehmen. Die genannten Ziele werden jedoch von weniger als 50 % dieser Unternehmen erreicht." (Gadatsch et al. 2016).

Die organisatorische Gestaltung des Prozessmanagements entscheidet stark über den Erfolg im Unternehmen. Prozessmanagement kann als klassische Prozessorganisation, als Stabsstelle innerhalb einer Funktionalorganisation oder als Matrixorganisation eingerichtet werden (vgl. Abb. 3.1).

Bei der **reinen Prozessorganisation** werden die Tätigkeiten so angeordnet, dass sie sich möglichst an den Anforderungen des Kunden im Sinne eines End-to-End Prozesses ausrichten. Das Ziel besteht darin, die Schrittfolge so anzuordnen, dass der Prozess reibungslos abgewickelt werden kann. Hierbei müssen Prozesse organisatorisch überlappungsfrei getrennt werden (z. B. Privatkundengeschäft, Geschäftskundengeschäft, Versandhandel).

Übergreifende Aktivitäten (z. B. gemeinsamer Einkauf, Vertrieb) müssen abgestimmt werden, da es keine funktionale Verantwortung gibt. Sie werden in der Praxis auch als

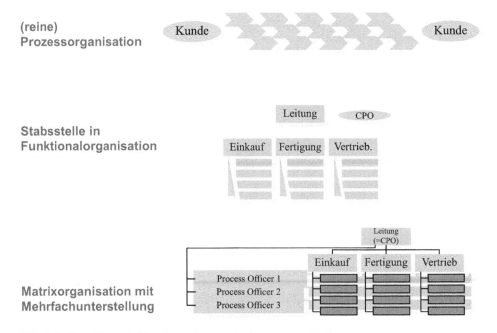

Abb. 3.1 Grundlegende Gestaltungsformen der Prozessorganisation

3.1 Prozessorientierte Organisationsformen

„Share Services" bezeichnet. Die Prozessverantwortlichen übernehmen die unternehmerische Verantwortung für ihren Prozess. Die Prozesse sind die „Abteilungen" der Prozessorganisation.

Die **Stabsorganisation** innerhalb einer Funktionalorganisation koordiniert die Prozesse innerhalb des Unternehmens. Die funktionale Organisation (Bereiche, Abteilungen, Gruppen usw.) bleibt jedoch bestehen, d.h. prinzipiell ist die Organisation nach Funktionen ausgerichtet. Der Wirkungsgrad dieses Modells gilt daher im Hinblick auf das Prozessmanagement als nicht besonders hoch, kann jedoch bei geeigneten Führungsqualitäten des Chief Process Officers (Leiter der Stabsabteilung) durchaus eine Alternative zur Prozessorganisation sein, insbesondere im Rahmen der erstmaligen Einführung von Prozessmanagement.

> **Praxisbeispiel DAK**
>
> Die Aufgaben des als Stabsstelle in der Unternehmensentwicklung eingerichteten CPO der DAK (Deutsche Angestellten Krankenkasse) umfassen die „Moderation, Dokumentation und Ableitung von konkreten Projekten aus der Strategie". Für die Umsetzung ist nach wie vor der IT-Leiter verantwortlich und damit auch maßgeblich am Prozessmanagement beteiligt (Vogel 2004, S. 22).

Die **Matrixorganisation** kennt zwei Gliederungsprinzipien: Tätigkeit/Funktion und Objekt/Prozess, nach denen die Tätigkeiten ausgerichtet werden. Hierbei übernehmen Prozessmanager (Process Officer) die Aufgaben, Prozesse entlang der Funktionalorganisation möglichst so auszurichten, dass die Prozesse reibungslos funktionieren. Sie konkurrieren mit den Leitern der funktionalen Abteilungen um Ressourcen, was gewollt zu permanenten Abstimmungskonflikten führt. Ein Beispiel für den Einsatz der Matrixorganisation in einem Krankenhaus ist in Abb. 3.2 wiedergegeben.

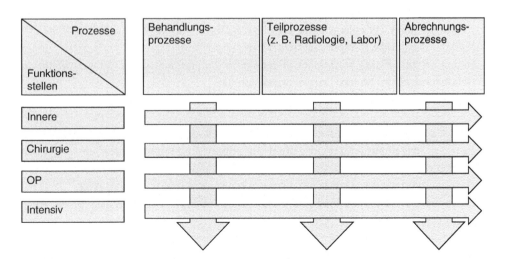

Abb. 3.2 Matrixorganisation im Krankenhaus

3.1.2 Bewertung

Die **reine Prozessorganisation** gilt als Idealform, die in der Praxis praktisch nicht realisierbar ist da sie sehr aufwändig ist. Sie ist schwer umzusetzen insbesondere bei einer existierenden Funktionalorganisation. Dies liegt an Widerständen und Verständnisproblemen bei Mitarbeitern und Führungskräften. Ihre Merkmale sind:

- Prozesse sind kundenorientiert ausgerichtet (Kunde-zu-Kunde-Prozesse),
- Prozesse sind die primäre Gliederungsstruktur der Aufbauorganisation,
- Prozesse besitzen eine eigene organisatorische Eigenständigkeit,
- Prozesse besitzen eigene Ressourcen (Budget, Personal, Maschinen, Anlagen, IT-Systeme),
- CPO hat volle fachliche und disziplinarische Weisungsbefugnisse.

Die Wirkung lässt sich wie folgt skizzieren: Starke Prozessorientierung, sehr hohe Prozesseffizienz und eine geringe Ressourceneffizienz (vgl. Schmelzer und Sesselmann 2013).

Die **Stabsorganisation**, eine Stabstelle für Prozessmanagement in einer Funktionalorganisation, ist die Einstiegslösung für das Prozessmanagements. Wegen des geringen Einflusses von Stabsstellen auf Entscheidungen wird diese Variante auch als „Einfluss-Prozessorganisation" nach Schmelzer und Sesselmann (2013) bezeichnen. Sie ist einfach zu realisieren, und daher oft verbreitet. Ihre Merkmale sind:

- Prozesse sind nicht kundenorientiert ausgerichtet (keine Kunde-zu-Kunde-Prozesse!)
- Funktionen sind die primäre Gliederungsstruktur der Aufbauorganisation
- Prozesse besitzen eine nur sehr eingeschränkte organisatorische Eigenständigkeit
- Prozesse besitzen nur begrenzte eigene Ressourcen (Budget, Personal, Maschinen, Anlagen, IT-Systeme)
- Chief Process Officer (CPO) hat nur koordinierende Weisungsbefugnisse

Die Wirkung dieser Variante ist daher begrenzt: Starke Funktionsorientierung, geringe Prozesseffizienz und hohe Ressourceneffizienz.

In den meisten Fällen wird daher in der Praxis die pragmatische Lösung gewählt, die **Matrixorganisation**. Matrix-Prozessorganisation.

Ihre Merkmale sind ausgewogen:

- Prozesse sind kundenorientiert ausgerichtet (Kunde-zu-Kunde-Prozesse),
- Prozesse und Funktionen sind gleichberechtigte Gliederungsstruktur der Aufbauorganisation,
- Prozesse besitzen eingeschränkte eigene organisatorische Eigenständigkeit,
- Prozesse besitzen umfassende eigene Ressourcen (Budget, Personal, Maschinen, Anlagen, IT-Systeme),
- CPO hat volle fachliche aber nur eingeschränkte disziplinarische Weisungsbefugnisse, denn diese liegt bei der Funktionalverantwortung.

3.2 Rollen und Akteure

Stabsstelle in Funktionalorganisation (Einfluss-Prozessorganisation)	Matrix-Prozessorganisation (mit Mehrfachunterstellung)	Reine Prozessorganisation (Idealform)
Schwach	Mittel bis Stark	Stark
• Kein End-to-End-Prozess • GP haben keine organisatorische Eigenständigkeit • GPV hat nur Koordinierungs-befugnisse • Starke Funktionsorientierung • Geringe Prozesseffizienz, hohe Ressourceneffizienz	• End-to-End-Prozess vorhanden • GP haben eingeschränkte organisatorische Eigenständigkeit • GPV hat fachliche und eingeschränkte disziplinarische Weisungsbefugnisse • Ausgewogene Funktions- und Prozessorientierung • Ausgewogene Prozess- und Ressourceneffizienz	• End-to-End-Prozesse vorhanden • GP haben volle organisatorische Eigenständigkeit • GP haben umfassende eigene Prozessressourcen • GPV hat volle fachliche und disziplinarische Weisungsbefugnisse • Starke Prozessorientierung • Hohe Prozesseffizienz, geringe Ressourceneffizienz

Abb. 3.3 Zusammenfassende Charakterisierung der Organisationsformen des Prozessmanagements nach Schmelzer und Sesselmann (2013)

Die Wirkung ist eine ausgewogene Prozess- und Funktionsorientierung, Prozess- und Ressourceneffizienz (vgl. Schmelzer und Sesselmann 2013).

Die wesentlichen Pro- und Contra-Argumente der organisatorischen Gestaltungsmöglichkeiten sind in Abb. 3.3 zusammengefasst.

3.2 Rollen und Akteure

Das Prozessmanagement ist durch das Zusammenspiel einer Vielzahl von Beteiligten in unterschiedlichen Rollen auf verschiedenen Ebenen einer Organisation, wie z. B. einem Industrieunternehmen oder einer Hochschule geprägt. Die Übersicht in Abb. 3.4 ordnet zunächst in abstrakter Form die wesentlichen Beteiligten in das zuvor vorgestellte Konzept des Geschäftsprozess- und Workflow-Managements ein.

Die Darstellung in Abb. 3.4 unterscheidet in Rollen des Tagesgeschäfts (run the business) und Veränderungsprojekte (change the business) zur Verbesserung von Wirtschaftlichkeit und Qualität. Nachfolgend werden die Rollen in Anlehnung an Schmelzer (2005) beschrieben. Sie müssen in jedem Unternehmen in spezifischer Form ausgeprägt und auf konkrete Stellen übertragen werden. Je nach Situation in der der Einrichtung kann dies auch die Schaffung neuer Stellen erfordern.

Chief Process Officer (CPO) Der Gesamtverantwortliche für die Prozesse einer Einrichtung ist der Chief Process Officer (CPO). Er stellt die unternehmensweite Dokumentation, Restrukturierung und Monitoring der Prozesse, Beratung der Organisationseinheiten und

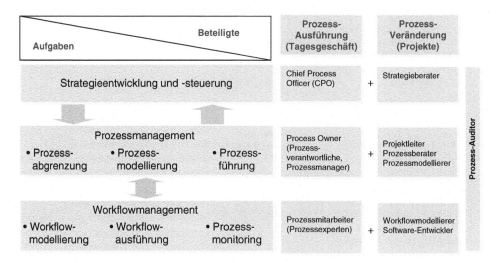

Abb. 3.4 Rollen im Prozessmanagement

die prozessorientierte Gestaltung der Organisation sicher. Er ist nicht für einzelne Prozesse verantwortlich, sondern für das wirkungsvolle Zusammenspiel im Hinblick auf den Kunden bzw. Patienten. Seine Aufgaben sind:

- Prozess-Dokumentation: Identifikation und Beschreibung relevanter Prozesse,
- Prozess-Analyse: Betriebswirtschaftlich orientierte Simulation und Schwachstellenanalyse der Geschäftsprozesse,
- Prozess-Optimierung: Identifikation, Definition, Einleitung und Überwachung von Prozessverbesserungen,
- Prozess-Monitoring: Laufende Analyse der Prozess-Kennzahlen im Hinblick auf die Erreichung der Prozessziele,
- Entwurf und Implementierung einer prozessorientierten Unternehmensorganisation einschließlich der Übertragung der Prozess-verantwortung an sog. Prozesseigentümer (Process Owner),
- Sicherstellung von prozessorientierten IT-Systemen durch Zusammenarbeit mit dem CIO (Chief Information Officer).

Die tatsächliche Besetzung der CPO-Rolle fällt auch in der Industrie unterschiedlich aus. Nicht alle Unternehmen verfügen über entsprechende Stellen innerhalb ihrer Organisationsstruktur. So liegt der Anteil der Unternehmen, die eine Rolle haben, welche die Gesamtverantwortung für alle Prozesse innehat nur bei knapp unter 28 % (vgl. Gadatsch et al. 2016). Häufig verbleibt die Rolle des CPO daher faktisch bei der Unternehmensleitung. In kleineren Organisationen kann dies noch als pragmatisch sinnvolle Lösung gelten. In größeren Unternehmen führt dies jedoch dazu, dass die Unternehmensleitung diese Aufgabe nicht im ausreichenden Maße durchführen kann.

3.2 Rollen und Akteure

Process Owner/Prozessmanager Eine weitere zentrale Rolle übernehmen die Process Owner, auch Prozessverantwortliche oder Prozessmanager genannt. Sie verantworten die laufende operative Steuerung und Restrukturierung der Prozesse. Sie legen Prozessziele fest und stellen deren Erreichung durch eine zielorientierte Führung der prozessunterstützenden Mitarbeiter sicher.

Prozessmitarbeiter/Prozessexperten Die Prozessmitarbeiter bzw. Prozessexperten (z. B. ein Sachbearbeiter im Verkauf, ein Mitarbeiter in der Administration) unterstützen die erstmalige Implementierung des Geschäftsprozessmanagements und Weiterentwicklung bei größeren Restrukturierungen der Prozessorganisation.

Prozessberater Die Ausführung von konzeptionellen und ausführenden Projektarbeitspaketen, z. B. Wissenstransfer von Best-Practices für Prozesse, Einsatz von speziellen Methoden und Werkzeugen, Durchführung von Workshops und Schulungen ist der Schwerpunkt der Tätigkeit interner oder meist externer Prozessberater.

Prozess-/Workflowmodellierer Die IT-gestützte Erhebung, Modellierung und Spezifikation von Prozessen, Detailanalyse und Optimierung sowie die Implementierung in Workflow-Management-Systeme (WFMS) ist die Aufgabe der Prozess- bzw. Workflowmodellierer.

Projektleiter Projektleiter rekrutieren sich aus internen oder externen Fach- oder Führungskräften und übernehmen die Leitung des Geschäftsprozessmanagement-Projektes, die Abstimmung der Projektziele, die Sicherstellung der Zielerreichung, die Führung der Projektmitarbeiter und die Information des Managements. Idealerweise hat der Projektleiter interdisziplinäre Kenntnisse passend zur jeweiligen Branche (BWL, Informatik, Technik u. ä.).

Prozessauditor Dem Prozessauditor obliegt die unabhängige Prüfung von Arbeitsabläufen und Prozessveränderungsprojekten. Er sollte als externe oder unabhängige interne Rolle eingebunden werden.

Zuordnung der Rollen im Life-Cycle Prozessmanagement ist Teamarbeit. Die zuvor definierten Rollen arbeiten in unterschiedlichen Konstellationen zusammen. Die schwerpunktmäßige Zuordnung der Rollen in den durch die Abb. 2.4 bereits vorgestellten Life-Cycle des Prozessmanagements ist in der Abb. 3.5 dargestellt. Die strategisch orientierte Gestaltung der Geschäftsprozesse wird durch die Prozess-Strategie des Chief Process Officers begründet. Processowner, Prozessmitarbeiter und Prozessmodellierer (ggf. unterstützt durch externe Berater) analysieren die Prozesse, identifizieren Schwachstellen und verändern den Prozess. Die nachgelagerte technische Umsetzung der Prozesse obliegt den Softwareentwicklern bzw. Workflowmodellierern. Die Ausführung der Prozesse erfolgt durch die Prozessmitarbeiter. Das Monitoring der Einhaltung der Prozessziele ist die Aufgabe der Processowner.

Abb. 3.5 Rollen im Life-Cycle des Prozessmanagements

3.3 Projektorganisation

Indikatoren für notwendige Restrukturierungsmaßnahmen sind sinkende Gewinne, zurückgehende Umsätze, steigende Lagerbestände von Fertigerzeugnissen u. a. betriebswirtschaftliche Kenngrößen (vgl. Maurer und Versteegen 2001, S. 27). Die Maßnahmen werden in Projektform durchgeführt. Ein Praxisbeispiel für die Organisation eines Restrukturierungsprojektes ist in Abb. 3.6 dargestellt.

Die Mitglieder im Lenkungsausschuss sind Geschäftsführer, Vorstände, Prozessverantwortliche, Projektleiter oder externe Experten (Berater). Ihre Aufgaben sind die Bereitstellung der notwendigen Ressourcen, Überprüfung und Freigabe der Projektplanung, Beseitigung projektübergreifender Probleme und das Treffen notwendiger Entscheidungen. Die Position des Projektleiters ist häufig mit dem Prozessverantwortlichen oder jemandem aus seinem Bezugsbereich besetzt. Seine Aufgaben bestehen in der Planung, Steuerung und Kontrolle des Projektes, dem Management des Ressourceneinsatzes und der Berichterstattung an den Lenkungsausschuss. Hinzu kommen die Kommunikation und Interessenvertretung des Projektes nach außen sowie die Motivation der Implementierungsteams. Das Restrukturierungsteam ist der Vollzeitkern des Projektes. Es rekrutiert sich aus den Teilprozessverantwortlichen, den Leitern der Implementierungsteams und ggf. externen -Experten (Berater). Die Aufgaben des Teams sind vor allem die Analyse der Istprozesse und die Gestaltung der Sollprozesse. Üblich ist eine Aufspaltung des Gesamtprojektes in Teilprojekte zur arbeitsteiligen Umsetzung des Gesamtkonzeptes. Die Mitglieder der hierzu notwendigen Implementierungsteams sind Mitarbeiter aus den Teilprozessen als Vertreter der Teilprozessverantwortlichen, externe Experten (Berater)

3.3 Projektorganisation

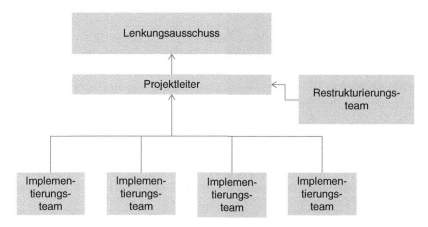

Abb. 3.6 Projektorganisation für Restrukturierungsprojekte (vgl. Schmelzer und Sesselmann 2013)

Vorgehensmodell für Restrukturierungsprojekte (Diebold)				
Voruntersuchung	**Situationsanalyse**	**Optimierungskonzept**	**Realisierungsplan**	**Realisierung**
Geschäftsfeldanalyse -Geschäftsfeld Struktur -Erfolgsfaktoren	**Leistungsanalyse (qualitativ)** -Aufwandsverteilung (Zeiten, Kosten) -Aufgabenverteilung (Schnittstellen)	**Entwicklung Zukunftsvision Optimierung der Organisation** -Strukturorganisation -Mitarbeiter (Kapazität, Qualität) -Instrumente (Systeme, Verfahren) -Führungs- und Steuerungssysteme -Arbeitsteilung -Informationssysteme	**Festlegung von Maßnahmenpaketen** -kurzfristig -mittelfristig -langfristig	**Bildung von Realisierungsteams** -Identifikation von Motivatoren und Leistungsträgern -Information / Schulung
Strukturierung der Geschäftsprozesse -Prozessmerkmale -Prozesstypen	**Leistungsanalyse (quantitativ)** -Ablaufanalyse -Steuerungs- und Informationssysteme		**Maßnahmenplanung** -Einzelmaßnahmen- -Verantwortung -Termine **Entscheidung über Realisierung**	**Stufenweise Umsetzung der Konzeption**

Abb. 3.7 Vorgehensmodell für Restrukturierungsprojekte (Diebold o. J.)

und ggf. fallweise auch IT-Experten. Ihre Aufgaben bestehen in der Feinkonzeption des Sollprozessdesigns, der Realisierung der Teilprojekte, d. h. der Einführung der Sollprozesse (Echteinsatz) und der Berichterstattung an das Restrukturierungsteam. Der Ablauf der Projekte vollzieht sich in mehreren Phasen (vgl. den Vorschlag des Beratungshauses Diebold o. J., S. 19 in Abb. 3.7).

Voruntersuchung In der ersten Phase wird eine „Voruntersuchung" durchgeführt, die zunächst die Ziele erarbeitet und gemeinsam mit den Entscheidungsträgern fixiert.

Situationsanalyse In der zweiten Phase „Situationsanalyse" erfolgt eine Leistungsanalyse des Unternehmens unter Ermittlung von Zeiten und Kosten. In dieser Phase werden auch die beteiligten Informationssysteme und Informationsströme analysiert.

Optimierungskonzept Die nächste Phase „Optimierungskonzept" dient der Entwicklung einer Zukunftsvision und der Optimierung der Organisation. Insbesondere wird eine neue Strukturorganisation einschließlich der erforderlichen Kapazitätsbedarfe an Mitarbeitern sowie der notwendigen Informations-, Führungs- und Steuerungssysteme konzipiert.

Realisierungsplan In der vierten Phase „Realisierungsplan" wird die konkrete Planung von kurz-, mittel- und langfristig terminierten Einzelmaßnahmen zu einem Maßnahmenbündel durchgeführt und den Entscheidungsträgern zur Verabschiedung vorgelegt.

Realisierung Den Abschluss des Projektes bildet die fünfte Phase „Realisierung", welche die Aufgabe hat, den Maßnahmenplan konkret umzusetzen. Diese Phase führt die kritischen Veränderungen im Unternehmen herbei und erfordert die vollständige Konzentration des Managements. Entscheidend für den Erfolg der Umsetzung ist es, die betroffenen Leistungsträger im Unternehmen zu identifizieren, zur Unterstützung zu motivieren und alle betroffenen Mitarbeiter ausreichend auf die Veränderungen vorzubereiten.

3.4 Wiederholungsfragen und Übungen

3.4.1 Fragen

- Beschreiben Sie zentrale Rollen des Prozessmanagements und grenzen Sie diese voneinander ab
- Begründen Sie, weshalb eine Einfluss-Prozessorganisation auf Dauer nicht ausreichend ist, für die Startphase aber akzeptabel ist
- Weshalb ist die „reine" Prozessorganisation ein Idealbild, das häufig in der Praxis scheitert?
- Weshalb ist die Matrix-Prozessorganisation ein guter Kompromiss, der von vielen Firmen für die Umsetzung des Prozessmanagements gewählt wird?
- Beschreiben Sie eine Vorgehensweise zur Einführung von Prozessmanagement im Unternehmen

3.4.2 Übung Prozessorganisation

Entwerfen Sie für ein beliebiges Unternehmen mit mehreren unterschiedlichen Produkten und verschiedenen produktübergreifend tätigen Abteilungen (z. B. Vertrieb, Marketing, Personal, Controlling, Produktion, Versand, Informationstechnik, Rechnungswesen) eine möglichst prozessorientierte Organisation. Überlegen Sie welche Nachteile eine reine Prozessorganisation in ihrem Beispiel mit sich bringt, z. B. im Hinblick auf Kosteneinsatz, Ressourcenkonflikten, Personaldisposition.

Literatur

Diebold (Hrsg.): Geschäftsprozessoptimierung, Der neue Weg zur marktorientierten Unternehmensorganisation, Eschborn, o. J.

Gadatsch, A.; Komus, A.; Mendling, J.: BPM-Compass 2016, Eine wissenschaftliche Studie der Hochschule Koblenz, Hochschule Bonn-Rhein-Sieg und der Wirtschaftsuniversität Wien in Zusammenarbeit mit der Gesellschaft für Prozessmanagement e.V., Koblenz, Bonn-Rhein-Sieg, Wien, Juli 2016 (www.project-and-process.net/BPM-Compass)

Maurer, T.; Versteegen, G.: Werkzeuge für Geschäftsprozessoptimierung, ein Allheilmittel?, in: IT-Management, Heft 11, 2001, S. 26–34

Schmelzer, H. J.: Wer sind die Akteure im Geschäftsprozessmanagement, in: ZfO, Heft 5/2005 (74. Jg.), S. 273–277

Schmelzer, H.J.; Sesselmann., W.: Geschäftsprozessmanagement in der Praxis, 8. Aufl., München, 2013

Taylor, F. W.: *Shop Management.* In: Transactions, American Society of Mechanical engineers, Bd. XXVIII (1903), S. 1337–1480

Vogel, M.; IT-Chefs müssen sich Geschäftsprozessen widmen, in: Computer Zeitung, 35. Jg. (2004c), Heft 22, 24.05.2004, S. 22

Prozesscontrolling

Prozesscontrolling stellt die Erreichung strategischer Ziele sicher

Zusammenfassung

Prozessmanagement ist ohne Prozesscontrolling undenkbar. Das Prozesscontrolling legt Ziele fest, regelt die Zusammenarbeit zwischen den Projektpartnern über Prozessvereinbarungen und überwacht mittels Kennzahlen die Einhaltung der Zielvorstellungen. Bei Abweichungen von den Zielen sorgen die IT-Controller/-innen dafür, dass geeignete Vorschläge für Gegenmaßnahmen unterbreitet werden. Den Abschluss bilden wiederholende Fragen und Übungen.

4.1 Entwicklung einer Prozess-Strategie

Begriff Controlling ist als Führungskonzept für eine zukunftsorientierte Unternehmens- und Gewinnsteuerung zu verstehen, aber auch als Strategie für die Existenz- und Arbeitsplatzsicherung (Gadatsch und Mayer 2013, S. 1). Es ist somit eine Managementaufgabe, welche die Unternehmensführung bei ihren Aufgaben unterstützt.

Das Prozesscontrolling ist eine Teilaufgabe des Controllings mit einem besonderen Fokus auf Geschäftsprozesse. Es stellt die Zieleinhaltung der Prozesse und die Qualität der Prozessdurchführung sicher. Das Prozesscontrolling analysiert zu diesem Zweck regelmäßig Soll/Ist-Abweichungen und unterstützt so ein kontinuierliches Geschäftsprozessmanagement (Scheer und Heß 2009, S. 149).

Eine wesentliche Ausgangsbasis für die Durchführung dieser Aufgabe ist eine strategische Vorgabe der Unternehmensführung. Das strategische Controlling von Prozessen baut deshalb auf einer Prozess-Strategie auf. Es unterstützt durch die Planung, Umsetzung und das Monitoring geeigneter prozessbezogener Maßnahmenbündel die Erreichung der strategischen Unternehmensziele, also die Unternehmensstrategie.

Vorgehensweise Aus der allgemeinen Unternehmensstrategie werden verschiedene Strategien systematisch abgeleitet, u. a. die IT-Strategie und die Prozessstrategie, welche gemeinsam für die Leistungsfähigkeit der Organisation von Bedeutung sind (vgl. Abb. 4.1).

Eine Strategie besteht aus mehreren Elementen, wie der Formulierung eines Sollzustandes (Wohin wollen wir?), dem Aufzeigen des Handlungsbedarfs (Was müssen wir tun? Wo sind Schwachstellen?), dem Aufzeigen von Handlungsoptionen (Was haben wir für Alternativen?), dem Setzen von Zielen und Definieren von Maßnahmen (Was soll konkret gemacht werden?), Bis wann müssen die Maßnahmen fertig sein?, Wer führt die Maßnahmen durch?) und dem Festlegen von Messgrößen für das Ziel-Monitoring sowie der Frage der Zielerreichung (Wann haben wir die Ziele erreicht?).

Strategisches Prozesscontrolling Das strategische Prozesscontrolling setzt einen ganzheitlichen Führungskreislauf voraus, der ausgehend von der zuvor festgelegten Geschäftsstrategie in eine strategische Prozessplanung mündet, bei der die wesentlichen Prozesse mit ihren Zielen in Form von Messgrößen detailliert abgestimmt und beschrieben werden (vgl. Abb. 4.2). Im Rahmen der Prozessausführung wird die Zielerreichung überwacht. Hierzu wird das Prozessreporting als Datenquelle genutzt und im Rahmen der strategischen Prozesskontrolle (Analyse von Abweichungen) für die Prozesssteuerung eingesetzt. Die Prozesssteuerung wirkt durch Korrekturmaßnahmen direkt auf die ausgeführten Prozesse, welche auch in Form von Ist-Werten auf die Prozesskontrolle rückwirken.

Die strategische Prozesssteuerung erfordert einen Strategieprozess in einer vierstufigen Hierarchie: Zunächst formuliert die Unternehmensleitung eine abstrakte Vision für die langfristige Ausrichtung des Unternehmens (vgl. Abb. 4.3).

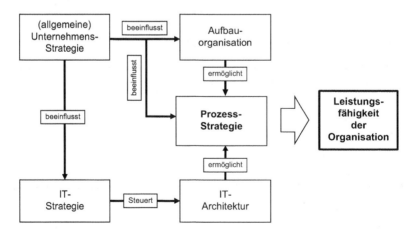

Abb. 4.1 Zusammenhang Prozess-Strategie und Leistungsfähigkeit (Krcmar 2005)

4.1 Entwicklung einer Prozess-Strategie

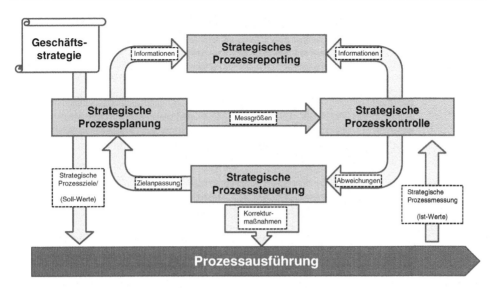

Abb. 4.2 Strategisches Prozesscontrolling als Führungskreislauf nach Schmelzer und Sesselmann (2013)

Abb. 4.3 Von der Mission zur Maßnahme

Beispiel für eine Vision Für eine Hochschule könnte die Vision lauten: „Wir werden der führende Anbieter von industrienahen digitalen Hochschulprodukten der Region". Diese Aussage ist noch sehr allgemein gehalten. Sie muss weiter konkretisiert werden. Dies erfolgt in Form einer Mission, d. h. es werden konkretere Absichten formuliert. Dies könnte z. B. Aussagen wie „Aufbau eines digitalen Hochschulprozessmanagements",

„Analyse und digitale Restrukturierung der Führungs-, Kern- und ausgewählter Unterstützungsprozesse", „Nutzung moderner IuK-Technologien zur studierendenorientierten Forschung und Lehre" sein.

Hieraus werden Prozessziele festgelegt, die wiederum durch konkrete Prozesse oder Maßnahmen zur Veränderung der Situation beschrieben werden. Ein Prozessziel wäre, dass die Einschreibung von Studierenden innerhalb der gesetzlichen Rahmenbedingungen digital, barrierefrei und innerhalb wettbewerbsfähiger sehr kurzer Durchlaufzeiten erfolgen soll. Eine konkrete Maßnahme zur Verbesserung der Barrierefreiheit wäre ein Projekt zur Überarbeitung der Socialmedia-Auftritte der Hochschule (Internetpräsenz, Facebook-Auftritt u. a. m.).

4.2 Prozess-Scorecard

Für die erfolgreiche Umsetzung einer Prozessstrategie ist die Verzahnung mit der Unternehmensstrategie zu beachten. Die Prozessstrategie muss auf mehreren Ebenen mit den unternehmensbezogenen Elementen vernetzt sein, von der Strategie, über die Ziele und Budgets bis hin zu den einzelnen Maßnahmen (vgl. Abb. 4.4). Hierzu wurde das Instrument der Balanced-Scorecard konzipiert.

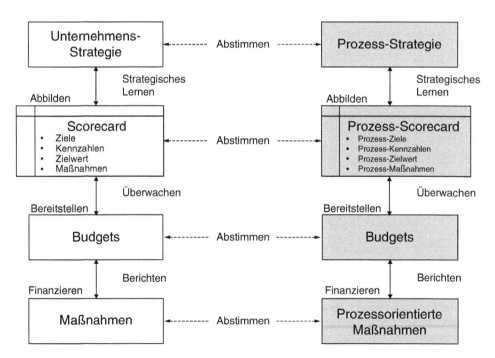

Abb. 4.4 Verankerung Prozessstrategie mit Unternehmensstrategie

4.2 Prozess-Scorecard

Eine Prozessstrategie muss nicht nur formuliert sondern auch im Hinblick auf die Umsetzung kontinuierlich überwacht werden. Hierzu werden traditionell Kennzahlen eingesetzt. Der Einsatz von Einzelkennzahlen hat sich wegen der Gefahr von Fehlinterpretationen nicht bewährt und zur Entwicklung von Kennzahlensystemen geführt, die zunächst vorwiegend finanzielle und technische Fragen abdecken. Später wurde dieser Ansatz durch das Konzept der Balanced Scorecard (BSC) erweitert. Anfang der 1990er-Jahre haben R. S. Kaplan und D. P. Norton die BSC als neues Instrument für das Unternehmenscontrolling entwickelt. Die Grundlage der BSC waren langjährige Forschungsprojekte in Kooperation mit amerikanischen Unternehmen. Die Balanced Scorecard verknüpft die Unternehmensstrategie und die operative Maßnahmenplanung über Ursache-Wirkungsketten, um das finanzielle Gleichgewicht schaffen und erhalten zu können (vgl. Abb. 4.5).

Die Prozess-Scorecard ist eine Variante der allgemeinen Balanced-Scorecard, die als kennzahlenbasiertes Führungs- und Steuerungssystem für das allgemeine Unternehmens-Controlling entwickelt wurde (vgl. Schmelzer und Sesselmann 2013). Sie besteht aus einem wechselseitig abgestimmten, interdependenten Zielsystem, das durch Kennzahlen, Zielwerte und Maßnahmen in verschiedenen Sichten beschrieben wird (vgl. Abb. 4.6, Darstellung wurde entnommen und modifiziert aus Sesselmann und Schmelzer 2013). Die Sichten, auch Perspektiven genannt, beschreiben Wirkungsbereiche der Geschäftsprozesse, welche möglichst ausgeglichen („balanced") die Unternehmensziele unterstützen sollen.

Beispiele für Ziele der Sicht „Prozessfinanzen" sind Prozesswertbeitrag, Prozessumsatz und Prozesskosten. Die Ziele der Sicht „Prozesskunde" sind z. B. Kundenzufriedenheit, Kundenbindung. Die „Prozessperformance" kann beispielsweise durch die Ziele Prozesszeiten, Prozessqualität, Prozessterminbtreue gesteuert werden (vgl. Schmelzer und Sesselmann 2013). In Abb. 4.7 wird eine vereinfachte Prozess-Scorecard für den Prozess „Vertrieb von Produkten" präsentiert.

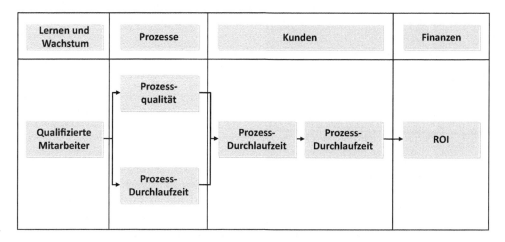

Abb. 4.5 Ursache-Wirkungsketten (Appel et al. 2002, S. 88))

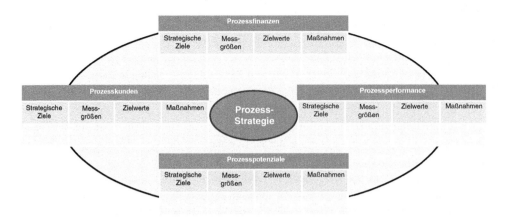

Abb. 4.6 Prozess-Scorecard

Kunde			
Ziel	Kennzahlen	Zielwerte	Maßnahmen
Hohe Kundenzufriedenheit erreichen	Umsatz des Kunden zum Vorjahr	+2%	Kunden befragen Anforderungen analysieren
	Anzahl Kundenbeschwerden	Anteil < 1%	Kundenevents Beschwerden analysieren und verfolgen

Prozessperformance			
Ziel	Kennzahlen	Zielwerte	Maßnahmen
Leistungsfähigkeit besser als Wettbewerb	Durchlaufzeit	< 1 Tag	Prozessanalyse und Benchmarking mit Wettbewerbern durchführen
	Kapazität	> 1000 Vorgänge je Tag	Prozesse automatisieren

Ressourcen / Personal			
Ziel	Kennzahlen	Zielwerte	Maßnahmen
Personal anforderungsgerecht ausgebildet und einsatzbereit	Anzahl Weiterbildungstage / Mitarbeiter	10 Tage pro Jahr	Stellenbeschreibungen aktualisieren Anforderungen mit Ausbildungsstand abgleichen Schulungsplan erstellen
	Einhaltung von Terminvereinbarungen	Anteil > 95%	

Finanzen			
Ziel	Kennzahlen	Zielwerte	Maßnahmen
Positiver Deckungsbeitrag	DB % / Umsatz je Kunde	DBK > 30 %	Produktanalyse durchführen Kundenrangfolge Kalkulation überarbeiten
	DB % / je Produkt	DBp > 30 %	

Abb. 4.7 Prozess-Scorecard Beispiel (Vertrieb von Produkten)

4.3 Prozessvereinbarungen

Zur operativen Steuerung der Prozesse haben sich Geschäftsprozessvereinbarungen etabliert. Sie dokumentieren im Wesentlichen unternehmensinterne Kunden-Lieferanten-Beziehung des Prozessmanagements und beschreiben detailliert die Prozessleistung, den Qualitätslevel und die Kosten bzw. bei Vereinbarungen mit externen Partnern den Preis.

Der Begriff Prozessvereinbarung ist auch vor allem im IT-Umfeld unter der englischen Bezeichnung „Service Level Agreement" (kurz SLA) bekannt. Das Prinzip der

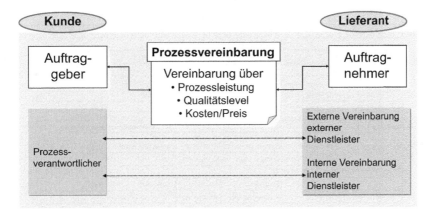

Abb. 4.8 Prozessvereinbarung – Schematische Darstellung

Vereinbarung von Kunden-Lieferanten-Beziehungen auf der Basis von Geschäftsprozessvereinbarungen ist in Abb. 4.8 dargestellt.

Jeder Prozessverantwortliche regelt mit seinen internen „Kunden" und „Lieferanten" die zu erbringenden Leistungen (z. B. Anzahl Untersuchungen, Anzahl Operationen, Anzahl Transporte) und die hierzu gehörenden Mengen. Die Planung der Leistungsbeziehungen kann jährlich im Rahmen der Planung erfolgen und ggf. unterjährig angepasst werden. Bei Einsatz einer internen Kosten- und Leistungsrechnung sind Verrechnungspreise für die internen Leistungen zu ergänzen, um hierauf aufbauend Prozesskosten zu ermitteln. Ein Beispiel für eine Geschäftsprozessvereinbarung aus dem Gesundheitswesen ist in Abb. 4.9 zu sehen. Es demonstriert zugleich den möglichen Detaillierungsgrad von Geschäftsprozessvereinbarungen. Die Geschäftsprozessvereinbarung enthält Angaben über den Prozess, die zu erbringende Leistung einschließlich der erforderlichen Anforderungen, die Beteiligten und Ansprechpartner. Die Leistung ist so zu dokumentieren, dass die Beteiligten sich klar über die Inhalte und das Qualitätsniveau sind.

Der Einsatz von Prozessvereinbarungen verbessert die Klarheit über bereitzustellende Prozessinputs und die Ergebnisse von Prozessen. Zudem erleichtert er die Koordination zwischen den Beteiligten.

4.4 Prozesskennzahlen

Kennzahlen (bzw. englisch Key Performance Indicators) haben für das Controlling eine hohe Bedeutung. Sie dienen im Regelkreislauf des Prozesscontrollings (vgl. Abb. 4.10) als Basis für die Steuerung der Strategieumsetzung. Ohne Kennzahlen ist kein Controlling möglich.

Vorgehensweise Ausgehend von der Unternehmensstrategie wird eine Prozessstrategie erarbeitet. Zur Steuerung der Umsetzung werden Kennzahlen gebildet, die durch Maßnahmen umgesetzt werden sollen. Die Istwerte aus der Realität werden mit den

	Klinik-Logo		
	Abt.		
	Geschäftsprozess-Vereinbarung		
Prozess:	Operative Behandlung des Zervixkarzinoms	Prozess-ID:	OBZ
		Schnittstellen-ID:	OBZ 3-4
Schnittstelle	Teilprozess: Transport	Lieferant Stationsleitung Pflege	
	Teilrpozess:	Kunde Stationsleitung OP	
Version vom:	10.06.2014	Gültig ab:	20.06.2014	Versions-ID:	OBZ 3-4 20120610
Modifiziert am:	25.09.2014		Modifiziert durch:	Prozessteam
Review von:	Qualitätszirkel	Review am:	15.07.2014	Genehmigt durch:	Direktor
Verteiler:	Prozessteam, Mitarbeiter der Teilprozesse, Intranet				

Beteiligte Personen des Prozessteams:

	Name:	Funktion:	Abteilung:	Telefon-Nr:	E-Mail:
Prozess-Owner:	Schmidt	Prozessbegleiter	Management	7234521	schmidt@klinik.net
Teilprozess-Owner, Lieferant	Müller	Stationsleitung	Onkologie-Gynäkologie	7234565	müller@klinik.net
Teilprozess-Owner, Kunde	Meier	Stationsleitung	OP-Pflege	7234567	meier@klinik.net
Weitere Permanente Mitglieder:					
1.	Schulz	Assistenzarzt	Onkologie-Gynäkologie	7234598	schulz@klinik.net
2.	Raider	Krankenpfleger	Onkologie-Gynäkologie	7234589	raider@klinik.net
Weitere fakultative Mitglieder:					
1.	Bucher	QMB	Qualitätssicherung	7234512	bucher@klinik.net

Leistungsumfang:
Der Leistungsumfang erstreckt sich auf die Qualität, die Zuverlässigkeit, die geforderte Menge, die Kooperation, Beratungstätigkeiten und Flexibilität des Lieferanten

Anforderungen an den Lieferanten:

Patient:
Körperpflege: Nabelreinigung, Nagelpflege/Nagellack entfernen
Enthaarung von Bauch, Intimbereich und Oberschenkeln
OP-Hemd, Einmalslip
Blasenentleerung, abführende Maßnahmen
Schmuck- und Prothesenentfernung
Patientenarmband mit Namen
...

Labor:
Blutbild: Hb/Hk, Thrombozyten, Blutgruppe, BSG
Leberstatus: SGOT, SGPT, Gamma-GT, alkalische Phosphatase, Transaminasen
Gerinnungsstatus: Quick, PTT
Elektrolytstatus: Kalium
...

Untersuchungen:
Röntgen-Thorax in zwei Ebenen
EKG
Sonographie und intravenöse Pyelographie
Zystoskopie, Rektoskopie

Anforderungen an den Kunden:
Einhaltung des Übergabezeitpunktes an definierter OP-Schleuse
Falls der Patient telefonisch abgerufen wird, ist der zeitliche Vorlauf von 45 Minuten zu berücksichtigen
Abnahme der geforderten Leistung durch examiniertes Fachpersonal

Nichterfüllung der Anforderungen:
Ausrichtung der nächsten Sitzung

Nächste Sitzung am:	25.11.2016

Münster, den 25.09.2016		
Ort, Datum		Prozess-Owner
	Teilprozess-Owner, Kunde	Teilprozess-Owner, Lieferant

Abb. 4.9 Beispiel einer Geschäftsprozessvereinbarung aus dem Gesundheitswesen (Kölking 2007)

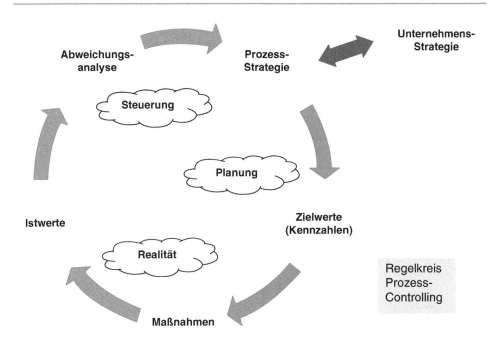

Abb. 4.10 Regelkreislauf Prozesscontrolling

Zielwerten der Kennzahlen abgeglichen und münden in eine Abweichungsanalyse. Hieraus können verschiedene Aktivitäten resultieren. Beispielsweise kann steuernd in die Maßnahmen eingegriffen werden (Veränderung von Ressourcen, Terminen, Zielen u. a.) oder aber es können Änderungen der Prozess-Strategie vorgenommen werden.

Struktur von Kennzahlen Kennzahlen gibt es in unterschiedlichen Ausprägungen. Sie können in absolute und Verhältnis-Kennzahlen strukturiert werden (vgl. Abb. 4.11). Absolute Kennzahlen bezeichnen zählbare Fakten, wie z. B. die Anzahl der in einem Prozess eingesetzten Mitarbeiter. Sie sind nur bedingt aussagekräftig, weil ihnen ein Vergleichsmaßstab fehlt. Verhältnis-Kennzahlen setzen mehrere Kennzahlen in eine Relation und können so Beziehungen zwischen verschiedenen Aspekten beschreiben. Sie differenzieren sich wiederum in Gliederungs-, Beziehungs- und Indexkennzahlen. Gliederungskennzahlen stellen Anteile von Größen gleicher Dimensionen dar, z. B. der Anteil der Prozesskosten an den Gesamtkosten des Unternehmens. Beziehungskennzahlen setzen Größen unterschiedlicher Dimensionen in Relation, z. B. Prozesskosten je Mitarbeiter. Indexgrößen sind normierte Entwicklungen von Kennzahlen über längere Zeiträume hinweg, z. B. Entwicklung der Prozesskosten für die Beschaffung von Büromaterial.

In der Praxis des Prozesscontrollings ist es wichtig, Kennzahlen nach Ihrer Qualität, Berechen- und Analysierbarkeit, Wirtschaftlichkeit sowie der Möglichkeit diese organisatorisch umzusetzen zu beurteilen. Hierzu sind mögliche Kandidaten für Kennzahlen kritisch zu hinterfragen. Eine Hilfestellung bietet der Prüfkatalog für Kennzahlen in

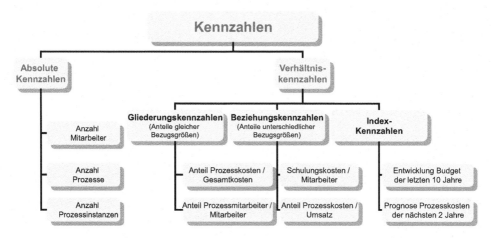

Abb. 4.11 Kennzahlen-Struktur

Abb. 4.12 (erstellt nach Kütz 2011). Die Ergebnisse der Prüfung sind bei der Entscheidungsfindung für die Kennzahlenauswahl zu berücksichtigen.

Dokumentation Kennzahlen müssen präzise beschrieben werden damit ein sinnvoller Einsatz im Unternehmen möglich ist. Ansonsten besteht die Gefahr von Fehlinterpretationen. So kann die Kennzahl „Dauer Auftragsbearbeitung" je nach Interpretation durch die Beteiligten aus unterschiedlichen Bereichen wie folgt gemessen werden:

- Zeitspanne vom Eingang der Bestellung bis zur Erfassung im SAP-System (IT-Sicht),
- Zeitspanne vom Eingang der Bestellung bis zum Versand der Auftragsbestätigung an den Kunden (Vertriebssicht),
- Zeitspanne vom Eingang der Bestellung bis zum Versand der Ware an den Kunden (Gesamtprozesssicht).

Es ist zu klären, wie die Kennzahl zu berechnen und zu interpretieren ist. Die Beschreibung umfasst dabei zahlreiche Aspekte. Hierzu gehören u. a. eine aussagekräftige fachliche Beschreibung, die Angabe der Gültigkeit der Kennzahl, die Verantwortlichen für den Inhalt, die angestrebten Zielgruppen für die Berichterstattung, die Berichterstatter und die Datenlieferanten. Weitere Angaben betreffen die Kennzahlenkategorie (z. B. Finanzen, Produktion, IT), die angestrebten Zielwerte (z. B. 90 % Auftragserfassung am Tag des Bestelleingangs), mögliche Toleranzwerte für Abweichungen und dazugehörige Eskalationsregeln bei Ausreißern (z. B. bis 90 % Zielerreichung Information an den Prozesseigner, unterhalb 80 % Information an die Geschäftsführung).

Von besonderer Bedeutung ist die exakte Spezifikation der Datenermittlung, um einheitliche konsistente Kennzahlen zu erhalten. Zur Dokumentation der Datenquellen gehören

4.4 Prozesskennzahlen

Qualität	Berechenbarkeit und Analysierbarkeit	Wirtschaftlichkeit	Organisation
• Was soll mit der Kennzahl gesteuert Werden? • Misst die Kennzahl den richtigen Effekt? • Was lässt sich mit der Kennzahl aktiv steuern? • Sind die Kennzahlen für den Empfänger Verständlich? • Wie ist die Qualität der Basisdaten zu beurteilen (sind Aufbereitungen / Korrekturen notwendig)? • Misst die Kennzahl für die IT-Strategie relevante Ziele?	• Können Ziel- und Sollwerte bzw. erwartete Werte definiert werden? • Können korrespondierende Istwerte ermittelt werden? • Können Toleranzewerte definiert werden? • Was muss bei Über-/Unterschreitung passieren? • Wer muss wie aktiv werden? • Sind die Kennzahlen „benchmarkfähig"? • Wie sensibel reagieren die Kennzahlen auf Veränderungen? • Können die notwendigen Basisdaten ermittelt werden? • Sind die Kennzahlen drill-down-fähig?	• Ist der Aufwand für die Ermittlung von Basisdaten für die Soll-/Ist-Ermittlung wirtschaftlich gerechtfertigt? • Steht dem Aufwand für die Ermittlung der Kennzahl ein angemessener Nutzen durch die Möglichkeit zum aktiven Steuern gegenüber? • Können pragmatische Ersatzgrößen ermittelt werden?	• Können Verantwortliche für Datenbereitstellung, Berechnung, Berichterstattung und für die Inhalte der Kennzahl selbst benannt werden? • Sind die Kennzahlen manipulationssicher? (gibt es Kontrollgrößen?) • Wie reagieren die Kennzahlen auf organisatorische oder technologische Veränderungen?

Abb. 4.12 Prüfkriterien für Kennzahlen (nach Kütz 2011, modifiziert)

- das datenliefernde IT-System,
- das Messverfahren (manuell bei Bedarf, automatisch in regelmäßigen Abständen, indirekt durch Ableitung von Komplementärwerten), sowie
- die genauen Messpunkte.

Für die Nutzung der Kennzahlen ist auf folgendes zu achten:

- Art der Darstellung (Text, Grafik, Zahlen, …),
- Periodizität der Datenbereitstellung (bei Anfall, stündlich, täglich, wöchentlich, …),
- die Aggregationsstufen der Werte (Einzeldaten, Summendaten je Abteilung, Summendaten je Tag/Monat/Jahr) und
- die Art und Dauer der Archivierung (Ort, Medium, Dauer).

Optional zu dokumentierende Informationen sind Reklamationen (z. B. falsche oder widersprüchliche Werte), Rückmeldungen zur Nutzung der Kennzahlen und Änderungen der Berechnungslogik, um rückwirkend die Werte nachvollziehen zu können.

Kennzahlensteckbriefe Kennzahlen sollten dauerhaft in Form eines Kennzahlensteckbriefs einheitlich und an zentraler Stelle dokumentiert werden. Dies dient der allgemeinen Information, aber auch der Sicherstellung von Konsistenz und der Zuordnung von Verantwortlichkeiten. Ein Beispiel für einen Kennzahlensteckbrief für die Kennzahl „IT-Verfügbarkeit" ist der Abb. 4.13 zu entnehmen.

Bereich	Inhalte	Beispielangaben (vereinfacht)
Beschrei-bung	Kennzahl-ID (eindeutiges Kürzel) Bezeichnung Beschreibung Gültigkeit Verantwortlicher für Inhalt, Adressat (Zielgruppe), Berichterstatter (Datenlieferant) Kennzahlenkategorie (z. B. Finanzen), Zielwerte Benchmarks Toleranzwerte Eskalationsregeln bei Ausreißern	P-VF-SAPERP Verfügbarkeit des Systems „SAP ERP" Prozesskennzahl zur Messung der Einsetzbarkeit des SAP-ERP-Systems ab 01.03.2014 Zentralbereich IT, Leiter „SAP-Anwendungsbetreuung", Frau X. SAP-Anwender (Leiter der beziehenden Organisationseinheiten) Zentralbereich IT, Referent IT-Controlling, Herr Y Prozessmanagement 99,5 % bezogen auf eine Arbeitswoche (Arbeitszeit 07.00 – 18.00) Tochterunternehmen „Z" hat 2013 Minimalwert von 99,7 % erreicht Bis hinunter 95,0 % maximal einmal im Geschäftsjahr Regelmäßig IT-Controller, CIO, bei Ausreißern Vorstand Finanzen
Daten-ermittlung	Datenquellen, IT-System (Datenbank/Feld/Mengeneinheit) Messverfahren (manuell, automatisch, indirekt), MEsspunkte Verantwortlicher	SAP-Logdaten, SAP ERP (System zzz / Mandant xxx) ... Automatische Messung anhand von Logdaten SAP ERP-System, zusätzlich Messung am Client (wg. Netzverfügbarkeit) Zentralbereich IT, Leiter „SAP-Betrieb", Herr Z
Aufbe-reitung	Berechnungsformel Verantwortlicher	Nutzungszeit in min/Gesamtarbeitszeit in min (je Woche) in % Zentralbereich IT, Referent IT-Controlling, Herr Y
Präsentation	Darstellung (Text, Grafik, Zahken, ...), Periodizität (bei Anfall, stündlich, täglich, wöchentlich, ...) Aggregationsstufen, Archivierung (Ort, Medium, Dauer), Verantwortlicher	Darstellung als %-Satz, in Übersichtsdarstellungen in Ampelfarben bis 95,0 %ROT, Über 95 % bis unter 99,5 % GELB, Ab 99,5 % GRÜN Wöchentliche Veröffentlichung der Einsatzdaten Jährliche Veröffentlichung (zum 31.12) des Durschnittswertes mit Angaben Minimal und Maximalwerte SAP ERP (Gesamt), Werte je SAP-Modulgruppe (FIN, CON, ...) Werte werden dauerhaft im „Data Warehouse" des Controllings archiviert. Löschung vorerst nicht geplant Zentralbereich IT, BI-Team, Herr A
Sonstiges	Reklamationen, Rückmeldungen, Erfahrungen, Äuderungen der Berechnung	Erfahrungswert: Messpunkt ist nicht präzise, denn Anwender haben bei Netzwerkproblemen den gleichen Effekt, sie können SAP ERP nicht nutzen. Erklärung ggf. in regelmäßigen Abständen erforderlich. Problem derzeit nicht anders lösbar.

Abb. 4.13 Beispiel für einen Kennzahlensteckbrief (Struktur in Anlehnung an Kütz 2011)

Aussagekraft von einzelnen Kennzahlen Die Aussagekraft von isolierten Kennzahlen ist kritisch zu hinterfragen. So wird in einem Cartoon mit Bezug zum Controlling von zwei Managern ein Wasserglas als halbvoll bzw. halbleer bezeichnet. Die dritte Meinung des Controllers lautet: „Für mich ist es doppelt so groß wie nötig", d. h. es kommt beim Einsatz von Kennzahlen auf die Sichtweise an (Verlag für Controlling-Wissen 2006, S. 162). Die in der Praxis häufig verwendete Kennzahl „IT-Kosten im Verhältnis zum Umsatz" (vgl. z. B. Gadatsch et al. 2013) lässt sich stellvertretend für die mangelnde Aussagekraft von Einzelkennzahlen heranziehen.

> **Beispiel für Fehlinterpretationen auf Basis der Kennzahl „IT-Kosten/Umsatz"**
> Ein Beispiel für Fehlinterpretationen auf Basis der Kennzahl „IT-Kosten/Umsatz" ist in Kütz (2003, S. 20–21) dokumentiert. Ein Vergleich zweier Unternehmen führte zu dem Zwischenergebnis, dass die Kostenanteile beim Unternehmen A 0,8 % und beim Unternehmen B 1,2 % betrugen. Hieraus folgte ein Entscheidungsvorschlag: Unternehmen B sollte die IT-Systeme von A übernehmen, um seine IT-Kosten zu reduzieren. Die weitere Detailanalyse brachte hervor, dass Unternehmen A eine veraltete IT-Architektur betreibt, die seit Jahren nicht mehr gepflegt wurde. Die IT-Kosten bestanden im Wesentlichen aus Kosten für die Wartung der Altsysteme. Unternehmen B verfügt dagegen über eine moderne und deutlich leistungsfähigere IT-Architektur. Die Übernahme der IT-Systeme wurde daraufhin verworfen.

4.4 Prozesskennzahlen

Kennzahlensysteme Einzelkennzahlen sind wie geschildert nur begrenzt aussagekräftig. Daher wurden Kennzahlensysteme entwickelt, welche Interdependenzen zwischen Einzelkennzahlen herstellen und dem Analytiker eine Gesamtsicht verschaffen sollen. Ein Kennzahlensystem stellt Einzelkennzahlen in einen sachlogischen Zusammenhang. Allgemeine Anforderungen an solche Kennzahlensysteme lauten:

- Objektivität und Widerspruchsfreiheit, d. h. ein geeigneter Aufbau der Kennzahlen unterstützt widerspruchsfreie Aussagen.
- Einfachheit und Klarheit, d. h. der einfache Aufbau unterstützt die Verbreitung und Nutzung im Unternehmen.
- Informationsverdichtung, d. h. die Kennzahlen sollen nach Managementebenen gestaffelt sein und Top-Down bzw. Bottom-Up Analysen erlauben. Die Einzelwerte der untergeordneten Kennzahlenwerte ergeben den Summenwert der nächsten Stufe.
- Multikausale Analyse, d. h. übergeordnete Kennzahlen sollen auf unteren Ebenen in verschiedene Sichten gespalten werden können. Die IT-Kosten des Unternehmens werden durch verschiedene Kostenkategorien und Mengen der untergeordneten Ebenen (Projekte, Maßnahmen) erklärt (Gladen 2008, S. 92–93).

Zuordnung von Kennzahlen zu Haupt- und Teilprozessen Für das Prozesscontrolling bietet es sich an, Kennzahlen an den Zielen und Anforderungen des Prozesses auszurichten und zu definieren. Die Kennzahlen erlauben es dem Prozessverantwortlichen den Prozess gezielt zu steuern. Ermöglicht wird dies durch Zuordnung von Kennzahlen zu Haupt- und Teilprozessen bzw. Prozessschritten.

Eine Zuordnung von Kennzahlen zu Teil- und Hauptprozessen ist in der Abb. 4.14 am Beispiel von Daxböck zum „Order-to-Cash Prozess" dargestellt (Daxböck 2014, S. 60). Die Kennzahl „On Time In Full (OTIF)" steuert die Prozessschritte „Verfügbarkeitsprüfung", „Auftragsbestätigung", „Lieferung anlegen" und „Disposition und Transport" während die Kennzahl „Order-to-Cash-Gesamtkosten" den vollständigen Prozess betrifft.

Beispielberechnung von Prozesskennzahlen Nachfolgend wird ein Rechenbeispiel vorgestellt, das einige Prozesskennzahlen von Schmelzer und Sesselmann (2013) aufgreift. Die Basisdaten sind in Tab. 4.1 zusammengefast, die Formeln für die Kennzahlen sind in Abb. 4.15 zu finden.

Die durchschnittliche Prozesszeit beträgt für die drei bereits fertiggestellten Aufträge 33 Tage. Sie errechnet sich aus der Gesamtzahl der Tagesdifferenz (99 Tage) geteilt durch die Anzahl der fertiggestellten drei Aufträge (vgl. Abb. 4.16).

Die durchschnittliche Termintreue der Aufträge beträgt 66 % (2/3 *100), denn zwei Aufträge sind ohne Terminabweichung und bereits abgeschlossen. Drei Aufträge sind insgesamt abgeschlossen (vgl. Abb. 4.17).

Die durchschnittliche Prozessqualität der Aufträge beträgt 33 % (1/3*100), denn ein Auftrag ist ohne Nacharbeit und drei Aufträge sind komplett abgeschlossen (vgl. Abb. 4.18).

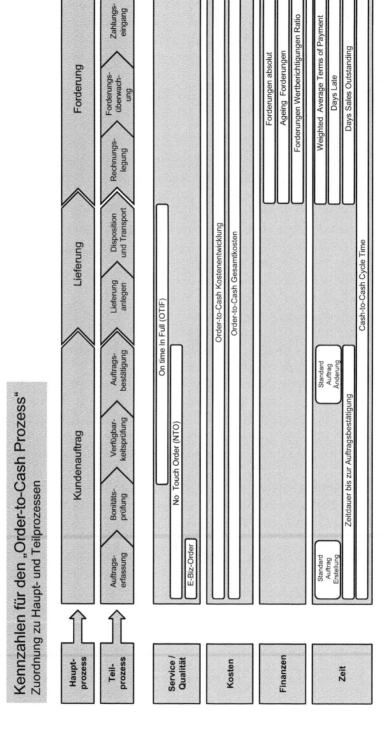

Abb. 4.14 Prozesskennzahlen für einen Order-to-Cash-Prozess (Daxböck 2014, S. 60, modifiziert)

4.4 Prozesskennzahlen

Tab. 4.1 Auftragsdaten (Analysestichtag: 15.06.2016)

Auftrags-Nr.	Kunde	Start-Termin	Plandauer	Geplanter Endtermin	Ist-End-Termin	Nacharbeit (Ja/Nein)
100	Berger	01.04.16	40	11.05.16	20.05.16	Ja
200	Müller	01.05.16	30	31.05.16	Offen	Nein
300	Schmitz	01.02.16	10	11.02.16	11.02.16	Ja
400	Zeppelin	01.03.16	40	10.04.16	10.04.16	Nein
500	Meiner	01.06.16	30	01.07.16	Offen	Nein

Durchschnittliche Prozesszeit bzw. Durchlaufzeit (DLZ): (Zeitaufwand für die Bearbeitung von Aufträgen) in Tagen

$$DLZ = \frac{\sum Endtermin - Starttermin\ je\ abgeschlossenem\ Auftrag}{\sum Anzahl\ abgeschlossene\ Aufträge}$$

Termintreue (TT): Anteil abgeschlossener Aufträge ohne Terminabweichung in Prozent

$$TT\ (\%) = \frac{\sum Anzahl\ abgeschlossener\ Aufträge\ ohne\ Terminabweichung}{\sum Anzahl\ abgeschlossener\ Aufträge} * 100$$

Prozessqualität = Anteil der abgeschlossenen Aufträge ohne Nacharbeit in Prozent

$$Prozessqualität\ (\%) = \frac{\sum Anzahl\ abgeschlossener\ Aufträge\ ohne\ Nacharbeit}{\sum Anzahl\ abgeschlossener\ Aufträge * 100}$$

Abb. 4.15 Prozesskennzahlen (Formeln)

Auftragsdaten					Analysedatum	15.06.2016		
Auftrag Nr.	Kunde	Starttermin	Plandauer	Gepl. Endtern	Ist-Endtermin	Nacharbeit J/N		Ist-Termin - Start-Termin
100	Berger	01.04.2016	40	11.05.2016	20.05.2016	J		49
200	Müller	01.05.2016	30	31.05.2016		N		
300	Schmitz	01.02.2016	10	11.02.2016	11.02.2016	J		10
400	Zeppelin	01.03.2016	40	10.04.2016	10.04.2016	N		40
500	Meier	01.06.2016	30	01.07.2016		N		
5 (gesamt)					3 (abgeschlossen)	3 (ohne NA)		99

Abb. 4.16 Ermittlung Prozesszeit (nach Schmelzer und Sesselmann 2013)

Auftragsdaten					Analysedatum	15.06.2016		
Auftrag Nr.	Kunde	Starttermin	Plandauer	Gepl. Endtern	Ist-Endtermin	Nacharbeit J/N		Terminabweichung J/N
100	Berger	01.04.2016	40	11.05.2016	20.05.2016	J		J
200	Müller	01.05.2016	30	31.05.2016		N		J
300	Schmitz	01.02.2016	10	11.02.2016	11.02.2016	J		N
400	Zeppelin	01.03.2016	40	10.04.2016	10.04.2016	N		N
500	Meier	01.06.2016	30	01.07.2016		N		J
5 (gesamt)					3 (abgeschlossen)	3 (ohne NA)		2 (ohne Abw.)

Abb. 4.17 Ermittlung Termintreue (nach Schmelzer und Sesselmann 2013)

Auftragsdaten					Analysedatum	15.06.2016		
Auftrag Nr.	Kunde	Starttermin	Plandauer	Gepl. Endtern	Ist-Endtermin	Nacharbeit J/N		Terminabweichung J/N
100	Berger	01.04.2016	40	11.05.2016	20.05.2016	J		J
200	Müller	01.05.2016	30	31.05.2016		N		J
300	Schmitz	01.02.2016	10	11.02.2016	11.02.2016	J		N
400	Zeppelin	01.03.2016	40	10.04.2016	10.04.2016	N		N
500	Meier	01.06.2016	30	01.07.2016		N		J
5 (gesamt)					3 (abgeschlossen)	3 (ohne NA)		2 (ohne Abw.)

Abb. 4.18 Ermittlung Prozessqualität (nach Schmelzer und Sesselmann 2013)

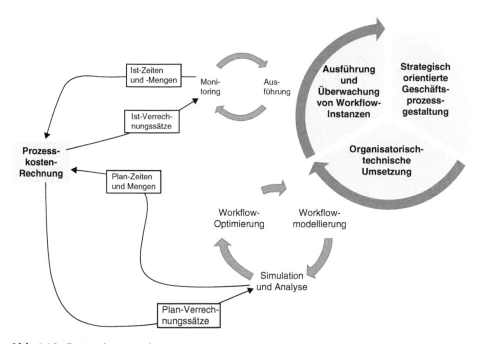

Abb. 4.19 Prozesskostenrechnung

4.5 Prozesskostenrechnung

Die betriebswirtschaftliche Analyse von Prozessen erfordert eine Einbeziehung von Kosteninformationen. Als Instrument hierzu wird die Prozesskostenrechnung vorgeschlagen (vgl. Hirschmann und Scheer 1994, S. 189). Die Prozesskostenrechnung wurde Anfang der 1990er-Jahre als Ergänzung zu den traditionellen Kostenrechnungsverfahren der Kostenstellen-, Kostenarten- und Kostenträgerrechnung entwickelt, um eine Bewertung von Prozessen durchführen zu können. Die traditionellen Verfahren der Kostenrechnung verrechnen Kosten der indirekten Unternehmensbereiche, die sich nicht direkt auf Leistungen zuordnen lassen. Dies sind z. B. im kaufmännisch-administrativen Bereich anfallende Gemeinkostenanteile, die mit Hilfe von pauschalen Zuschlagssätzen auf die Leistungen des Unternehmens verrechnet werden. Die Prozesskostenrechnung versucht dagegen, auch für die Kosten der indirekten Bereiche Verrechnungsgrundlagen zu finden, so dass eine differenzierte Verrechnung der Kosten erfolgen kann.

Die Prozesskostenrechnung bietet im Gegensatz zu den traditionellen Ansätzen der Kostenrechnung die Möglichkeit, eine Bewertung von Prozessen durchzuführen (vgl. z. B. Hirschmann und Scheer 1994, S. 190). Sie stellt Verrechnungssätze für die Bewertung der Leistungen zur Verfügung, die durch die Prozesse erbracht werden. Prozessmodelle eignen sich gut als Grundlage für die Prozesskostenkalkulation (vgl. Berkau und Flotow 1995, S. 203). Die Prozesskostenrechnung erhält Verrechnungssätze auf Basis der Prozessmodelle, welche die zeit- und mengenmäßigen Informationen für die Bewertung der Prozesse enthalten. Dieser Zusammenhang zwischen dem Geschäftsprozess- und Workflow-Management und der Prozesskostenrechnung wird in Abb. 4.19 durch die Integration der Prozesskostenrechnung in den Geschäftsprozess- und Workflow Life-Cycle berücksichtigt.

Kalkulation von Prozesskosten Die Ermittlung der Prozesskosten erfolgt nach dem Prinzip der Verrechnungssatzkalkulation. Hierzu werden die Prozesskostensätze aus der Prozesskostenrechnung mit der Menge der Inanspruchnahme multipliziert. Die Prozesskostensätze können in kostenartenspezifische Anteile untergliedert werden, wie z. B. Personalkosten, Energiekosten, Abschreibungen, Zinsen und Kosten für die Nutzung der Informationstechnik. Die Ermittlung der mengenmäßigen Inanspruchnahme von Ressourcen durch den Prozess erfordert geeignete Bezugsgrößen je Prozessschritt.

Als Beispiele aus dem Beschaffungsbereich werden „Anzahl Mahnungen" oder „Anzahl bearbeiteter Bestellungen" genannt (z. B. Scheer 1998, S. 67). Die kumulierten Prozesskosten der Workflow-Schritte ergeben die Prozesskosten der Workflow-Ebene, die sich anschließend zur Geschäftsprozessebene verdichten lassen.

Für die Prozessmodellierung ergibt sich aus den vorgenannten Überlegungen die Anforderung, dass das Modellierungskonzept in der Lage sein muss, den Prozessschritten Prozesskostensätze in der gewünschten Detaillierung zuzuordnen, d. h. im Datenmodell müssen Attribute zur Modellierung von Prozesskostensätzen erweitert werden.

4.6 Wiederholungsfragen und Übungen

4.6.1 Fragen

1. Erläutern Sie mögliche Strukturierungskriterien für Kennzahlen
2. Welche Anforderungen müssen „gute" Prozesskennzahlen erfüllen?
3. Erläutern Sie das Konzept der „(Balanced-)Process-Scorecard und die Einsatzmöglichkeiten für das Prozesscontrolling
4. Welche Nachteile bringt ein Steuerungssystem wie die Process-Scorecard mit sich?
5. Erläutern Sie den Einsatz von Prozessvereinbarungen im Rahmen des Prozesscontrollings
6. Woran erkennen Sie eine „gute" Kennzahl für die Prozesssteuerung?
7. Nennen Sie einige Kennzahlen zur Beurteilung der Qualität und Effizienz von Prozessen

4.6.2 Übungen

4.6.2.1 Übung Process Scorecard
Wählen Sie für ein fiktives Handelsunternehmen einen Hauptprozess aus und identifizieren Sie geeignete Sichten für die Prozess-Scorecard. Entwickeln Sie Ziele, Kennzahlen, Zielwerte und Maßnahmen zur Zielerreichung des Hauptprozesses.

4.6.2.2 Übung Prozessvereinbarung
Erstellen Sie eine Prozess-Vereinbarung aus Sicht des Studierenden-Services zur Einschreibung von Studierenden an einer Hochschule. Bewerber/innen müssen sich zunächst online registrieren. Anschließend laden Sie Kopien der Zeugnisse, Lebenslauf und Geburtsurkunde hoch. Nach Einladung zur Einschreibung müssen die Bewerber/innen die Originale der Dokumente vorlegen. Wenn die Einschreibung erfolgreich durchgeführt wurde erhalten die Studierenden einen Studierendenausweis und eine Fahrticket ausgehändigt. Laut Vorgabe der Hochschulleitung soll der Prozess spätestens einen Monat noch Registrierung abgeschlossen sein. Fehlerhafte Einschreibungen wie z. B. die Zulassung nicht qualifizierter Bewerber/innen sollen nicht vorkommen.

Literatur

Appel, D.; Brauner, S., Preuss, P.: Einsatz von SAP Strategic Enterprise Management als IT-gestütztes Balanced Score-card-System, in: Information Management & Consulting, 17. Jg., Heft 2, 2002, S. 88–94

Berkau, C.; Flotow, P.: Kosten- und mengenorientiertes Management von Prozessen, in: Management & Computer, 3. Jg., Heft 3, 1995, S. 197–206

Daxböck, C.: Supply Chain Controlling: Kennzahlenbasierte mehrdimensionale Steuerung des Order-to-Cash-Prozesses, In: Controller Magazin, Heft 2, 2014, Seite 58–61

Gadatsch, A.; Mayer, E.: Masterkurs IT-Controlling, Wiesbaden, 5. Aufl., 2013

Literatur

Gadatsch, A.; Kütz, J.; Juszczak, J.: Ergebnisse der 4. Umfrage zum Stand des IT-Controlling im deutschsprachigen Raum (2013), in: Schriftenreihe des Fachbereiches Wirtschaft Sankt Augustin, Hochschule Bonn-Rhein-Sieg, Band 33, Sankt Augustin 2013

Gladen, W.: Performance Measurement, Controlling mit Kennzahlen, 4. Aufl., Wiesbaden, 2008

Hirschmann, P.; Scheer, A.-W.: Entscheidungsorientiertes Management von Geschäftsprozesse, in: Management und Computer, 2 Jg., 1994, Heft 3, S. 189–196

Kölking, H. DRG und Strukturwandel in der Gesundheitswirtschaft, 1. Auflage, Stuttgart, 2007

Krcmar, H.: Informationsmanagement, 4. Aufl., Berlin 2005

Kütz, M. (Hrsg.): Kennzahlen in der IT, Heidelberg 2003

Kütz, M.: Kennzahlen in der IT, Heidelberg, 4. Aufl. 2011

Scheer, A.-W.; Heß, H.: Business Process/Performance Management im Rahmen eines ganzheitlichen Controlling-Ansatzes, in Controlling Zeitschrift für erfolgsorientierte Unternehmenssteuerung, 21. Jg., 2009 (3), S. 145–151

Scheer, A.-W.: ARIS – Modellierungsmethoden, Metamodelle, Anwendungen, Berlin, et al., 3. Aufl., 1998

Schmelzer, H.J.; Sesselmann., W.: Geschäftsprozessmanagement in der Praxis, 8. Aufl., München, 2013

Verlag für Controlling-Wissen (Hrsg.): Controllers Pocket Guide 2007/2008, Offenburg, 2006

Modellierung und Analyse von Prozessen 5

Modelle vereinfachen die tägliche Arbeit durch Abstraktion

Zusammenfassung

Modelle dienen der Vereinfachung realer Sachverhalte. Sie abstrahieren von unnötigen Details und stellen den Beteiligten im Prozessmanagement ein Werkzeug für die Dokumentation, Analyse und Verbesserung von Prozessen zur Verfügung. Der Beitrag stellt Grundfragen der Modellierung und Analyse von Prozessen vor und geht anschließend auf häufig in der Praxis eingesetzte Modellierungsmethoden ein: Prozesslandkarte, Prozesssteckbrief, Tabellarische Notation, Swimlane-Diagramme, Ereignisgesteuerte Prozesskette (EPK) sowie die Business Process Model and Notation. Abschließend werden Aspekte der ordnungsgemäßen Modellierung thematisiert und die vorgestellten Methoden verglichen. Wiederholungsfragen und Übungen sichern den Lernerfolg ab.

5.1 Grundfragen der Modellierung

5.1.1 Überblick über ausgewählte Modellierungskonzepte

Modelle vereinfachen den Blick auf die komplexe Realität. Als Beispiel hierzu soll die Planung einer Bahnfahrt ohne Ortskenntnisse angeführt werden, für die i. d. R. Hilfe erforderlich sein dürfte. Als Reisender wäre es beispielsweise möglich Passanten nach dem Weg zu fragen oder einen Fahrplan zu benutzen.

Ein Fahrplan ist ein vereinfachtes Modell der Realität, welches sich auf das Ziel konzentriert, interessierten Benutzern die Navigation im Verkehrssystem zu ermöglichen. In Abb. 5.1 ist ein Fahrplanauszug der Kölner Verkehrsbetriebe dargestellt, mit dem man eine

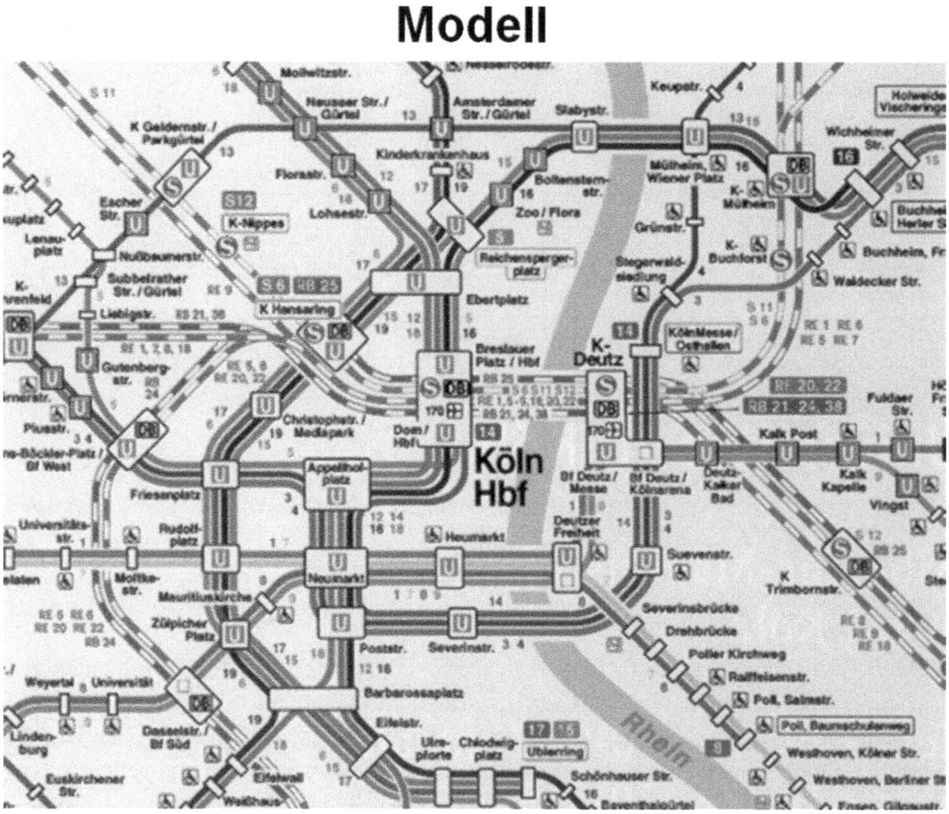

Abb. 5.1 Modell einer Bahnfahrt (Bildquelle: Kölner Verkehrsbetriebe (Hrsg.), Stadt Köln)

Bahnfahrt im Stadtgebiet planen und durchführen kann. Dieses „Modell" erleichtert die Navigation, indem es sich auf die wesentlichen Aspekte konzentriert. Dies wäre in diesem Kontext z. B. die beiden Fragen:

- Wie komme ich von „A" nach „B"?
- Welche Bahn muss ich nehmen?

Die Symbole des Modells „Fahrplan" sind normiert, so dass beliebige Nutzer verschiedener Altersgruppen ohne allzu große Vorkenntnisse damit arbeiten können.

Geschäftsprozesse sind – wie bereits thematisiert – häufig sehr komplex und arbeitsteilig. In den vergangenen Jahrzehnten wurden daher verschiedene Methoden zur systematischen Darstellung von Prozessen entwickelt, um die Komplexität zu reduzieren.

Im Rahmen des Business Reengineering und der Geschäftsprozessoptimierung erfolgt eine Analyse der Ist- und Soll-Geschäftsprozesse sowie deren Gestaltung und Dokumentation. Hierzu werden Geschäftsprozessmodelle erstellt, welche die Geschäftsprozesse formal beschreiben. Workflow-Modelle werden aus Geschäftsprozessmodellen durch Verfeinerung abgeleitet. Sie dienen der detaillierten Spezifikation der Geschäftsprozesse mit dem Ziel einer Ausführung durch ein Workflow-Management-System (WFMS).

5.1 Grundfragen der Modellierung

Formale Methoden Zur Modellierung von Prozessen lassen sich formale Methoden einsetzen. Diese werden in skriptbasierte Methoden (Skriptsprachen) und grafische Methoden (Diagrammsprachen) unterteilt.

Skriptsprachen erlauben die Beschreibung von Prozessmodellen anhand einer an Programmiersprachen angelehnten formalen Notation. Hierdurch ist eine sehr hohe Präzision der Modellspezifikation erzielbar. Allerdings ist die Anschaulichkeit der Prozessskripts gering und deren Interpretation setzt detaillierte Methodenkenntnisse voraus, was den Einsatz in der Praxis erschwert.

Die im Vergleich zu den Skriptsprachen sehr anschaulichen **Diagrammsprachen** lassen sich in datenfluss-, kontrollfluss- und objektorientierte Ansätze differenzieren (vgl. Abb. 5.2). Sie haben sich im Vergleich zu den Skriptsprachen in der Praxis stärker durchgesetzt, vor allem dort, wo in Zusammenarbeit mit Fachanwendern (z. B. Mitarbeiter aus dem Vertrieb, der Buchhaltung, Fertigung) Modelle erstellt werden.

Datenorientierte Methoden Datenflussorientierte Methoden beschreiben nicht den Prozess an sich, sondern den Datenfluss, also den Verlauf der Daten im Zusammenspiel der Einzeltätigkeiten. Der Prozess ergibt sich nur indirekt aus den Darstellungen, wobei der Ablauf der Prozessschritte nur schwer aus den Diagrammen herauszulesen ist. Die Bedeutung

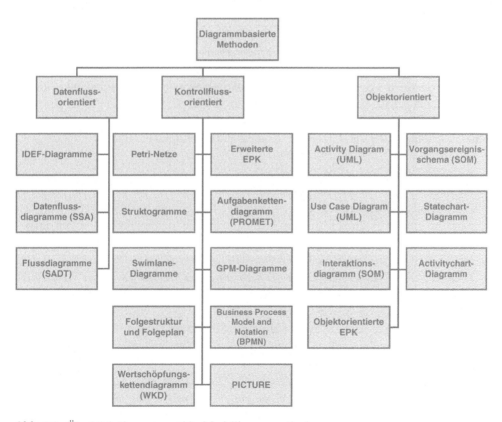

Abb. 5.2 Überblick über ausgewählte Modellierungsmethoden

der datenflussorientierten Methoden hat deshalb in den letzten Jahren deutlich abgenommen. Allerdings ist es nach wie vor notwendig, Datenaspekte angemessen in Prozessmodellen zu berücksichtigen. Datenflussorientierte Methoden sind im Hinblick auf die Aspekte des Prozessmanagements allerdings wenig ausdrucksstark, da der Prozess nicht im Vordergrund der Modellierungsarbeit steht (Meyer et al. 2011, S. 5).

Kontrollflussorientierte Methoden Bei kontrollflussorientierten Methoden steht die Abfolge der Tätigkeiten im Vordergrund, also die Prozessmodellierung. In der Praxis haben sich Prozesslandkarten, Swimlane-Diagramme, Wertschöpfungskettendiagramme (WKD), die erweiterte ereignisgesteuerte Prozesskette (eEPK), sowie die Business Process Modeling and Notation-Methode (BPMN) etabliert.

Objektorientierte Methoden Aus der Softwareentwicklung stammt die Idee, Funktionen und Daten zu sogenannten Objekten zu integrieren. Dies hat zur Entwicklung objektorientierter Methoden der Modellierung geführt. Hier hat sich in der Praxis vor allem die Unified Modeling Language (UML) mit dem Activity Diagram (Aktivitätsdiagramm) durchgesetzt.

5.1.2 Begriffssystem und Metamodell als Konstruktionsmerkmale von Modellierungssprachen

Begriffssystem Die Aufgabe eines Begriffssystems besteht in der Abgrenzung und Kategorisierung von modellierungsrelevanten Sachverhalten und deren Benennung durch Begriffe (vgl. Gehring 1998). Beispiele sind die Benennung von Informationen, Tätigkeiten, Ablaufbeziehungen oder Zuordnungsbeziehungen. Sie spiegeln sich in der Notation der Modellierungsmethode und damit den Ausdrucksmöglichkeiten wieder. Geschäftsprozessmodelle bilden i. d. R. folgende Aspekte ab (vgl. Kurbel et al. 1997):

- **Prozessschritte**, die zur Erstellung von Prozessleistungen erforderliche Tätigkeiten repräsentieren. Synonyme Begriffe eines einzelnen Prozessschritts sind Vorgang, Aufgabe, Funktion und Arbeitsschritt.
- **Objekte** werden in Prozessschritten bearbeitet und zwischen Prozessschritten ausgetauscht. Beispiele sind Aufträge, Reklamationen oder Angebote. Objekte werden durch Informationsträger unterschiedlicher Darstellungsform wie z. B. E-Mail, Fax, Beleg, Dokument, usw. repräsentiert. Die Weiterleitung von Objekten wird als Objektfluss bezeichnet. Bedeutungsgleiche Begriffe sind Informationsfluss, Datenfluss und Dokumentenfluss.
- **Abhängigkeiten** zwischen Prozessschritten, die zeitlich, logisch oder technologisch bedingt sind, definieren die Ablauflogik eines Geschäftsprozesses. Analoge Begriffe sind z. B. Steuerfluss und Kontrollfluss.
- **Aufgabenträger** führen in Prozessschritten Tätigkeiten aus. Aufgabenträger sind z. B. Bearbeiter, Maschinen oder Programme. Alternative Begriffe sind Abteilung, Organisationseinheit, Funktionsträger usw.

5.1 Grundfragen der Modellierung

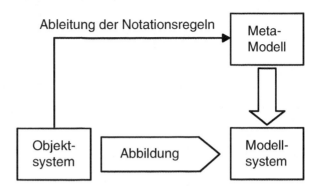

Abb. 5.3 Metamodellierung (vgl. Gehring 1998)

Meta-Modell Modelle dienen der Analyse und Gestaltung realer Systeme. Sie bilden ein Original- oder Objektsystem in ein Modellsystem ab. Da ein Modell die Struktur und das Verhalten eines Objektsystems möglichst originalgetreu widerspiegeln soll, sind an die Abbildung besondere Anforderungen zu stellen. Die Möglichkeit der formalen Beschreibung von Modellsystemen gestattet es, die übergeordnete Modellierungsebene der Meta-Modellierung (vgl. Gehring 1998) einzuführen (vgl. Abb. 5.3). Ein Meta-Modell repräsentiert eine ganze Klasse von Modellsystemen; jedes Klassenelement stellt hierbei eine Instanz des Meta-Modells dar. Weiterhin werden Notationsregeln für die Erstellung des Modellsystems vorgegeben. Es erlaubt somit die Überprüfung des Modellsystems auf Vollständigkeit und Konsistenz zum Objektsystem.

5.1.3 Prozessmodellierung in der Praxis

Viele Unternehmen nutzen komplexe, historisch gewachsene und nicht oder unzureichend dokumentierte Softwaresysteme. Schwerfällige Arbeitsabläufe und ineffiziente Organisationen zwingen sie zur Reorganisation der Geschäftsprozesse und zur Neuentwicklung oder dem Austausch der Software. Die Einführung von Standardsoftware zur Kostenreduktion kann nur in Verbindung mit einer Analyse und Neugestaltung der Arbeitsabläufe einen Rationalisierungserfolg nach sich ziehen. Insbesondere größere Organisationen erwägen daher den Aufbau eines Unternehmensprozessmodells.

Unternehmen

- Erfassung und Dokumentation der Geschäftsprozesse
- Schwachstellenanalyse der Gesamtorganisation
- Anforderungsdefinition neuer Informationssysteme
- Auswahl und Einführung von Standardsoftware
- Aufbau eines Unternehmensprozessmodells

Die Kunden von Standardsoftware-Anbietern benötigen bei der Produktauswahl Informationen über deren Funktionsumfang. Prozessmodelle können als zusätzlicher Produktbestandteil der Software betrachtet werden und bieten dem Kunden einen Zusatznutzen im Rahmen der Durchführung von Einsatzanalysen. Diese können durch die Daten- und Ablaufbeschreibungen vereinfacht werden. Auch später im Rahmen der Nutzung können die Modelle als Nachschlagewerk genutzt werden.

Standardsoftwareanbieter

- Daten- und Prozessmodelle als Produktbeschreibung
- Unterstützung von Einsatzanalysen beim Kunden
- Basis für individuelle Weiterentwicklungen (Modifikationen)
- Vergleichsbasis beim Softwareauswahlprozess
- Einarbeitungshilfe und Nachschlagewerk für den Anwender

Für Berater steht die Unterstützung des Kunden bei der Reorganisation seiner Arbeitsabläufe und Strukturen im Vordergrund. Ein weiterer Schwerpunkt ist die Einführungsunterstützung bei der Implementierung von Standardsoftware oder Workflow-Management-Systemen. Vielfach besteht auch die Notwendigkeit, fehlendes Know-how beim Kunden auszugleichen.

Beratungsunternehmen

- Einführung von IT-Systemen bei Kunden
- Durchführung von Schwachstellenanalysen
- Unterstützung der Beratung bei Organisationsprojekten
- Durchführung von Business Reengineering-Projekten

5.2 Prozesslandkarte

5.2.1 Notation

Geschäftsprozesse werden häufig in Abhängigkeit von der Nähe zum Kerngeschäft eines Unternehmens differenziert (vgl. z. B. Seidlmeier 2002, S. 2 f.). Zur übersichtlichen Darstellung der wesentlichen Prozesse haben sich Prozesslandkarten etabliert, welche die wesensbestimmenden Geschäftsprozesse eines Unternehmens aufzeigen. Der Zweck besteht in der groben Information über wichtige Arbeitsabläufe (Prozesse) eines Unternehmens. Zielgruppen können intern (Management, Mitarbeiter) oder extern (Lieferanten, Bewerber) sein. Die dargestellten Prozesse werden üblicherweise in Steuerungs-, Kern- und Unterstützungsprozesse untergliedert.

Steuerungsprozesse Steuerungsprozesse verantworten das integrative Zusammenspiel der Geschäftsprozesse (z. B. Strategieentwicklung, Unternehmensplanung, Operatives

5.2 Prozesslandkarte

Führen). Sie sind die unternehmerische Klammer um die leistungserstellenden und unterstützenden Prozesse.

Kerngeschäftsprozesse Kerngeschäftsprozesse sind Geschäftsprozesse mit hohem Wertschöpfungsanteil. Sie sind im Normalfall wettbewerbskritisch und bilden den Leistungserstellungsprozess ausgehend vom Kundenwunsch, über die Beschaffung, Lagerung, Produktion, Montage aus Auslieferung.

Unterstützungsprozesse Unterstützungsprozesse sind Geschäftsprozesse mit keinem oder nur geringem Wertschöpfungsanteil. Sie sind in der Regel nicht wettbewerbskritisch. Beispiele sind Finanzbuchhaltung, Kostenrechnung, Berichtswesen, Personalwesen, Kantine, Fuhrpark Informationsverarbeitung und Recht.

5.2.2 Modellierungsbeispiele

In der Abb. 5.4 ist ein Beispiel für eine mögliche Notation einer Prozesslandkarte abgebildet. Sie wurde bereits im Abschn. 1.3.4 kurz angesprochen. Im Kopfbereich der Landkarte werden Steuerungsprozesse abgebildet, im unteren Bereich die Unterstützungsprozesse. Das zentrale Element einer Prozesslandkarte sind die Kernprozesse einer Organisation, die im mittleren Bereich mit ihren wesentlichen Prozessschritten dargestellt werden.

In der Abb. 5.5 ist ein Beispiel für eine Prozesslandkarte eines Kraftfahrzeugbetriebes dargestellt, welches ebenfalls schon aus Abschn. 1.3.4 bekannt ist. Der Betrieb hat zwei Hauptprozesse, den Verkauf von Neu- oder Gebrauchtfahrzeugen, sowie den Serviceprozess (Reparaturen, Wartung, TÜV-Abnahme u. ä.).

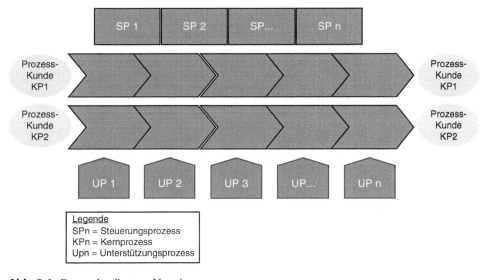

Abb. 5.4 Prozesslandkarte – Notation

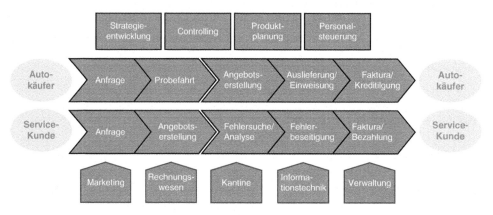

Abb. 5.5 Prozesslandkarte – Beispiel Kfz.-Betrieb

Da die Methode nicht normiert ist, haben sich in der Unternehmenspraxis beliebig viele Varianten herausgebildet. Die vorangegangen Beispiele werden daher in der Praxis noch durch eigene Symbole oder Darstellungstechniken variiert.

5.2.3 Bewertung

Die Prozesslandkarte ist ein weit verbreitetes Instrument zur übersichtlichen Darstellung von Gesamtzusammenhängen. Mit ihrer Hilfe lässt sich ein Unternehmen mit seinen wesentlichen Prozessen (Führungsprozesse, Kernprozesse, Unterstützungsprozesse) anschaulich darstellen.

Die Methode kann auch auf Teilbereiche wie z. B. den Vertrieb, die IT oder eine Konzerneinheit angewendet werden. Sie lässt sich jedoch nicht für detailgetreue Darstellungen von Prozessen oder Teilprozessen verwenden.

Der Einarbeitungsaufwand für die Erstellung und insbesondere die passive Verwendung ist minimal, da nur wenige Symbole herangezogen werden. Zudem ist diese Methode nicht normiert, was es ermöglicht, eine eigene Symbolik zu entwerfen und einzusetzen. Andererseits schränkt die fehlende Normierung den Vergleich mit Referenzmodellen oder Darstellungen von anderen Unternehmen ein.

5.3 Prozesssteckbrief

5.3.1 Notation

Als Ergänzung zur Prozesslandkarte beschreiben Prozesssteckbriefe den Gesamtprozess und jeden Prozessschritt durch zusätzliche Textinformationen und ggf. weitere Inhalte, wie z. B. statistische Kennzahlen oder ein Erklärungsvideo. Eine einheitliche Notation

5.3 Prozesssteckbrief

oder ein einheitlicher Beschreibungsumfang wurden bisher nicht entwickelt. Wichtige und in der Praxis häufig anzutreffende Inhalte von Prozesssteckbriefen sind:

- Prozessname,
- Prozessbezeichnung,
- Prozessverantwortliche und weitere Ansprechpartner,
- Auslöser und Ergebnisse des Prozesses,
- zusätzliche Erklärungen, die über die formalen Prozessmodelle hinausgehen und
- Kennzahlen wie z. B. Anzahl Vorgänge pro Zeiteinheit, Anzahl Mitarbeiter, Steuerungskennzahlen des Prozesscontrollings.

5.3.2 Modellierungsbeispiele

Ein gutes Beispiel für einen Prozesssteckbrief ist auf der Webseite der Freien Universität Berlin dokumentiert. Die Universität setzt die Prozesssteckbriefe für interne Zwecke ein und hat sie neben einer im Internet veröffentlichten Prozesslandkarte frei zugänglich veröffentlicht. Die Abb. 5.6 zeigt einen Ausschnitt aus dem interaktiven Prozesssteckbrief „Neue Studiengänge einrichten".

5.3.3 Bewertung

Der Prozesssteckbrief ergänzt die Prozesslandkarte zur Detailbeschreibung von Prozessen. Da nicht alle Aspekte eines Prozesses in einer Grafik Raum finden, bietet der Prozesssteckbrief

Abb. 5.6 Prozesssteckbrief der Freien Universität Berlin (2015)

eine einfache und allgemein verständliche Möglichkeit, Details und Sonderfragen eines Prozesses geeignet zu dokumentieren. Der Inhalt kann an die Anforderungen des Unternehmens angepasst werden. Im Idealfall wird zu jedem Prozess und Teilprozess ein Prozesssteckbrief erstellt und für die Mitarbeiter und ggf. externe Interessenten bereitgestellt (z. B. „Angebotsbearbeitungsprozess für Kunden"). Die Inhalte sind nicht normiert, so dass problemlos eigene Varianten erstellt werden können. Als Publikationsmedium hat sich in der Praxis das Intranet bewährt.

5.4 Tabellarische Prozessmodellierung

5.4.1 Notation

Grafische Modellierungsmethoden erfordern im Rahmen einer dauerhaften Anwendung den Einsatz von speziellen Software-Werkzeugen. Werden klassische Grafikprogramme genutzt führt dies langfristig zu einem hohen Erstellungs- und Änderungsaufwand.

Für die „schnelle" Erhebung von Prozessen werden in der Praxis auch einfache „Prozesserhebungsformulare" in Tabellenform eingesetzt. Auch wenn die formalen Ansprüche an solche Konzepte nicht sehr hoch sind, ist der praktische Nutzen durchaus hoch. Die leichte Verständlichkeit und einfache Präsentation der Inhalte sind Aspekte, die für die Ersterhebung oder übersichtliche Darstellung der wesentlichen Prozesselemente von hohem Nutzen sind.

Ein einfaches Formular zur Erhebung von Prozessinformationen ist in Abb. 5.7 hinterlegt. Die Notation von tabellarischen Modellen ist nicht normiert und vergleichsweise einfach gehalten. Im Kopfbereich des Formulars wird der Prozess allgemein mit einigen Attributen wie „Prozessname", „Datum", „Ersteller" erörtert. Wichtig ist das Attribut „Ergebnisse", welches den grundsätzlichen Output des Prozesses beschreibt. Im darunterliegenden Bereich werden die Prozessschritte sequentiell beschrieben, wobei für jeden Prozessschritt mindestens eine Bezeichnung, ein Verantwortlicher, der notwendige Input (Informationen, Sachmittel), der Output (Informationen, Ergebnisse) und die benutzte Software festgehalten werden sollten. Sinnvoll ist u. U. auch, eine Messgröße für das Prozesscontrolling (vgl. Kap. 4) festzulegen, um den Erfolg der Prozessausführung überwachen zu können.

5.4.2 Modellierungsbeispiele

In der Abb. 5.8 ist ein Beispiel für einen Prozess zu finden, der tabellarisch „modelliert" wurde. Es handelt sich um die „Terminvergabe in einer Arztpraxis". Die Tabellendarstellung zeigt einen Prozess, der sich im Rezeptionsbereich der Arztpraxis abspielt und neben der

5.4 Tabellarische Prozessmodellierung

Prozessname		Datum		Ersteller		
Auslöser			Ergebnisse			
Rollen			Beschreibung			
Prozessverantwortlicher						
Beteiligte						
Zu Informieren						
Prozessschritt	Verantwortlich	Input	Output	IT-Einsatz		Messgröße
Bemerkungen						

Abb. 5.7 Tabellarische Prozesserhebung Formular

Prozessname: Terminvergabe		Datum: 06.03.2013		Ersteller: A. Gadatsch	
Auslöser: Patient ruft an oder betritt Praxis			Ergebnisse: vereinbarter Termin		
Rollen			Beschreibung		
Prozessverantwortlicher		Med. FA			
Beteiligte		Patient			
Zu Informieren		Ggf. Labor			
Prozessschritt	Verantwortlich	Input	Output	IT-Einsatz	Messgröße
Begrüßung	Med. FA	-	-	-	-
Anliegen des Patienten klären	Med. FA	Terminwunsch Versicherungskarte		Arztpraxisinformationssystem	Anzahl Patienten
Ressourcen / freie Termine klären	Med. FA	Terminübersicht Personaleinsatzplan	Termin	Arztpraxisinformationssystem	
Termin vereinbaren	Med. FA	-	-	-	-
Verabschiedung	Med. FA	-	-	-	-
Bemerkungen: Vergleichbarer Ablauf bei Terminänderungen. Nicht jeder Patient erhält möglicherweise einen Termin, wenn Anliegend unpassend oder fehlende Verfügbarkeit von Kapazitäten.					

Abb. 5.8 Tabellarische Prozesserhebung

Medizinischen Fachkraft als weiteren Prozessbeteiligten den Patienten hat. Als Messgröße für das Prozesscontrolling wurde die „Anzahl der Patienten" festgelegt. Der Gesamtoutput des Prozesses lässt sich als „Vereinbarter Termin" mit dem Patienten modellieren.

Die erste Zeile dient der Identifikation des Prozesses (Prozessname, Datum und Ersteller). Anschließend werden die Prozessauslöser (z. B. „Patient hat Praxis betreten") und die Ergebnisse („Patient wird entlassen") kurz beschrieben. Neben dem Prozessverantwortlichen (Process Owner) werden weitere Beteiligte und zu informierende Stellen vermerkt. Anschließend wird zeilenweise jeder Prozessschritt dokumentiert. Dies erfolgt unter Angabe der verantwortlichen Stelle, dem Input (Welche Informationen werden verwendet, z. B. Krankenversicherungskarte, Arztberichte), dem Output (Welche Informationen werden produziert, z. B. Rezept, Überweisung), und dem IT-Einsatz (z. B. Arztpraxisinformationssystem).

5.4.3 Bewertung

Die tabellarische Prozessmodellierung eignet sich für die schnelle Erhebung von Ist-Prozessen einfacher und mittlerer Komplexität. Denkbar sind auch Einsatzmöglichkeiten im Rahmen der Soll-Modellierung. Sobald die Prozesse komplexer sind, insbesondere wenn Verzweigungen im Ablauf modelliert werden sollen, ist die Methode weniger geeignet.

Einige Toolhersteller nutzen tabellarische Prozessaufnahmen um hieraus „Rohprozessmodelle" (z. B. BPMN-Modelle Abschn. 5.7, eEPK-Modelle Abschn. 5.5.3) zu generieren. Diese Vorgehensweise hat den Vorteil, dass im Rahmen der Ist-Erhebung von Prozessen mit den Mitarbeitern der Fachabteilung zunächst mit einer einfachen Methode gearbeitet werden kann. Später können dann die Arbeiten mit einer verfeinerten Notation fortgesetzt werden.

5.5 Swimlane-Diagramm

5.5.1 Notation

Swimlane-Diagramme wurden Anfang der 1990er-Jahre von H. F. Binner entwickelt, um Tätigkeitsfolgen in einfacher Weise darzustellen (vgl. Binner 2000). Die Gestaltung orientiert sich an einem aus der Vogelperspektive betrachteten Schwimmbecken. Das Becken ist der Gesamtkontext, also z. B. das betrachtete Unternehmen oder ein größerer Ausschnitt wie z. B. ein Bereich des Unternehmens. Die Schwimmbahnen (Lanes) stehen in dieser Analogie für Verantwortungsbereiche von Akteuren (z. B. eine Abteilung) zwischen denen die zugeordnete Verantwortung für einen Prozessabschnitt hin und her pendelt, bis der gesamte Prozess abgeschlossen ist.

Die Darstellung weist eine gewisse Ähnlichkeit mit den Aktivitätsdiagrammen der aus der Informatik bekannten UML-Notation oder den Aufgabenkettendiagrammen nach Österle auf (vgl. Österle 1995). Die Notation wurde mehrfach weiterentwickelt und kann

5.5 Swimlane-Diagramm

je nach Einsatzzweck unterschiedlich ausgeprägt werden (vgl. z. B. Sharp und McDermott 2002, S. 144 f. und 158 f.). Organisationseinheiten werden als „Schwimmbahnen" (Lanes), Aktivitäten (Prozess-Schritte) als Rechtecke, Entscheidungen als Raute abgebildet. Hierdurch besteht eine gute Übersicht über grobe Prozesse mit häufigem Abteilungswechsel (vgl. das Beispiel in Abb. 5.9).

Zur Reduktion der Komplexität wird häufig nur der „Happy Path" modelliert, also der Standardablauf ohne Sonderfälle, der im Normalfall anfällt (Fischermanns 2013).

5.5.2 Modellierungsbeispiele

Ein einfaches Beispiel für ein Swimlane-Diagramm ist aus Abb. 5.10 ersichtlich. Es zeigt den vereinfachten Prozess der Behandlung im Krankenhaus. Die Lanes repräsentieren die Abteilungen, wie z. B. Verwaltung, Station, Röntgen, OP und Abrechnung. Der Prozess beginnt in der Darstellung links oben mit der Erfassung der Patientendaten. Anschließend wird der Patient untersucht und abhängig vom Ergebnis werden Röntgenaufnahmen erstellt, die dann zu bewerten sind. Hiernach erfolgt die Operation und abschließend die Nachsorge und Entlassung des Patienten von der Station. Nachgelagerte Tätigkeiten sind die Abrechnung und die Überwachung des Zahlungseingangsverkehrs.

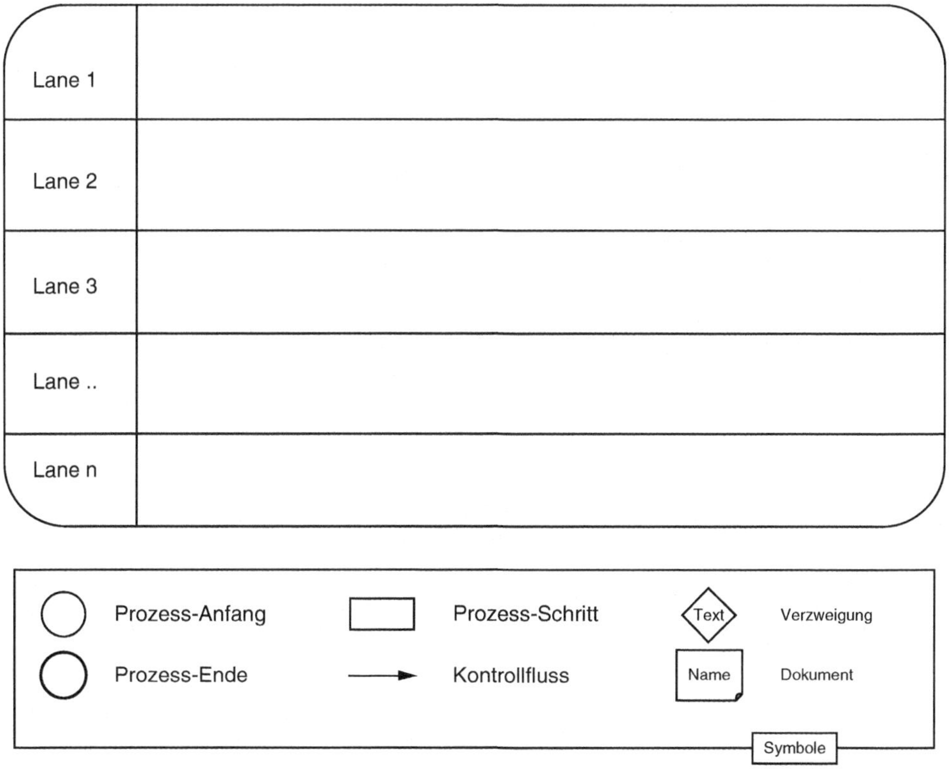

Abb. 5.9 Swimlane-Notation

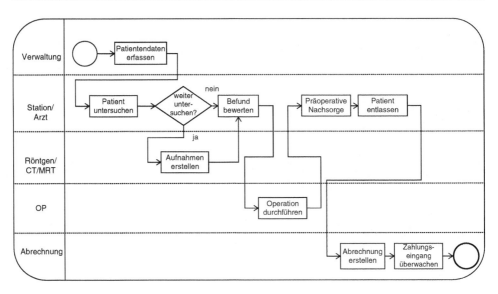

Abb. 5.10 Swimlane Modell Behandlung im Krankenhaus

5.5.3 Bewertung

Die Methode bietet eine gute Übersicht über Prozesse und visualisiert sehr deutlich den Abteilungswechsel. Damit werden Prozesse mit vielen Mitarbeiterwechseln sehr schnell sichtbar, was als Indikator für eine mögliche Optimierung angesehen werden kann. Ein Nachteil ist die eingeschränkte Detailtiefe und der geringe Informationsgehalt der Darstellungen. Der Schwerpunkt der Veranschaulichung liegt auf der prägnanten Visualisierung des Kontrollflusses im Kontext der beteiligten Organisationseinheiten, d. h. der Reihenfolge der Einzelaktivitäten und der organisatorischen Zuordnung. Die Notation kommt mit sehr wenigen, nicht normierten Elementen aus und ist sehr einfach zu erlernen. Damit ist die Methode auch für den ad hoc-Einsatz geeignet, z. B. am Flipchart in Meetings. Umfangreichere Prozesse mit vielen Verzweigungen lassen sich jedoch nicht gut darstellen. Zusätzliche Symbole müssen zumindest in einer Legende erklärt werden, führen aber häufig wegen des beengten Raums zu unübersichtlicheren Darstellungen.

5.6 Ereignisgesteuerte Prozesskette (EPK)

5.6.1 Überblick

Noch bis Anfang der 1990er-Jahre wurden sogenannte Datenflusspläne verwendet, um darzustellen, welche Daten zwischen den organisatorischen Einheiten eines Unternehmens „fließen". Sie wurden im Rahmen der Softwareentwicklung als Hilfsmittel verwendet. Hintergrund für die damalige Datenorientierung war der seinerzeit vergleichsweise knappe Speicherplatz. Die Programme zur Unterstützung der Arbeitsabläufe wurden so

5.6 Ereignisgesteuerte Prozesskette (EPK)

konzipiert, dass der verfügbare Speicherplatz optimal genutzt wurde. Prozessmodelle zur Beschreibung von Arbeitsabläufen waren bis dahin noch nicht üblich. Vor diesem Hintergrund wurde die Methode der Ereignisgesteuerten Prozesskette (EPK) entwickelt (Hoffmann et al. 1992, S. 3) um den Prozess in den Vordergrund der Modellierung und damit der Gestaltung von Informationssystemen zu stellen.

Die Ereignisgesteuerte Prozesskette (EPK) ist ein zentraler Teil der von A.-W. Scheer an der Universität des Saarlandes ausgearbeiteten Architektur für die Entwicklung und Beschreibung von Informationssystemen ARIS (Architektur Integrierter Informationssysteme, vgl. Scheer 1991) sowie der in der Architektur verankerten Modellierungskonzepte 1991 von Keller, Nüttgens und Scheer entwickelt (vgl. Keller et al. 1992).

Der Modellierungsansatz hat sich in der Praxis sehr schnell als federführende semiformale Methode zur Modellierung von Geschäftsprozessen durchgesetzt. Ein Grund bestand darin, dass die EPK von der SAP AG, Walldorf zur Dokumentation ihres erfolgreichen ERP-Systems „R/3" genutzt wurde (Scheer 1998, S. 125). Dies hatte aufgrund des Erfolges der SAP-Software auch eine schnelle Verbreitung der EPK-Methode zur Folge (Rump 1999, S. 61). Eine frühe Beschreibung der Methode findet sich bei Keller und Teufel (1997).

Einordung in die ARIS-Architektur nach A.-W. Scheer Die von August-Wilhelm Scheer (Universität Saarbrücken) entwickelte ARIS-Architektur unterscheidet zur ganzheitlichen Spezifikation von Informationssystemen die Daten-, Steuerungs-, Funktions-, Organisations- und Leistungssicht. Daneben werden die Projektphasen Fachkonzept, IT-Konzept und Implementierung unterschieden (vgl. Abb. 5.11). ARIS ist ein allgemeiner Bezugsrahmen für die Geschäftsprozessmodellierung. Dieser stellt ebenen- und sichtenspezifische Modellierungs- und Implementierungsmethoden bereit (Scheer 1998, S. 1).

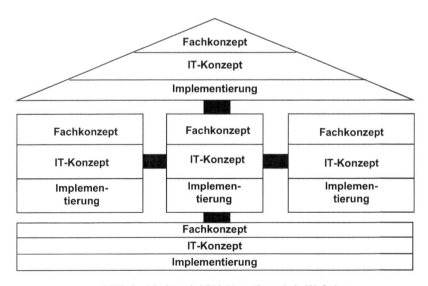

Abb. 5.11 ARIS-Haus (Scheer 1998)

Modellierungsphasen ARIS ist methodenneutral als Vorgehensmodell konzipiert. Es begleitet den Weg von der Problemstellung zum lauffähigen Programm und kennt drei aufeinanderfolgende Modellierungsphasen: Fachkonzept, IT-Konzept und Implementierung. Der Ausgangspunkt der Modellierung ist eine nicht formal beschriebene betriebswirtschaftliche Problemstellung, die sukzessive bis zur Implementierung verfeinert wird. Neben Methoden zur Modellierung sind zahlreiche Softwaretools (z. B. die Produkte „ARIS Business Architect" und „ARIS Express" von der Software AG, Darmstadt) zur Unterstützung der praktischen Umsetzung verfügbar. ARIS ist aufgrund seiner generischen Struktur an aktuelle Entwicklungen anpassbar und gilt bis heute als führendes und etabliertes Rahmenkonzept der Wirtschaftsinformatik (vgl. Abb. 5.12).

Das **Fachkonzept** dient der formalen Darstellung des betriebswirtschaftlichen Problems, so dass es in Lösungen der Informationstechnik umgesetzt werden kann. Das Fachkonzept ist von langfristiger Natur, da es der inhaltliche Träger des betriebswirtschaftlichen Anwendungskonzeptes ist.

Das **Informationstechnik-Konzept** (IT-Konzept, früher als Datenverarbeitungskonzept bzw. DV-Konzept bezeichnet) dient der Anpassung des Fachkonzeptes an Anforderungen zur technischen Umsetzung in einer allgemeinen, von der Implementierung unabhängigen, Form. Das Fachkonzept und das IT-Konzept sind hierbei nur lose gekoppelt.

Die **Implementierung** ist die Umsetzung des IT-Konzeptes in konkrete Software- und Hardwarekomponenten. Sie beschreibt die computerunterstützte Realisierung des

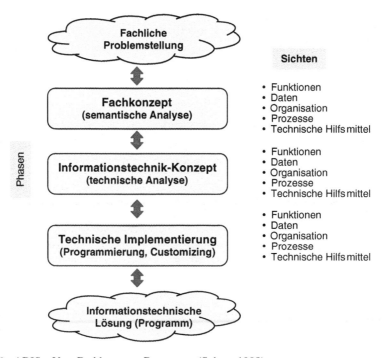

Abb. 5.12 ARIS – Vom Problem zum Programm (Scheer 1998)

5.6 Ereignisgesteuerte Prozesskette (EPK)

Fachkonzeptes. Das ARIS-Konzept ist sowohl für die Individualentwicklung von Software, als auch für den Einführungsprozess von Standardsoftware geeignet (vgl. z. B. auch Kirchmer 1996, S. 66 f).

Modellierungssichten ARIS unterscheidet in vier sekundäre Sichten, die Organisationssicht, die Datensicht, die Funktionssicht und die Leistungssicht. Die integrierende zentrale Sicht ist die Steuerungssicht.

Die **Organisationssicht** beschreibt die Aufbauorganisation eines Unternehmens. Hierzu werden Organigramme verwendet, welche die hierarchischen Beziehungen abbilden.

Die **Datensicht** zeigt die für die Modellierung relevanten Informationsobjekte und deren Beziehungen zueinander auf. Hierzu werden erweiterte Entity-Relationship-Diagramme eingesetzt.

Die **Funktionssicht** umfasst in strukturierter Form betriebliche Aktivitäten. Hierzu werden Funktionsbäume genutzt, welche die relevanten betriebswirtschaftlichen Funktionen und deren Beziehungen zueinander auf unterschiedlichen Aggregationsstufen abbilden.

Die **Leistungssicht** beschreibt die Produkte eines Unternehmens, d. h. die materiellen und immateriellen Leistungen einschließlich der Geldflüsse (Scheer 1998, S. 93 f.). Die Beschreibung erfolgt mit Hilfe eines Produktmodells.

Die **Steuerungssicht** stellt die Geschäftsprozesse eines Unternehmens dar. Sie integriert die Teilsichten des ARIS-Konzeptes und verwendet zur Beschreibung der Geschäftsprozesse im Wesentlichen die erweiterte Ereignisgesteuerte Prozesskette (eEPK).

ARIS als Methode zur Softwareentwicklung Die Abb. 5.13 zeigt die Einordnung der Aufgaben, die bei Individualentwicklung von Software bzw. der Einführung von Standardsoftware in das ARIS-Konzept anfallen, sowie die schwerpunktmäßig eingesetzten

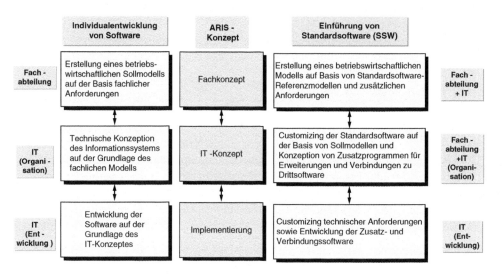

Abb. 5.13 ARIS als Methode zur Softwareeinführung

Personengruppen (Mitarbeiter der Fachabteilung, Mitarbeiter der IT-Abteilung mit Schwerpunkt Organisation bzw. Softwareentwicklung). Alle ARIS-Phasen sind demnach zu durchlaufen und in unterschiedlicher Weise betroffen.

Bei der **Individualentwicklung von Software** werden die fachlichen Anforderungen zunächst aufgenommen und in Form eines betriebswirtschaftlichen Konzeptes umgesetzt. Anschließend erfolgt die technische Konzeption des geplanten Informationssystems und dessen Implementierung, Test und Abnahme.

Bei der **Einführung von Standardsoftware** konzentrieren sich – nach Vorliegen der Entscheidung für die Standardsoftware – alle Aktivitäten auf die Fachkonzeptebene, da die Software bereits fertig vorliegt. Der Entscheidungsprozess „Make or Buy" ist dem ARIS-Konzept weitgehend vorgelagert. Bis auf Zusatzprogramme für fachliche Erweiterungen und Schnittstellenprogramme zu „Fremdsystemen" können die Entwicklungsarbeiten des Softwareherstellers übernommen werden. Auf der Grundlage von Referenzmodellen, welche den Leistungsumfang der Standardsoftware dokumentieren, wird ein betriebswirtschaftliches Soll-Modell erstellt. Von besonderer Bedeutung sind hier die Soll-Prozessmodelle in Form von EPK-Modellen, die noch eingehend behandelt werden. Im Rahmen der IT-Konzeption und Implementierung stehen Customizing-Aktivitäten an, d. h. das betriebswirtschaftliche Modell wird im Standardsoftware-System in Form von Parametern verankert. Zudem sind noch Zusatzprogramme (sog. Add Ons) zu konzipieren und programmieren.

5.6.2 Basisnotation (EPK)

Die Basisnotation der EPK-Methode beschreibt den Ablauf des Geschäftsprozesses mit nur wenigen Grundsymbolen. Der Ausgangspunkt eines jeden Prozesses ist ein Ereignis. Es beschreibt die Frage wodurch der Prozess ausgelöst wird. Dies kann z. B. der Eingang einer Bestellung per Fax sein. Ggf. können auch mehrere Ereignisse erforderlich sein. So wird z. B. die Auszahlung einer Lebensversicherung nur dann erfolgen, wenn mehrere Vorbedingungen zugleich erfüllt sind. Nach dem auslösenden Ereignis wird eine zu erfüllende Funktion ausgeführt.

Die vier Grundelemente der EPK sind:

- die **Funktion**, die den Zustand von Objekten ändert,
- das **Ereignis**, das Zustandsänderungen von Objekten auslöst,
- die **Kante**, welche Funktionen und Ereignisse verknüpft und
- der **Konnektor**, der Funktionen und Ereignissen zu einem Prozess verbindet.

Funktion Funktionen beschreiben Transformationsprozesse von Informationsobjekten zur Erreichung von Unternehmenszielen. Sie können auf unterschiedlichen Ebenen beschrieben werden. Ein Prozess oder eine Vorgangskette ist demnach ein umfangreicher Ablauf (z. B. Ersatzteilverkauf). Eine Funktion ist eine komplexe Tätigkeit, die noch weiter untergliedert werden kann und die direkt in einen Prozess eingeht (z. B. Auftragsabwicklung). Die durch das Funktionssymbol beschriebene Tätigkeit wird durch Akteure (Menschen oder Software) ausgeführt.

5.6 Ereignisgesteuerte Prozesskette (EPK)

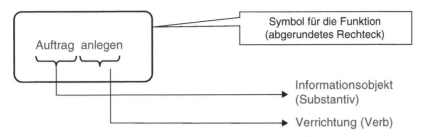

Abb. 5.14 EPK-Notation „Funktion"

Eine Teilfunktion ist eine Tätigkeit, die in weitere Teilfunktionen oder Elementarfunktionen zerlegt werden kann und in eine übergeordnete Funktion eingeht (z. B. Auftragsprüfung). Elementarfunktionen sind Tätigkeiten, die nicht weiter zerlegt werden können oder sollen.

Ein Kriterium für die maximal sinnvolle Zerlegung von Prozessen ist die sinnvolle geschlossene Bearbeitung der Funktion an einem Arbeitsplatz (z. B. Materialverfügbarkeitsprüfung). Die Darstellung von Funktionen erfolgt als Rechteck mit abgerundeten Kanten (vgl. Abb. 5.14).

Die Funktion ist ein sogenannter „aktiver" Objekttyp der EPK, der eine Aufgabe, die durch Menschen oder Systeme ausgeführt wird, abbildet. Die Funktion bezieht sich auf ein oder mehrere Informationsobjekte und eine Tätigkeit welche die Informationen verändert. Die Bezeichnung der EPK setzt sich aus diesem Grund aus einem Informationsobjekt (Substantiv) und einer Beschreibung der Verrichtung (Verb) zusammen.

Beispiele für Funktionen sind z. B. „Auftrag anlegen", „Bestellung prüfen", „Mitarbeiter bewerten", „Kalkulation erstellen", „Rechnung buchen".

Ereignis Ereignisse sind passive Objekttypen. Sie lösen Funktionen aus und sind wiederum Ergebnisse bereits ausgeführter Funktionen. Ereignisse können innerhalb („Bewerber wurde abgelehnt") und außerhalb des Unternehmens („Bewerbung ist erstellt") auftreten. Durch die Bearbeitung eines Objektes wird dessen Zustand verändert. So wird z. B. eine Bestellung eines Kunden um relevante Ordnungsmerkmale wie die Kundennummer, Materialnummern etc. ergänzt. Ereignisse beschreiben einen eingetretenen Zustand, d. h. sie beschreiben das Objekt, das eine Zustandsänderung erfahren hat (vgl. Hoffmann et al. 1992, S. 5). Ereignisse werden als Sechsecke dargestellt (vgl. Abb. 5.15). Die Bezeichnung eines Ereignisses setzt sich zusammen aus einem Informationsobjekt (Substantiv) des zugrunde liegenden Datenmodells und einem Verb im Perfekt, d. h. einem eingetretenen Zustand. Beispiele für Ereignisse sind „Kreditlimit ist überschritten", „Auftrag ist eingegangen", „Angebot wurde erstellt".

Grundlegende Modellierungsregeln Eine EPK beginnt und endet mit einem Ereignis, wobei ein Prozess auslösendes Ereignis als Start-Ereignis und ein prozessabschließendes Ereignis als Ende-Ereignis beschrieben wird. Folgeprozesse können durch Ende-Ereignisse eines vorangegangenen Prozesses ausgelöst werden, d. h. ein Ende-Ereignis kann durchaus in einem anderen Prozess ein auslösendes Start-Ereignis darstellen.

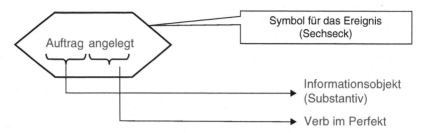

Abb. 5.15 EPK-Notation „Ereignis"

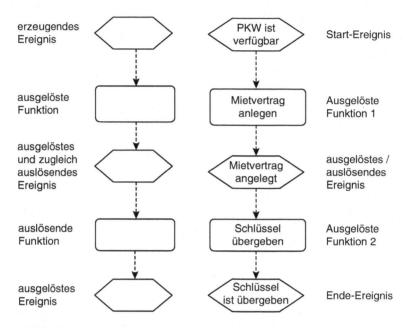

Abb. 5.16 EPK-Notation „Einfaches Beispiel"

Beispiel Kundenauftragsabwicklung
Die Erfassung einer Bestellung als Bestandteil des Prozesses „Kundenauftragsabwicklung" endet mit dem Ende-Ereignis „Bestellung ist erfasst". Dieses Ereignis löst im Folgeprozess „Produktionsplanung" den Prozess-Schritt „Prüfen Bedarf" aus.

Ein einfaches Beispiel für eine EPK ist in Abb. 5.16 dargestellt.

Konnektoren Nachdem der Grundaufbau der EPK vorgestellt wurde, stellt sich die Frage der weiteren Verfeinerung. Funktionen können in der Praxis von mehr als einem Ereignis angestoßen werden und auch mehrere Ereignisse auslösen. So hängt z. B. das Ereignis „Kunde ist kreditwürdig" von mehreren Vorbedingungen ab, die mittels mehrerer Funktionen geprüft werden müssen. Um derartige Konstrukte mit Hilfe der Ereignisgesteuerten Prozesskette darstellen zu können, werden drei logische Konnektoren verwendet: Die

5.6 Ereignisgesteuerte Prozesskette (EPK)

Konjunktion („und"-Verknüpfung), die Disjunktion („exclusives oder"-Verknüpfung) und die Adjunktion („inklusives oder" – „Verknüpfung") (vgl. Abb. 5.17).

In der Abb. 5.18 ist eine schematische Darstellung für eine EPK mit dem „XOR-Konnektor" abgebildet: Die Lagerbestandsprüfung ergibt, dass die Ware entweder verfügbar ist oder nicht. Nur eine der beiden Situationen kann eintreten.

Die Abb. 5.19 zeigt eine schematische Darstellung für eine EPK mit dem „UND-Konnektor": Die Rechnung wird erst bezahlt, wenn alle drei Voraussetzungen vorliegen.

Aus Abb. 5.20 ist eine anschauliche Darstellung für eine EPK mit dem „ODER-Konnektor" ersichtlich: Nur volljährige Personen können Getränke in beliebiger Kombination wählen, also nur Wein; Wein und Bier; Wein, Bier und Whisky; Bier und Whisky; nur Wasser; usw.

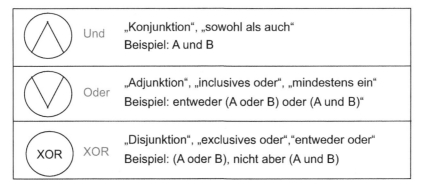

Abb. 5.17 EPK-Notation „Konnektoren"

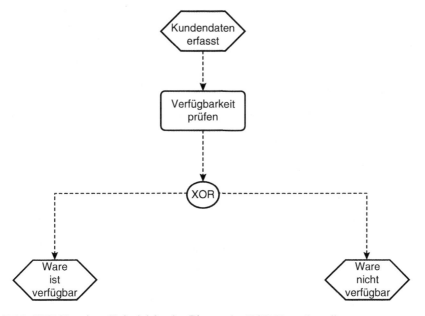

Abb. 5.18 EPK-Notation „Beispiel für den Einsatz des XOR-Konnektors"

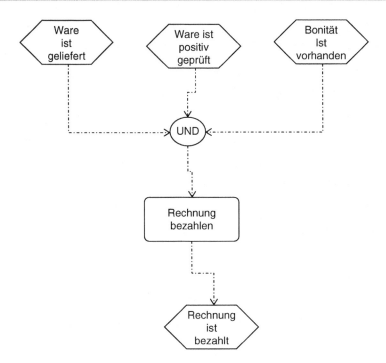

Abb. 5.19 EPK-Notation „Beispiel für den Einsatz des UND-Konnektors"

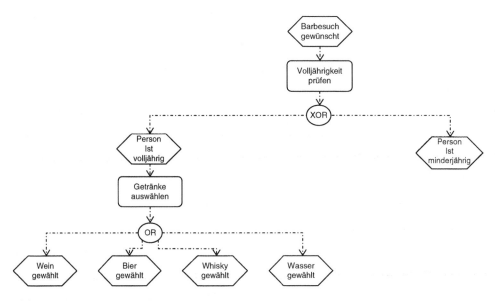

Abb. 5.20 EPK-Notation „Beispiel für den Einsatz des ODER-Konnektors"

5.6 Ereignisgesteuerte Prozesskette (EPK)

Ein komplexeres Modellierungsbeispiel ist der Abb. 5.21 zu entnehmen. Es bildet folgenden Sachverhalt mit der bislang bekannten EPK-Notation ab:

- Nachdem ein Kunde das Fahrzeug zurückgegeben hat, wird der Zustand des Wagens überprüft. Liegt mindestens ein Mangel vor, wird zunächst eine Mängelliste erstellt.
- Falls das Fahrzeug beschädigt ist, wird es repariert.

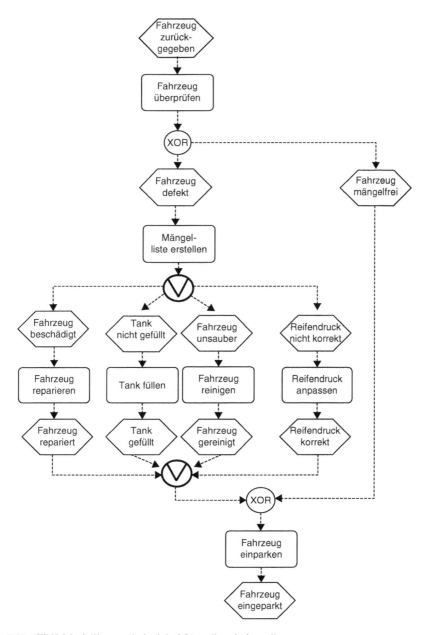

Abb. 5.21 EPK-Modellierungsbeispiel „Mängelbearbeitung"

- Wenn der Tank nicht vollständig gefüllt ist, wird das Fahrzeug aufgetankt.
- Wenn das Fahrzeug nicht vollständig sauber ist, wird es gereinigt.
- Wenn der Reifendruck nicht korrekt ist, wird Luft aufgefüllt oder abgelassen.
- Anschließend wird das Fahrzeug auf dem Parkplatz eingeparkt. Es kann nun wieder vermietet werden.

Verknüpfungsarten der EPK Unter Verwendung der vorgestellten Konnektoren lassen sich zwei Arten der Verknüpfung von Funktionen und Ereignissen unterscheiden. Bei der **Ereignisverknüpfung** werden zwei oder mehrere Ereignisse mittels eines Konnektors mit einer Funktion verknüpft. Abhängig davon, ob es sich um auslösende oder erzeugte Ereignisse handelt, kann in die Verknüpfung auslösender oder erzeugter Ereignisse weiter untergliedert werden (vgl. auch Hoffmann et al. 1992, S. 12). Bei der **Funktionsverknüpfung** werden zwei oder mehrere Funktionen mittels eines Konnektors mit einem Ereignis verknüpft. Abhängig davon, ob auslösende oder erzeugte Funktionen vorliegen, kann analog zur Ereignisverknüpfung von einer Verknüpfung von Funktionen mit einem auslösenden oder erzeugten Ereignis differenziert werden.

Möglich sind alle Kombinationen außer den folgenden Sonderfällen: Die Funktionsverknüpfung mit einem auslösenden Ereignis ist nur über eine „UND"-Verknüpfung möglich, da Ereignisse als passive Modellelemente keine Entscheidungen treffen können. Die „ODER"- und die „XOR"-Verknüpfung sind hier nicht zulässig. Die denkbaren Fallgruppen sind in Abb. 5.22 dargestellt (vgl. auch Hoffmann et al. 1992, S. 12).

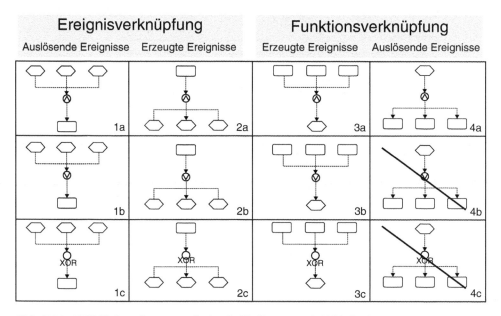

Abb. 5.22 EPK-Verknüpfungsarten (vgl. z. B. Hoffmann et al. 1992, S. 12)

5.6 Ereignisgesteuerte Prozesskette (EPK)

Ereignisverknüpfung: Verknüpfung von auslösenden Ereignissen mit einer Funktion Zunächst wird die Fallgruppe 1 „Verknüpfung von auslösenden Ereignissen mit einer Funktion" dargestellt. Das gemeinsame Merkmal dieser Fallgruppe ist der Anstoß einer Funktion durch ein oder mehrere Ereignisse als Eingangsvoraussetzung.

- Die Funktion im Fall 1a wird angestoßen, wenn alle Ereignisse eingetreten sind. Beispiel: Wenn der Bewerber die Bedingungen A, B und C erfüllt, wird er zum Vorstellungsgespräch eingeladen.
- Die Funktion im Fall 1b wird angestoßen, wenn mindestens ein Ereignis eingetreten ist. Beispiel: Wenn auf den Bewerber eine oder mehrere der Bedingungen A, B oder C zutreffen, wird er abgelehnt.
- Die Funktion im Fall 1c wird angestoßen, wenn genau eines der alternativ möglichen Ereignisse eingetreten ist. Beispiel: Wenn auf den Bewerber eine der Bedingungen A oder B oder C zutrifft, wird er abgelehnt.

Ereignisverknüpfung: Verknüpfung von erzeugten Ereignissen mit einer Funktion Die Fallgruppe 2 „Verknüpfung von erzeugten Ereignissen mit einer Funktion" erläutert die Erzeugung von einem oder mehreren Ereignissen nach der Durchführung einer Funktion.

- Nach Ausführung der Funktion im Fall 2a werden alle Ereignisse erzeugt. Beispiel: Wenn der Auftrag anlegt wurde, sind die Stammdaten aktuell, der Auftrag geprüft usw.
- Nach Ausführung der Funktion im Fall 2b wird mindestens ein Ereignis erzeugt. Wenn der Auftrag angelegt wurde, wird mindestens eines der Ereignisse A, B oder C erzeugt.
- Nach Ausführung der Funktion im Fall 2c tritt genau eines der alternativen Ereignisse ein.

Funktionsverknüpfung: Verknüpfung von mehreren erzeugenden Funktionen mit einem Ereignis Die Funktionsverknüpfung verbindet Funktionen mit erzeugten oder ausgelösten Ereignissen.

Die Fallgruppe 3 „Verknüpfung von mehreren erzeugenden Funktionen mit einem Ereignis" beschreibt die Erzeugung von einem Ereignis nach der Durchführung einer oder mehrerer Funktionen als Eingangsvoraussetzung.

- Das Ereignis im Fall 3a wird erzeugt, wenn alle Funktionen ausgeführt worden sind. Beispiel: Der Auftrag ist „freigegeben", wenn zuvor die Auftragsdaten erfasst und das Kreditlimit geprüft wurden.
- Das Ereignis im Fall 3b wird erzeugt, wenn mindestens eine Funktion ausgeführt worden ist.
- Das Ereignis im Fall 3c wird erzeugt, wenn genau eine der alternativen Funktionen ausgeführt worden ist.

Funktionsverknüpfung: Verknüpfung von Funktionen mit einem auslösenden Ereignis Fallgruppe 4 „Verknüpfung von Funktionen mit einem auslösenden Ereignis" liegt die Erzeugung von einer oder mehreren Funktionen durch ein auslösendes Ereignis dar.

Da Ereignisse passive Modellkomponenten sind und aus diesem Grund keine Entscheidungen über die Auswahl von relevanten Funktionen treffen können, ist nur die Konjunktion „UND" („UND"-Verknüpfung) zulässig. Bei Eintreten des Ereignisses werden alle Funktionen angestoßen.

Der Fall 4b ist nicht zulässig, da das Ereignis als passiver Objekttyp keine Entscheidung über die Auswahl der Funktionen treffen kann. Der Fall 4c ist aus dem vorgenannten Grunde ebenfalls nicht erlaubt.

Modellierungsregeln der elementaren EPK-Notation Modellierungsarbeiten werden meist arbeitsteilig durchgeführt. Vor einem Modellierungsprojekt werden in der Praxis üblicherweise Modellierungsregeln vereinbart, um eine konstante Qualität und Vergleichbarkeit der Modelle zu erzielen. Üblich sind folgende Modellierungsregeln für die EPK (vgl. Seidlmeier 2002, S. 78):

- Jede EPK beginnt und endet mit einem Ereignis oder mit einem Prozesswegweiser (End- und Anfangsbezeichnungen müssen identisch sein).
- Ereignisse und Funktionen wechseln sich im Ablauf grundsätzlich ab. Konnektoren (s. u.) beschreiben Verzweigungen.
- Aus und in Funktionen läuft nur eine Kontrollflusskante.
- Kein Objekt steht ohne Kante im Modell.
- Eine Kante verbindet genau zwei verschiedene Objekte.
- Nach einem Ereignis darf grundsätzlich kein ODER- bzw. XOR-Konnektor stehen (Ausnahme: Schleifenkonstruktionen, Zusammenfassung von Ereignissen zu übergeordneten Ereignissen).
- Durch Konnektoren verzweigte Pfade werden durch gleichartige Konnektoren wieder zusammengeführt.
- Werden mehrere Pfade mit einem Konnektor wieder verbunden, darf der Konnektor nur eine auslaufende Kante besitzen.
- Direktverbindungen von Konnektoren sind erlaubt.

5.6.3 Übungen zur Basisnotation

Die von Keller et al. (1992) vorgeschlagenen Symbole für „Funktion", „Ereignis" und die Konnektoren „UND", „ODER", „XOR" werden in Softwarewerkzeugen (z. B. ARIS Express der Firma Software AG) zum Teil farbig und grafisch anders dargestellt. In der Abb. 5.23 finden Sie ein Beispiel zum Einsatz des XOR-Konnektors.

Übungsaufgabe zur Abb. 5.23 Welche der Aussagen treffen auf das EPK-Modell in Abb. 5.23 zu?

5.6 Ereignisgesteuerte Prozesskette (EPK)

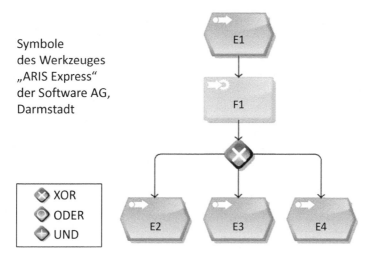

Abb. 5.23 Modellierungsbeispiel 1 mit ARIS-Express (Software AG, Darmstadt)

a. E2 kann erst eintreten, wenn F1 abgeschlossen ist
b. Auf F1 folgt immer genau eines der Ereignisse E1, E2 oder E3
c. Auf F1 folgen die Ereignisse E1, E2 und E3

Lösung zu den Aussagen in Abb. 5.23:

a. E2 kann erst eintreten, wenn F1 abgeschlossen ist: Richtig
b. Auf F1 folgt immer genau eines der Ereignisse E1, E2 oder E3: Richtig
c. Auf F1 folgen die Ereignisse E1, E2 und E3: Falsch, nur eines der drei Ereignisse ist möglich

Übungsaufgabe zur Abb. 5.24 Ein weiteres EPK-Modell ist in Abb. 5.24 dargestellt.

Welche der Aussagen treffen zu?

a. F1 wird ausgeführt, wenn E1 oder E2 eintritt
b. Wenn E1, E2 und E3 gleichzeitig eintreten, wird F1 ausgeführt
c. Wenn F1 ausgeführt wurde, kann man mit Sicherheit daraus schließen, dass das E2 eingetreten ist

Lösung zu den Aussagen in Abb. 5.24

a. F1 wird ausgeführt, wenn E1 oder E2 eintritt: Falsch, zusätzlich muss wegen des „UND" Konnektors auch E3 eintreten
b. Wenn E1, E2 und E3 gleichzeitig eintreten, wird F1 ausgeführt: Richtig

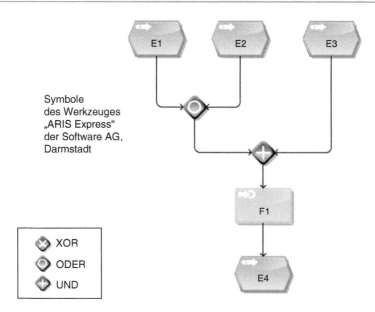

Abb. 5.24 Modellierungsbeispiel 2 mit ARIS-Express (Software AG, Darmstadt)

c. Wenn F1 ausgeführt wurde, kann man mit Sicherheit daraus schließen, dass das E2 eingetreten ist: Falsch, auch die Kombination E1 und E3 ist denkbar.

Übungsaufgabe zur Abb. 5.25 Ein weiteres EPK-Modell ist in Abb. 5.25 dargestellt.

Welche der Aussagen treffen zu?

a. Funktion F1 wird ausgeführt, wenn die Ereignisse E1, E2 und E3 gleichzeitig aktiviert werden
b. Wenn Funktion F2 ausgeführt wurde, sind die Ereignisse E4, E5 und E7 zuvor eingetreten.

Lösung zu den Aussagen in Abb. 5.25

a. Funktion F1 wird ausgeführt, wenn die Ereignisse E1, E2 und E3 gleichzeitig aktiviert werden: Richtig, andere Kombinationen (z. B. nur E1 oder E1 mit E3) sind aber auch denkbar
b. Wenn Funktion F2 ausgeführt wurde, sind die Ereignisse E4, E5 und E7 zuvor eingetreten: Richtig, allerdings ist auch E6 eingetreten (wegen des UND-Konnektors)

5.6.4 Erweiterte Ereignisgesteuerte Prozesskette (eEPK)

Die bislang eingeführte Notation der EPK reicht nicht aus, um aussagekräftige Modelle zu erstellen. Sie wurde daher um mehrere Elemente erweitert: Organisatorische Einheit; Informationsobjekt, Anwendungssystem sowie Datenfluss.

5.6 Ereignisgesteuerte Prozesskette (EPK)

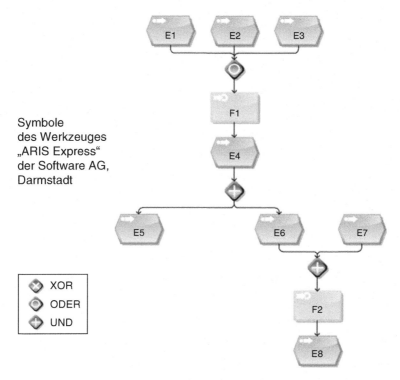

Abb. 5.25 Modellierungsbeispiel 3 mit ARIS-Express (Software AG, Darmstadt)

Die **organisatorische Einheit** dient zur Beschreibung der an einem Prozess beteiligten Personen, Rollen, Stellen, Abteilungen oder auch externer Partner, wie z. B. Kunden beim Verkaufsprozess, Bewerber bei der Mitarbeiterakquise.

Das **Informationsobjekt** bildet die vom Prozess verarbeiteten Informationen (Input- und Output) ab, die in der Datensicht näher beschrieben werden (ERM-Modell).

Das **Anwendungssystem** dient der Darstellung der Informationsverarbeitungsunterstützung der Geschäftsprozesse.

Der **Datenfluss** dient der Verknüpfung von Funktion und Informationsobjekt und zeigt, ob eine Funktion Daten nutzt, verändert oder erzeugt. Das vollständige Begriffssystem und die hieraus abgeleitete Originalnotation nach Keller et al. (1992) wird als „erweiterte Ereignisgesteuerte Prozesskette" (kurz „eEPK") bezeichnet (vgl. Abb. 5.26).

Die Semantik der Symbole der erweiterten Ereignisgesteuerten Prozesskette wird in Abb. 5.27 erläutert.

Den Zusammenhang zwischen der verbalen Prozessbeschreibung und den Symbolen der eEPK zeigt die Abb. 5.28. Die jeweils fetten Begriffe der textuellen Prozessbeschreibungen sind den eEPK-Symbolen zugeordnet.

Die vollständige Notation der eEPK ist in Abb. 5.29 zusammengefasst (vgl. auch Keller und Teufel 1997, S. 166 ff.). Die Symbole lassen sich in verschiedene Kategorien unterteilen: Ereignisknoten (Darstellung von Ereignissen), Aktivitätsknoten (Darstellung von Aktivitäten), Bedingungsknoten (Darstellungen von Bedingungen die über den weiteren

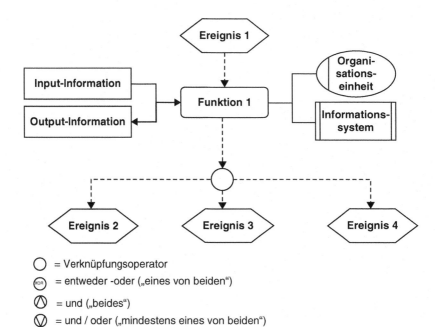

Abb. 5.26 Modellierungselemente der eEPK nach Keller et al. 1992

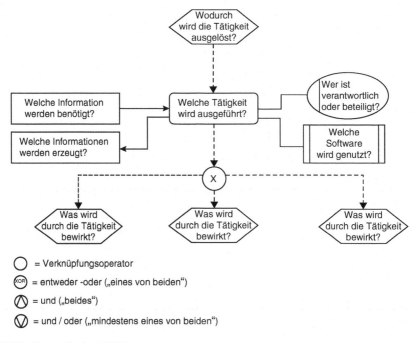

Abb. 5.27 Semantik der eEPK

5.6 Ereignisgesteuerte Prozesskette (EPK)

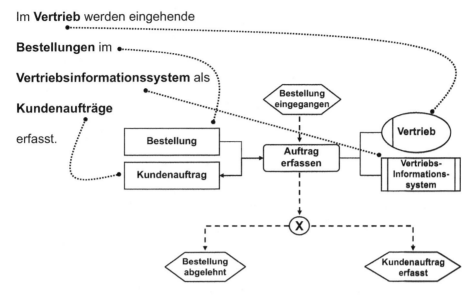

Abb. 5.28 Prozessbeschreibung und Zuordnung der Modellierungselemente zur eEPK

Symbol	Benennung	Bedeutung	Kanten-/ knotentyp
	Ereignis	Beschreibung eines eingetretenen Zustands, von dem der weitere Verlauf des Prozesses abhängt	Ereignisknoten
	Funktion	Beschreibung der Transformation von einem Inputzustand zu einem Outputzustand.	Aktivitätsknoten
	„exklusives oder"	Logische Verknüpfungsoperatoren beschreiben die logische Verknüpfung von Ereignissen und Funktionen	Bedingungsknoten
	„oder"		
	„und"		
	Organisatorische Einheit	Beschreibung der Gliederungsstruktur eines Unternehmens	Organisationsknoten
	Informationsobjekt	Abbildung von Gegenstanden der realen Welt	Aktivitätsknoten
	Anwendungssystem	Anwendungssysteme zur Prozessunterstützung (z. B. SAPERP)	Aktivitätsknoten
---▶	Kontrollfluss	Zeitlich-logischer Zusammenhang von Ereignissen und Funktionen	Kontrollflusskante
⟶	Datenfluss	Beschreibung, ob von einer Funktion gelesen, geschrieben oder geändert wird.	Datenflusskante
—	Zuordnung	Zuordnung von Ressourcen/ Organisatorischen Einheiten	Zuordnungs-beziehungskante

Abb. 5.29 Notationselemente der eEPK

Arbeitsablauf entscheiden), Organisationsknoten (Darstellung der beteiligten organisatorischen Einheiten), Kontrollflusskante (Darstellung der Reihenfolge der Aktivitäten), Datenflusskante (Darstellung von Input- und Outputbeziehungen zwischen Informationsobjekten und Funktionen) und Zuordnungsbeziehungskante (Zuordnung der an einer Funktion beteiligten organisatorischen Einheiten).

Ein Beispiel für den nachfolgend in Textform skizzieren Prozess „Vertragsabschluss Mietwagen" ist in Abb. 5.30 zu betrachten:

- Nach Ankunft des Kunden bei der Mietwagenzentrale werden vom Kundenberater die Führerscheindaten sowie ergänzende Informationen (Versicherungsschutz) im ERP-System erfasst. Unter Umständen werden weitere Fahrer erfasst, die einen gültigen Führerschein besitzen müssen. Die Führerscheindaten der weiteren Fahrer werden ebenfalls erfasst.
- Der Kunde kann Vollkasko, Teilkasko oder keinen Schutz wählen. Gegebenenfalls werden der Versicherungsschutz und die gewünschte Eigenbeteiligung vom Kundenberater aufgenommen.
- Der Kunde übergibt dem Kundenberater seine Kreditkarte. Die Kreditkarte wird mit Hilfe des Kreditkartenabrechnungssystems überprüft. Die Kartendaten werden in die Kundendaten des ERP-Systems übernommen. Anschließend wird der Mietvertrag ausgedruckt und an den Kunden übergeben.

5.6.5 Modellierungsbeispiele

Nachfolgend werden zwei Modellierungsbeispiele unter Einsatz des Modellierungswerkzeuges „ARIS Express" der Software AG (Darmstadt) präsentiert. Die leicht veränderten Symbole sind in Abb. 5.31 zu betrachten.

In der Abb. 5.32 ist der folgende Geschäftsprozess „Erstellung von Angeboten" mit der „eEPK-Methode" dargestellt.

- Nach Eingang der Kundenanfrage prüft der/die Vertriebsassistent/In mit Hilfe des „SAP-ERP"- Systems ob der Kunde bekannt ist. Hierzu werden die Kundendaten und Anfragedaten verwendet.
- Bei Neukunden wird ein Kundenstammsatz mit Hilfe von „SAP ERP" angelegt.
- Anschließend wird vom Account-Manager mit „SAP CRM" ein Angebot unter Nutzung von Anfragedaten und Produktdaten erstellt.

5.6.6 Bewertung

Die eEPK hat als traditionelle Methode im deutschen Sprachraum einen festen Platz. Sie ist vor allem dort präsent, wo große und komplexe Informationssysteme entwickelt und gewartet werden. Sie ist eingebettet in die klassische ARIS-Architektur und wird von sehr vielen Unternehmen genutzt. Aufgrund ihrer wenigen Symbole kann sie vergleichsweise schnell erlernt werden, was auch an vielen Hochschulen sowie auch berufsbildenden Schulen im Rahmen der Wirtschaftsinformatikausbildung praktiziert wird. Der Fokus

5.6 Ereignisgesteuerte Prozesskette (EPK)

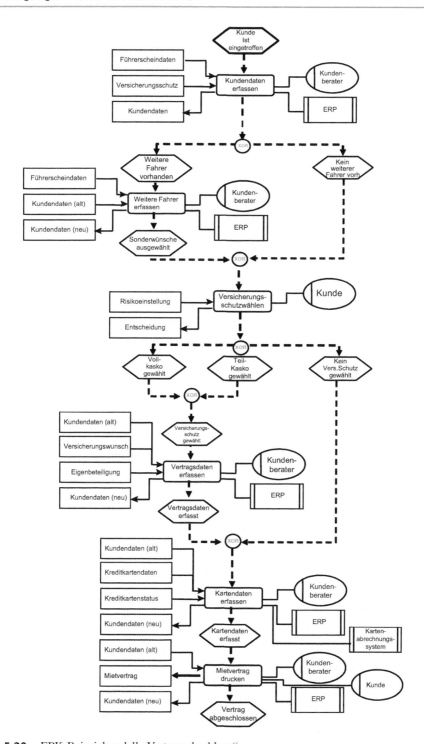

Abb. 5.30 eEPK-Beispielmodell „Vertragsabschluss"

Standard-Symbol	ARIS-Express Symbol	Benennung	Beispiel
⬡		Ereignis	Kunde hat Mietwunsch
▭		Funktion	Mietvertrag abschließen
⊗	⊗	„exklusives oder"	
⊘	⊙	„oder"	
⊘	⊕	„und"	
⬭		Organisationseinheit	Fahrzugannahme
▭		Informationsobjekt (Entität)	Mietvertrag
▭		Anwendungssystem (IT-System)	MS Word, SAP ERP

Abb. 5.31 Notationselemente der eEPK des Tools „ARIS Express"

liegt auf einer Darstellung der Prozesslogik unter Berücksichtigung von Beteiligten (Organisationseinheiten), Daten und Informationssystemen.

5.7 Business Process and Model Notation (BPMN)

5.7.1 Überblick

Die Business Process Model and Notation (BPMN) ist eine vergleichsweise junge und von der Standardisierungsorganisation „ISO" (www.iso.org) weltweit normierte Methode zur Darstellung und Ausführung von Prozessen. Die aktuelle Version BPMN 2.0 ist das Ergebnis einer längeren Entwicklung. Wichtige Meilensteine dieser Evolution sind in der Tab. 5.1 dargestellt. Wesentliche Neuerungen der Version 2.0 waren vor allem eine deutliche Erweiterung des Sprachumfangs und die Einführung von ausführbaren Elementen (Spath et al. 2010, S. 16). Die jeweils aktuelle Version kann auf der Webseite der OMG (www.omg.org) abgerufen werden.

Die Verbreitung der BPMN hat seit der Veröffentlichung von Version 2.0 stark zugenommen. In der Analyse von Minonne et al. (2011) lag die BPMN schon 2011 mit 49 % zwei Prozentpunkte vor der zuvor führenden Modellierungsmethode eEPK. In einer Umfrage der Hochschulen Bonn-Rhein-Sieg und Koblenz unter Führungs- und Fachkräften des IT-Managements war das Thema „BPMN" auf Platz 5 der aktuellen Themen im IT-Management positioniert (vgl. Komus et al. 2016). In der Schweiz gilt BPMN seit längerem als Standardmethode für Unternehmen und Behörden (vgl. eCH 2011). BPMN stellt dabei eine sehr umfangreiche Notation bereit, mit der fachliche und technische Aspekte abgebildet werden können, was sie von anderen Methoden abhebt.

Abb. 5.32 Modellierungsbeispiel „Erstellung von Angeboten" mit der eEPK unter Nutzung von ARIS-Express

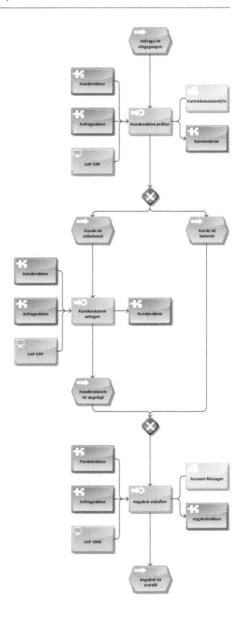

5.7.2 Basisnotation

Die wesentlichen Symbole der Notation sind seit längerem bekannt und orientieren sich an den üblichen Swimlane-Diagrammen (vgl. Abschn. 5.5). Die zentralen Elemente der BPMN-Notation sind aus der Abb. 3.16 ersichtlich (vgl. White 2010). Die Symbole sind auch für ungeübte Nutzer leicht verständlich und auch für ungeübte Nutzer verständlich: Rechtecke beschreiben Aktivitäten, Kreise unterschiedliche Ereignistypen (z. B. Start oder Ende), die aus Flussdiagrammen bekannten Rauten spezifizieren mögliche Entscheidungen im Prozess und Kanten den Kontroll- und Nachrichtenfluss.

Tab. 5.1 Meilensteine der Entwicklung von BPMN 2.0

2002	Entwicklung der Methode durch den IBM-Mitarbeiter Stephen A. White
2005	Übernahme der Weiterentwicklung durch die Object Management Group (www.omg.org)
2009	Vorstellung der Version 1.2
2010	Vorstellung der Version 2.0

BPMN 2.0

Symbol	Benennung	Bedeutung
▢	Aktivität (atomar)	Eine Aktivität (Activity) beschreibt einen Vorgang, der durch das Unternehmen ausgeführt wird. Sie kann atomar (task) oder zusammengesetzt sein, also Unterprozesse (subprocesses) enthalten.
▢	Aktivität (mit Unterprozessen)	
○ ◉ ●	Start-Ereignis Zwischenereignis End-Ereignisse	Ereignisse (Events) sind Geschehnisse, die während eines Prozesses auftreten. Sie können auslösend sein oder das Ergebnis einer Aktivität. Es gibt drei grundlegende Typen (start, intermediate und end) und Spezialfälle.
◇	Entscheidung (Gateway)	Gateways sind Synchronisationspunkte im Prozessverlauf. Sie entscheiden über den weiteren Verlauf des Prozesses. Es gibt mehrere Gateway-Typen: XOR, OR, AND und Eventbasierte Entscheidung.
→	Kontrollfluss (Sequence flow)	Der Kontrollfluss beschreibt den zeitlichen Ablauf der Aktivitäten im Prozess
◆-----▶	Nachrichtenfluss (Message flow)	Der Nachrichtenfluss beschreibt den Austausch von Nachrichten zwischen zwei Objekten (Aktivitäten, Ereignisse oder Entscheidungen).
┄┄┄▶	Verbindung (Association)	Die Verbindung zeigt an, dass Daten, Texte oder andere Objekte dem Kontrollfluss verbunden sind, z. B. Input oder Output einer Aktivität.
📄 Name	Datenobjekt (Data Object)	Das Datenobjekt zeigt an, welche Informationen/Daten als Input benötigt bzw. Output einer Aktivität sind

Abb. 5.33 Basisnotationselemente der BPMN (vgl. White 2010)

Die Unterscheidung von Nachrichten- und Kontrollfluss erlaubt es, zusammenhängende Prozesse darzustellen und zusätzlich den Nachrichtenfluss bei Überschreitung von Organisationsgrenzen zu modellieren (vgl. Decker 2008, S. 162). Daneben stehen spezielle Symbole für Gateways (Entscheidungen), Events (Ereignisse), textuelle Erläuterungen, u. a. Detailinformationen zur Verfügung (vgl. Abb. 5.33).

Ein einfaches Modellierungsbeispiel mit der grundlegenden BPMN-Notation ist in Abb. 5.34 dargestellt.

5.7.3 Aktivitäten

Die BPMN kennt die Grundform einer Aktivität und zahlreiche Spezialisierungen (z. B. Transaktion, manuelle Aktivität, Aufruf Aktivität). Für den Einsatz der BPMN sind wegen der Vielzahl der Symbole und der komplexen Notation Softwarewerkzeuge notwendig. Der Umfang der von den Tools unterstützten Spezialisierungen und deren

5.7 Business Process and Model Notation (BPMN)

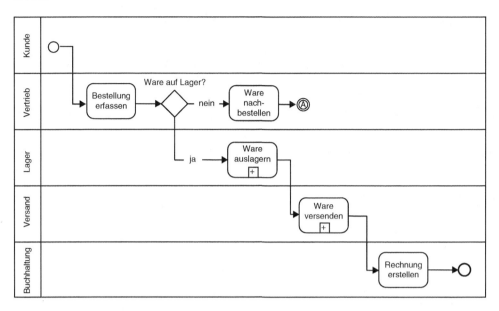

Abb. 5.34 Einfaches Notationsbeispiel mit BPMN (vgl. White 2010)

grafische Ausprägung entspricht allerdings nicht immer den Originalvorgaben der OMG-Referenz (OMG 2011, S. 151 ff.). Die Beispiele im Buch wurden mit dem Werkzeug „ARIS Business Architect", Version 9.7 der Software AG (Darmstadt) durchgeführt. Sie lassen sich ebenfalls mit dem kostenfreien Werkzeug „ARIS Express" des gleichen Herstellers erstellen.

In der Abb. 5.35 wird ein aus Seidlmeier (2015, S. 170) entnommenes Beispiel vorgestellt. Es enthält drei manuelle Aktivitäten („Rechnung prüfen", „Rechnungskorrektur anfordern" und „Rechnung zahlen").

Der Kontrollfluss wird durch Pfeile repräsentiert und kann durch Annotationen (z. B. „Rechnung ok") näher spezifiziert werden. Im Vergleich zu anderen Modellierungsmethoden bietet die BPMN die Möglichkeit, den „Standardablauf", der im Normalfall eintrifft, im Modell zu markieren. In der Abb. 5.36 wird ein Prozess aus dem Finanzwesen gezeigt, der diese Möglichkeit nutzt.

Nach der Aktivität „Zahlung anweisen" wird im Normalfall bei Zahlungen bis 10.000 Euro die Aktivität „Zahlung sofort begleichen" durchgeführt. Dieser Pfad des Kontrollflusses wurde als „Standardsequenzfluss" gekennzeichnet. Die beiden anderen Pfade betreffen größere Zahlungen, für die separate Pfade vorgesehen sind.

5.7.4 Pools und Lanes

Da die BPMN an die Swimlane-Methodik angelehnt ist, kommen den Pools und Lanes eine besondere Bedeutung zu (vgl. die schematische Darstellung in Abb. 5.37). Ein Pool repräsentiert einen eigenständigen Prozess. Eine Lane beschreibt Details eines Prozesses

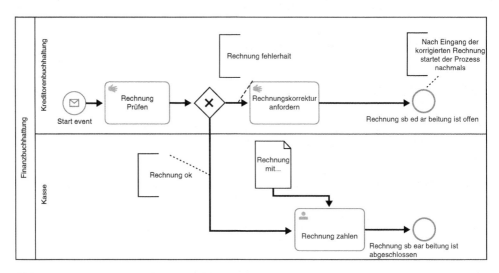

Abb. 5.35 BPMN – Beispiel zu Aktivitäten (entnommen aus Seidlmeier 2015, modelliert mit ARIS 9.7)

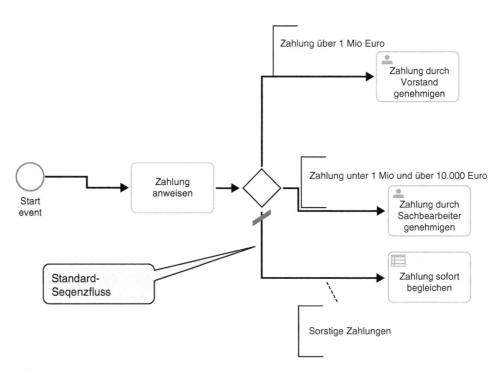

Abb. 5.36 BPMN – Beispiel zum Standardsequenzfluss

5.7 Business Process and Model Notation (BPMN)

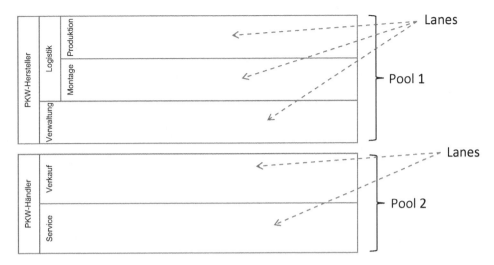

Abb. 5.37 BPMN – Lanes und Pools

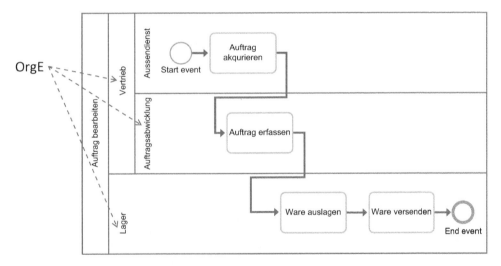

Abb. 5.38 BPMN – Pool mit Lanes nach Organisationseinheiten (entnommen aus Allweyer 2015, S. 22)

innerhalb eines Pools, differenziert nach Organisationseinheiten, Rollen oder IT-Systemen (vgl. OMG, S. 109 ff.).

Abb. 5.38 zeigt einen nach Organisationseinheiten gegliederten Prozess, der aus Allweyer (2015, S. 22) entnommen wurde. Die Gliederung nach Organisationseinheiten ist die in der Praxis nach Wahrnehmung des Autors am häufigsten genutzte Methode.

Zwischen Pools (eigenständigen Prozessen) können Nachrichten ausgetauscht werden, die einen Einfluss auf den jeweils anderen Prozess haben. Wie der Bewerbungsprozess in

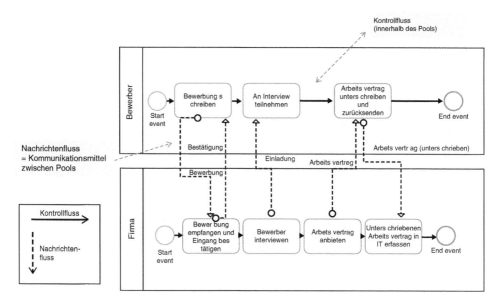

Abb. 5.39 BPMN – Nachrichtenfluss zwischen Pools (vereinfachte Darstellung nach Allweyer 2015, S. 51)

Abb. 5.39 darlegt, beeinflussen sich die im Pool „Bewerber" und im Pool „Firma" ablaufenden Prozesse gegenseitig. Sie repräsentieren jeweils die Sicht des Prozessteilnehmers auf den gleichen Ablauf.

5.7.5 Gateways

Gateways dienen dazu, mögliche Verzweigungen (SPLIT) oder Zusammenführungen von Pfaden in Prozessen darzustellen (vgl. OMG 2011, S. 287 ff.). Sie bilden also verschiedene Varianten, die der konkrete Ablauf in einem Prozessmodell verfolgen kann. Aus der eEPK-Methode (vgl. Abschn. 5.6.2) sind der UND; XOR und ODER-Konnektor bekannt, sie finden auch im Rahmen der BPMN-Notation Verwendung. Die BPMN kennt darüber hinaus noch weitergehende Varianten, die hier ansatzweise vorgestellt werden.

Exclusive Gateway („XOR"-Gateway) Das „Exclusive Gateway" entspricht dem XOR-Konnektor der eEPK-Methode. Es wird ein Pfad aus mehreren Möglichkeiten (Auswahl 1 aus n) für den weiteren Ablauf (SPLIT) bzw. die Zusammenführung aus mehreren Pfaden (JOIN) ausgewählt. Für die Darstellung (vgl. Abb. 5.40) sind zwei Symbole vorgesehen, die allerdings nicht immer zusammen von Tools unterstützt werden.

Paralleles Gateway („AND"-Gateway) Der „Parallele Gateway" (vgl. Abb. 5.41) entspricht dem UND-Konnektor (Auswahl n aus n) der eEPK-Methode. Der Vorgang wird in allen Pfaden weiter fortgesetzt (SPLIT) bzw. es wird bis zur Fortsetzung auf alle eingehenden Pfadereignisse gewartet (JOIN).

5.7 Business Process and Model Notation (BPMN)

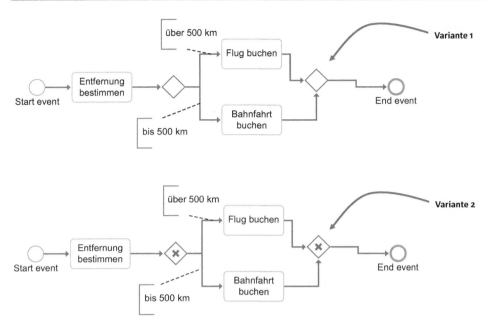

Abb. 5.40 BPMN – Exclusiver Gateway (XOR-Gateway, entnommen aus Allweyer 2015, S. 24)

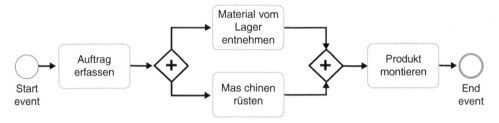

Abb. 5.41 BPMN – Paralleler Gateway (AND-Gateway)

Inclusives Gateway („ODER"-Gateway) Beim inclusiven Gateway (vgl. Abb. 5.42) werden ein oder mehrere Pfade ausgewählt. Er entspricht dem „OR"-Konnektor der EPK-Methode (Auswahl x aus n, x = 1, …n). Im dargestellten Prozess können nach dem Prozessschritt „Medien für Stellenanzeige" mehrere Medien ausgewählt werden, also z. B. nur die „Homepage", die „Zeitung und die Homepage" oder eine beliebige andere Kombination.

Komplexes Gateway Das komplexe Gateway wendet beliebige (komplexe) Regeln an. Es kommt zum Einsatz, wenn die klassischen Gateways („XOR", „AND", „ODER") einen Sachverhalt nicht oder nur sehr unübersichtlich abbilden können. In der Praxis wird das komplexe Gateway allerdings selten eingesetzt, da die technische Ausführung schwer zu realisieren ist. Es kann aber zur fachlichen Modellierung genutzt werden. Beim Prozessschritt „Bewerber auswählen" in Abb. 5.43 wird eine nicht im Modell näher spezifizierte Regel angewendet, bei der die Inhalte der Gutachten zum Bewerber eine Rolle spielen.

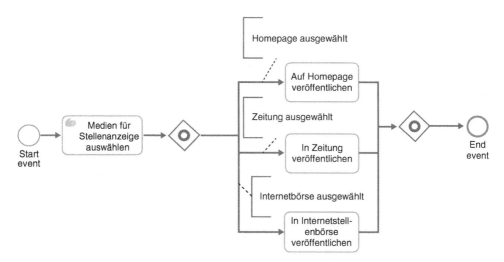

Abb. 5.42 BPMN – Inclusiver Gateway (ODER-Gateway, entnommen aus Allweyer 2015, S. 32)

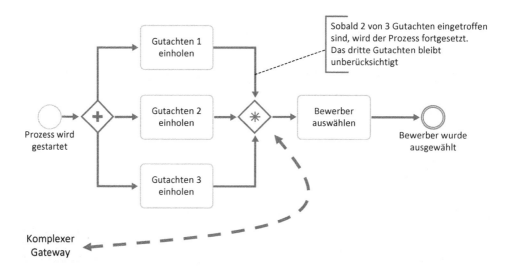

Abb. 5.43 Komplexer Gateway (entnommen aus Allweyer 2015)

5.7.6 Daten

Die BPMN ist eine Modellierungssprache für Prozesse, d. h. der Schwerpunkt der Modellierung liegt auf dem Kontrollfluss (Reihenfolge der Schritte) und dem Nachrichtenfluss zwischen verschiedenen Prozessschritten. Grundsätzlich kann auf die Modellierung von Daten verzichtet werden, wenn alle Daten, die im Pool benötigt werden, verfügbar sind.

Als Beispiel lässt sich ein Pool anführen, dessen Prozess vollständig mit einem BPM-System (z. B. SAP ERP) unterstützt wird. Wenn Daten zwischen Prozess-Schritten (Tasks)

5.7 Business Process and Model Notation (BPMN)

weitergegeben werden, weil z. B. verschiedene Informationssysteme genutzt werden, sind Datenobjekte zu modellieren. Beispiel: Eine Faktura wird im Vertriebssystem erfasst und an den Kunden übermittelt. Die Fakturadaten werden anschließend elektronisch an ein Buchhaltungssystem übertragen und dort als Debitorenrechnung gebucht.

Die BPMN stellt verschiedene Symbole für die Datenmodellierung bereit (vgl. OMG 2011, S. 203 ff.).

- **Datenspeicher** werden dauerhaft von mehreren Prozessschritten genutzt,
- **Datenobjekte** werden von Prozessschritten erzeugt oder verarbeitet.

In der Abb. 5.44 werden Datenobjekte als Input oder Output von Prozessschritten dargestellt. Die „Bewerbung" ist Input für den Schritt „Bewerbung prüfen", der „Bescheid" ist Output von „Bescheid erteilen".

Abb. 5.45 zeigt Datenspeicher, die als Datenobjekte modelliert wurden, um auf mehrere Schritte zugreifen können. Die Artikeldaten werden vom Prozess-Schritt (Task) „Angebot erstellen" gelesen. Der Prozessschritt „Auftrag erfassen" schreibt in den Datenspeicher „Auftragsdaten", welche Daten vom Prozessschritt „Ware versenden" gelesen werden.

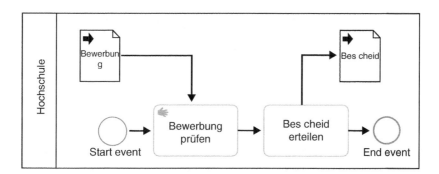

Abb. 5.44 BPMN – Datenobjekte als Input oder Output von Prozessschritten

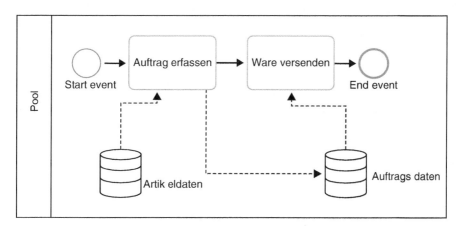

Abb. 5.45 BPMN – Datenspeicher für mehrere Schritte

5.7.7 Ereignisse

Start-, Zwischen- und End-Ereignisse Die BPMN kennt zahlreiche Ausprägungen für Ereignisse. Die OMG unterscheidet Start-, Zwischen- und End-Ereignisse, die wiederum in verschiedenen Varianten auftreten (vgl. OMG 2011, S. 287 ff. und Abb. 5.46). Ereignisse können im undefinierten Zustand (Standard) genutzt oder für spezielle Situationen definiert werden. Start- und Ende-Ereignisse müssen, Zwischenereignisse können modelliert werden. Notwendig sind sie nur, wenn inner- oder außerhalb des Prozesses auf sie reagiert werden muss. Ansonsten zeigen Sie nur einen Zustand innerhalb des Prozesses an.

Der Einsatz von speziellen Ereignissen als Start-, Zwischen- und Endereignis ist in der Abb. 5.47 anhand des Prozesses „Kuchen im Ofen backen" zu sehen. Das „Bedingungsereignis" kommt zum Tragen, wenn die Ofentemperatur eine gewisse Gradzahl erreicht hat. Erst dann kann der Prozess weiter ablaufen. Das „Zeitereignis" sorgt für eine Pause im Prozess, damit der Kuchen im Ofen verbleiben (backen) kann. Das „Signalereignis" am Ende des Prozesse zeigt an, dass der Kuchen fertig ist und verzehrt werden kann.

Modellierung von Nachrichten In der BPMN werden auch Nachrichten zu den Ereignissen gezählt. Nachrichten verbinden Prozessschritte die in Abhängigkeit stehen. Abb. 5.48 zeigt die Nutzung von Nachrichtenflüssen anhand des Beispielprozesses „Stornierung von Prozessteilen" (entnommen aus Allweyer 2015, S. 37). Für eine Bestellung

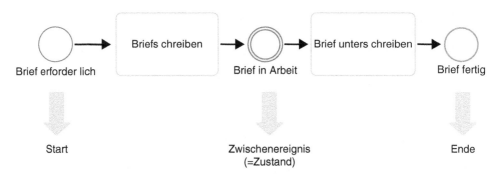

Abb. 5.46 BPMN – Standard-Ereignisse

Abb. 5.47 BPMN – Spezielle Ereignisse

5.7 Business Process and Model Notation (BPMN)

wurde bereits Material ausgelagert; die weiteren Schritte (z. B. Waren kommissionieren, Ware versenden) wurden allerdings noch nicht begonnen. Wegen eines Zahlendrehers wurde die falsche Bestellung verarbeitet. Der Vorgang muss storniert werden.

Modellierung von Fehlersituationen Ein weiterer Anwendungsfall für spezielle Ereignisse sind Fehlersituationen. Im Beispiel der Abb. 5.49 wird ein Auszug aus einer Produktionsplanung beschrieben: Der auf der Bestellung angegebene Kunde existiert nicht. Der Prozess kann nicht stattfinden und muss daher abgebrochen werden.

Mehrfachereignisse Die Modellierung von Mehrfachereignissen ist in anderen Modellierungssprachen (z. B. eEPK mit dem „ODER"-Konnektor) zum Teil sehr aufwändig. Im vorliegenden Beispiel eines Bewerbungsprozesses in Abb. 5.50 muss eines der Ereignisse eintreten, damit die Bewerbung geprüft werden kann:

- Bewerbung als Brief,
- Bewerbung als Email oder
- Bewerbung telefonisch.

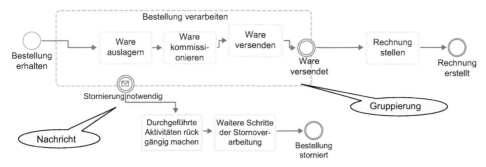

Abb. 5.48 BPMN – Einsatz von Nachrichten zur Darstellung von Abhängigkeiten (vgl. Allweyer 2015, S. 37)

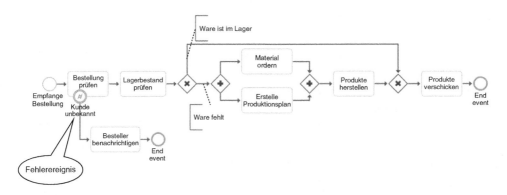

Abb. 5.49 BPMN – Fehlerereignisse (GI 2010)

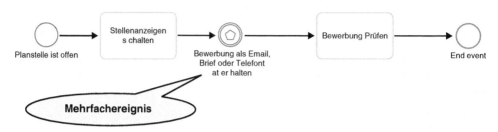

Abb. 5.50 BPMN – Mehrfachereignisse

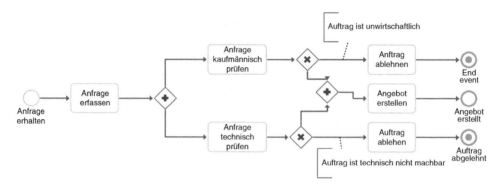

Abb. 5.51 BPMN – Terminierung von Prozessen

Terminierung von Prozessen Die Terminierung (Beendigung) von nebenläufigen Prozessen lässt sich mit der BPMN sehr detailliert beschreiben. Dies ist insbesondere dann von Interesse, wenn im Zeitablauf Ereignisse eintreten, die es erfordern, dass bereits angelaufene Parallelprozesse abgebrochen werden müssen. Im Beispiel in Abb. 5.51 endet der Prozess, sobald er technisch nicht machbar ist oder die Wirtschaftlichkeit nicht gegeben ist. Laufende Prozessteile werden abgebrochen. Beispielsweise könnte innerhalb von drei Tagen der technische Leiter feststellen, dass der Kundenwunsch nicht realisierbar ist, die noch laufende kaufmännische Prüfung würde dann nicht weiter fortgesetzt.

5.7.8 Modellierungsbeispiel

Das in Abb. 5.52 mit dem Werkzeug „ARIS Express" modellierte Beispiel wurde aus Allweyer (2015, S. 32) entnommen und modifiziert:

- Bewerber schreiben Bewerbungen und versenden diese per Post oder Email an ein Unternehmen.
- Das Unternehmen bestätigt zunächst den Eingang der Bewerbung und prüft diese anschließend.

5.7 Business Process and Model Notation (BPMN)

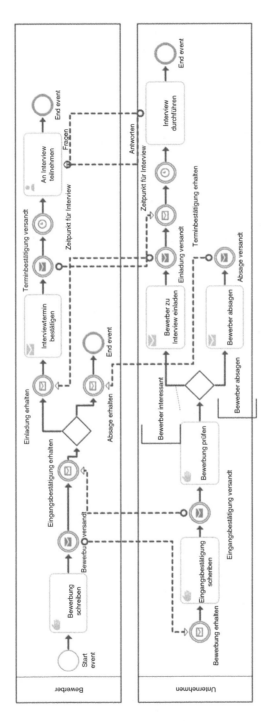

Abb. 5.52 BPMN – Modellierungsbeispiel Bewerbung (entnommen und modifiziert aus Allweyer 2015, S. 32)

- Interessante Bewerber werden vom Unternehmen zum Interview eingeladen und erhalten eine Einladung mit Datum und Uhrzeit, die ungeeigneten Bewerber erhalten dagegen eine Absage.
- Die eingeladenen Bewerber bestätigen den Terminvorschlag und nehmen am Interview teil.
- Nach der Durchführung des Interviews ist der Prozess abgeschlossen.

5.7.9 Bewertung

Im Vergleich zur eEPK-Methode wird die bessere Anschaulichkeit der BPMN-Methode hervorgehoben, da durch die einfachen Grundsymbole und die Verwendung von Pools und Lanes auch für ungeübte Nutzer der Prozess verständlich dargestellt wird (vgl. Krems 2017). Von Nachteil ist der im Vergleich zu anderen Methoden sehr hohe Einarbeitungsaufwand bei Nutzung der vollständigen Notation.

Wird die Methode nur zur Dokumentation genutzt, muss eine Auswahl aus den über 100 Symbolen getroffen werden. Dies kann ggf. über ein firmenspezifisches Modellierungshandbuch erfolgen. Die BPMN-Methode kann ihre volle Wirkung erst entfalten, wenn sie nicht nur für die Dokumentation und fachliche Modellierung, sondern auch für die technische Modellierung und Ausführung der Modelle genutzt wird.

5.8 Grundsätze ordnungsgemäßer Modellierung

Modellierungsinhalte müssen nicht nur fehlerfrei, sondern auch zielgruppenorientiert verfasst werden. Hierzu wurden die „Grundsätze ordnungsgemäßer Modellierung (GoM)" entwickelt, deren Begriff sich an die „Grundsätze ordnungsgemäßer Buchführung (GoB)" des Rechnungswesens anlehnt (vgl. Becker et al. 1995 und Scheer 1998, S. 198 ff.). Die GoM beinhalten Regeln in Form von Grundsätzen, um qualitativ hochwertige und fehlerfreie Modelle zu erstellen: Grundsatz der Richtigkeit, Grundsatz der Relevanz, Grundsatz der Wirtschaftlichkeit, Grundsatz der Klarheit, Grundsatz der Vergleichbarkeit und der Grundsatz des systematischen Aufbaus (Scheer 1998, S. 198 ff.).

Grundsatz der Richtigkeit Ein Modell ist dann **richtig**, wenn es syntaktisch und semantisch korrekt ist, d. h. es erfolgt eine korrekte Anwendung der Notation und das Modell ist gegenüber der Realität verhaltenstreu.

Grundsatz der Relevanz, Ein Modell ist dann **relevant**, wenn nur die Teile der Realität im Modell abgebildet werden, die für die Zielsetzung des Modells erforderlich sind.

Grundsatz der Wirtschaftlichkeit Ein Modell ist dann **wirtschaftlich**, wenn der Aufwand zur Erstellung dem zu erwartenden Nutzen entspricht. In der Praxis verstoßen aufwändig erstellte und sehr komplexe Ist-Modelle oft gegen dieses Prinzip, wenn zu viele unnötige Details und Varianten erstellt werden, die für die Sollkonzeption nicht genutzt werden können oder schnell wieder veralten.

> **Beispiel für unwirtschaftliche Prozessmodellierung**
> Ein internationaler Konzern lässt alle Ist-Prozesse vom Top-Prozess auf Konzernebene bis auf die elementare Ebene in allen Gesellschaften modellieren. Er verwendet die Modelle aber nur zur Dokumentation und nicht zur Optimierung. Zudem kann die Aktualität der Modelle nicht gewährleistet werden, was dazu führt, dass schon wenige Monate nach der Ist-Erhebung der Daten, die Realität völlig anders aussieht, als die modellierten Prozesse.

Grundsatz der Klarheit Ein Modell ist dann **klar gestaltet**, wenn es für den Adressaten verständlich ist. Zudem sind Modelle angemessen in Teilmodelle zu strukturieren, um die Übersichtlichkeit nicht zu verlieren. Zu unterscheiden sind Überblicksmodelle für das Management, Detailmodelle für Sachbearbeiter, technische Modelle für Workflow-Entwickler.

Grundsatz der Vergleichbarkeit Ein Modell ist **vergleichbar**, wenn die verwendeten Modellierungssprachen (eEPK, BPMN, u.a.) auf vergleichbare Metamodelle zurückzuführen sind, d.h. eine gleiche Struktur haben.

> **Beispiel für vergleichbare Modelle**
> Ein „XOR"-Konnektor der eEPK ist vergleichbar mit dem „XOR"-Konnektor in BPMN. Umgekehrt gibt es aber einige Notationselemente in BPMN, die in der eEPK fehlen (z.B. Nachrichtenfluss). Von daher sind mit der eEPK bzw. BPMN erstellte Modelle nur bedingt vergleichbar.

Grundsatz des systematischen Aufbaus Ein Modell ist dann **systematisch** aufgebaut, wenn unterschiedliche Sichten (z.B. Datensicht, Organisationssicht) in einer Gesamtsicht (z.B. Prozesssicht) integrierbar sind und konsistent modelliert werden.

5.9 Methoden im Vergleich

In der Praxis werden überwiegend einfache nicht formalisierte Flussdiagramme (63 %), die Methoden BPMN 2.0 (49 %) sowie die klassische eEPK (47 %) und in geringerem Umfang die informatiknahe UML (20 %) eingesetzt (Minonne et al. 2011, S. 30). Unter einem Flussdiagramm lassen sich alle nicht formalisierten Methoden aus beliebig komponierten Diagrammen (Kreise, Rechtecke, Text, Pfeile u. a.) zusammenfassen. Sie werden häufig in Verbindung mit Grafikprogrammen eingesetzt. Der hohe Einsatzgrad lässt sich mit dem geringen Aufwand und der Einfachheit der Anwendung erklären.

Für ad hoc Situationen im Gespräch sind die Methoden durchaus sinnvoll, um Zusammenhänge schnell zu visualisieren. Für ein professionelles Prozessmanagement werden meist in späteren Projektphasen die genannten anderen Methoden eingesetzt, wenn festgestellt wird, dass mehrere Personen zeitlich und örtlich verteilt auf die Prozessdiagramme zugreifen müssen und der Änderungsaufwand zu hoch wird.

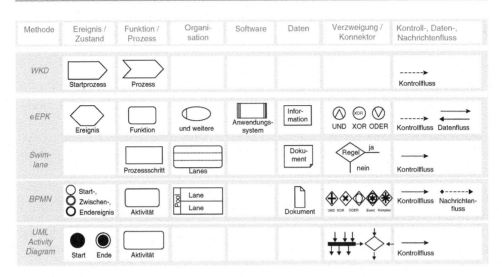

Abb. 5.53 Modellierungsmethoden im Vergleich – Notation

Die Vielfalt der in diesem Buch vorgestellten Notationen ist in Abb. 5.53 dargestellt. Die Wertschöpfungskette (WKD) ist die einfachste Methode. Sie verfügt nur über rudimentäre Darstellungsmöglichkeiten. Die Swimlane-Methode weist gegenüber der WKD-Methode im Wesentlichen zusätzliche Notationselemente für die Darstellung organisatorischer Aspekte (Abteilungen = Lanes) und in gewissen Grenzen ablaufbezogener Elemente (Ja/Nein-Entscheidungen) auf. Die eEPK-Methode ist in der Lage, Datenstrukturen und Informationssysteme zusätzlich einzubinden. Die komplexe BPMN (hier nur in der Basisnotation) weist die umfassendste Notation auf, da sie sowohl die betriebswirtschaftliche Fachmodellierung, als auch die informationstechnische Umsetzung (Workflow) mit abdeckt. Die UML nimmt eine Sonderrolle ein, da sie für die Softwareentwicklung konzipiert wurde und daher auf die Feinmodellierung von Prozessen als Vorgabe für die Programmierung ausgerichtet ist. Sie ist eher ein Instrument für Softwarearchitekten als für Prozessmodellierer. Aus diesem Grund wurde hier auf eine Darstellung der UML verzichtet, interessierte Leser können die Methode z. B. bei van Randen et al. (2016) nachschlagen.

Werden die Methoden im Hinblick auf die Zielgruppe, die Modellierungstiefe, Standardisierung und Verbreitung sowie Verfügbarkeit von Tools, Komplexität der Methode und den notwendigen Schulungsbedarf verglichen, zeigt sich das Bild in Abb. 5.54. Die potentiellen Einsatzbereiche ergeben sich aus der Komplexität. Einfache Methoden, wie die WKD, richten sich eher an das Management und die Fachseite, komplexe Methoden mehr an die IT-Bereiche. Der Schulungsaufwand korreliert mit der Komplexität der Methode, d. h. der Anzahl von Modellierungselementen.

Die WKD, eEPK und die Swimlane sind nicht standardisiert. Dies erschwert den Einsatz im Unternehmen, da zuvor ein Modellierungshandbuch die Konventionen fixieren muss. Die eEPK gilt als „deutsche Methode", sie findet überwiegend im deutschen Sprachraum Verwendung.

5.10 Wiederholungsfragen und Übungen

Methode	Haupt-Ziel-Gruppe	Modellierungstiefe	Standardisierung	Verbreitung	Tools	Komplexität	Schulungsbedarf
WKD	Management	Grobmodelle	nein	International	ja	Sehr gering	minimal
eEPK	IT / Fachabteilung	Detailmodelle	nein	DACH-Länder	ja	hoch	hoch
Swimlane	IT / Fachabteilung	Grobmodelle	nein	International	ja	Sehr gering	minimal
BPMN	IT / Fachabteilung	Detailmodelle	OMG	International	ja	Sehr hoch	sehr horch
UML Activity Diagram	IT	Detailmodelle	OMG	International	ja	hoch	mittel

Abb. 5.54 Modellierungsmethoden im Vergleich – Merkmale

5.10 Wiederholungsfragen und Übungen

5.10.1 Fragen

- Stellen Sie die Modellierungsansätze der Methoden „eEPK" und „BPMN" einander gegenüber
- Erläutern Sie die Idee des Konzeptes der Grundsätze ordnungsgemäßer Modellierung
- Nennen Sie zwei Grundsätze der ordnungsgemäßen Modellierung ihrer Wahl und geben hierzu ein passendes Beispiel an, wie der Grundsatz verletzt werden kann

5.10.2 Übung zur Prozessmodellierung „Behandlung im Krankenhaus"

- **Aufgabenstellung:** Modellieren sie den Geschäftsprozess „Behandlung im Krankenhaus" mit der eEPK oder BPMN-Methode.
- **Daten:** Die Daten der von einem Arzt ins Krankenhaus überwiesenen Patienten werden von der Krankenhausverwaltung erfasst. Hier werden die Patientendaten von der Krankenversicherungskarte und dem Einweisungsformular in das Krankenhausinformationssystem (KIS) übertragen. Anschließend erfolgt die Untersuchung und Behandlung durch einen Arzt. Bei Notfallpatienten wird die Erfassung der Patientendaten erst nach der Behandlung durchgeführt. Der Arzt wird durch eine Assistenzkraft unterstützt, welche die Diagnose- und Behandlungsdaten sowie der verordneten Medikamente im KIS erfasst. Abschließend wird der Patient vom Arzt entlassen. Hierbei erhält der Patient einen Arztbrief ausgehändigt.

5.10.3 Übung zur Prozessmodellierung „Dienstreiseantrag stellen"

- **Aufgabenstellung:** Modellieren sie den Geschäftsprozess „Dienstreiseantrag stellen" mit der eEPK oder BPMN-Methode.
- **Daten:** Vor Antritt der Dienstreise füllt der Antragsteller den Papiervordruck „Dienstreiseantrag" aus. Dieser wird an den Vorgesetzten weitergeleitet. Der Vorgesetzte gibt den unterschriebenen Antrag an den Antragsteller zurück. Gelegentlich kommt es vor, dass der Antrag abgelehnt wird (z. B. kein Budget mehr vorhanden). In einem solchen Fall wird der Antrag an den Antragsteller zurückgegeben. Falls der Antragsteller einen Vorschuss benötigt, füllt er weiteres Formular „Vorschussantrag" aus, das er zusammen mit dem Dienstreiseantrag an die Reisestelle schickt. Die Reisestelle überweist dem Antragsteller dann das Geld. Hierzu nutzt sie eine Reiseabwicklungssoftware. Nach der Rückkehr von der Dienstreise füllt der Antragsteller ein drittes Formular „Abrechnung" aus und sendet es an die Reisestelle. Die Reisestelle bearbeitet anschließend die Abrechnung. Falls Rückfragen auftreten, werden diese telefonisch mit dem Antragsteller geklärt. Für die Auszahlung verwendet die Reisestelle wieder die Reiseabwicklungssoftware.

Literatur

Allweyer, T.: BPMN 2.0, 3. Aufl., Norderstedt, 2015
Becker, J.; Rosemann, M.; Schütte, R.: Grundsätze ordnungsgemäßer Modellierung, in: Wirtschaftsinformatik 37 (1995) 5, 1995, S. 435–445
Binner, H. F.: Prozessorientierte TQM-Umsetzung. Reihe: Organisationsmanagement und Fertigungsautomatisierung, München, 2000
Decker, G. (2008): Choreographiemodellierung: Eine Übesicht, In: Informatik Spektrum, Band 31, Heft 2, S. 161–166
eCH (Hrsg.): E-Government Standards, online im Internet: http://www.ech.ch/vechweb/page, Abruf am 10.11.2016
Fischermanns, G.: Praxishandbuch Prozessmanagement, 11. Aufl. Gießen, 2013
Freie Universität Berlin (Hrsg.): Prozesssteckbrief „Neue Studiengänge einrichten", http://www.fu-berlin.de/sites/prozessmanagement/index.html, Abruf 02.12.2015
Gehring, H.: Betriebliche Anwendungssysteme, Kurseinheit 2, Prozessorientierte Gestaltung von Informationssystemen, Fern-Universität Hagen, Hagen, 1998
GI (Hrsg.): Gesellschaft für Informatik e. V. „Layout von BPMN Prozessmodellen". http://www.gi-ev.de/fileadmin/redaktion/Informatiktage/studwett/prozessmodelle.pdf. Stand: 23.11.2010
Hoffmann, W.; Kirsch, J.; Scheer, A.-W.: Modellierung mit Ereignis-gesteuerten Prozessketten, Heft 101, Institut für Wirtschaftsinformatik, Universität des Saarlandes, 1992
Keller, G.; Nüttgens, M.; Scheer, A.-W.: Semantische Prozessmodellierung auf der Grundlage „Ereignisgesteuerter Prozessketten (EPK)", in: Scheer, A.-W. (Hrsg.): Veröffentlichungen des Instituts für Wirtschaftsinformatik, Heft 89, Saarbrücken, 1992
Keller, G.; Teufel, T.: SAP R/3 Prozessorientiert anwenden. Iteratives Prozess-Prototyping zur Bildung von Wertschöpfungsketten, Bonn u. a., 1997
Kirchmer, M.: Geschäftsprozessorientierte Einführung von Standardsoftware, Wiesbaden, 1996, zugl. Saarbrücken, Diss., Univ., 1995

Literatur

Komus, A.; Gadatsch, A.; Kuberg, M.: 3. IT-Radar für BPM und ERP, Ergebnisbericht mit Zusatzauswertungen für Studienteilnehmer, Koblenz und Sankt Augustin, 1 Quartal 2016 (http://www.process-and-project.net/)

Krems, B.: Business Process Model and Notation (BPMN), Online-Verwaltungslexikon, Version 1.2, http://www.olev.de/b/bpmn.htm, Abruf 06.12.2016

Kurbel, K.; Nenoglu, G.; Schwarz, C.: Von der Geschäftsprozessmodellierung zur Workflowspezifikation – Zur Kompatibilität von Modellen und Werkzeugen, in: HMD Theorie und Praxis der Wirtschaftsinformatik, Heft 198, 1997, S. 66–82

Meyer, A.; Smirnov, S.; Weske, M.: Data in Business Processes, in: EMISA-Forum, 31. Jg., Heft 3, 2011, S. 5–29

Minonne, C.; Colicchio, C.: Litzke, M.; Keller, T.: Business Process Management 2011, – Status quo und Zukunft, Eine empirische Studie im deutschsprachigen Europa, Zürich, 2011

OMG, Business Process Model and Notation, http://www.omg.org/spec/BPMN/2.0, Abruf 06.12.2016

Österle, H.: Business Engineering. Prozess- und Systementwicklung, Band 1, Entwurfstechniken, Berlin, 1995

Randen, v. H. J.; Bercker, C.; Fieml, J.: Einführung in UML: Analyse und Entwurf von Software, Wiesbaden, 2016

Rump, F. J.: Geschäftsprozessmanagement auf der Basis ereignisgesteuerter Prozessketten, Stuttgart und Leipzig, 1999

Scheer, A.-W. (1991): Architektur integrierter Anwendungssysteme – Grundlagen der Unternehmensmodellierung, Berlin et al.

Scheer, A.-W.: ARIS – Vom Geschäftsprozess zum Anwendungssystem, Berlin et al., 3. Aufl., 1998

Seidlmeier, H.: Prozessmodellierung mit ARIS®. Eine beispielorientierte Einführung für Studium und Praxis, Braunschweig und Wiesbaden, 2002

Seidlmeier, H.: Prozessmodellierung mit ARIS®, 4. Aufl., Wiesbaden, 2015

Sharp, A.; McDermott, P.: Workflow Modeling: Tools for Process Improvement and Application Development, Norwood, 2002

Spath, D.; Weisbecker, A.; Drawehn, J.: Business Process Modeling 2010, Modellierung von ausführbaren Geschäftsprozessen mit der Business Process Modeling Notation, Stuttgart, 2010

White, S. A.: Introduction to BPMN, http://www.bpmn.org/Documents/Introduction_to_BPMN.pdf, Abruf am 18.02.2010

IT-Unterstützung für das Prozessmanagement 6

Prozesse und IT gehören zusammen

Zusammenfassung

Prozessmanagement wird oft mit IT-Werkzeugen in Verbindung gebracht. Zunächst einmal ist Prozessmanagement eine Methode, um die Arbeit im Unternehmen besser zu verstehen und kontinuierlich zu verbessern. Aufgrund der Komplexität und vielfältiger Zusammenhänge sind jedoch IT-Werkzeuge erforderlich, um Prozesse zu dokumentieren und auch im operativen Betrieb zu unterstützen. Der Beitrag geht umfassend auf die mögliche IT-Unterstützung ein und stellt die in der Praxis üblichen Werkzeuge für die Prozessmodellierung und –analyse, Workflow-Management-Systeme, Enterprise-Resource-Planning-Systeme u. a. vor. Abschließend thematisiert der Beitrag aktuelle Aspekte wie Digitalisierung, Big Data, Cloud-Computing und Industrie 4.0 im Hinblick auf die Verknüpfungspunkte zum Prozessmanagement. Wiederholungsfragen und eine Fallstudie unterstützen den Lernprozess.

6.1 Werkzeuge für die Modellierung, Analyse und Gestaltung von Prozessen (BPM-Tools)

6.1.1 Zielsetzung und Begriff

Der Softwaremarkt für Werkzeuge zur grundlegenden Unterstützung des Geschäftsprozessmanagements ist seit Jahren durch eine große Anzahl von Herstellern und eine Vielzahl von Produkten gekennzeichnet. Grundsätzlich lassen sich Aufgaben der Visualisierung, Modellierung, Simulation, Prozessausführung (Workflow-Management) und

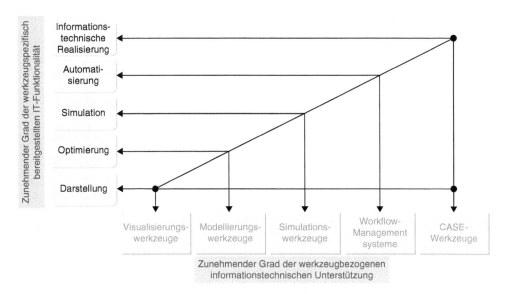

Abb. 6.1 Formen der Toolunterstützung (Nägele und Schreiner 2002)

Systementwicklung (Computer Aided Software Engineering) unterscheiden, welche durch verschiedene Produktkategorien abgedeckt werden (Abb. 6.1). Werkzeuge mit dieser Funktionalität werden auch als „BPM-Tool" bezeichnet.

▶ **BPM-Tool** Ein BPM-Tool ist ein Softwaresystem, das die Modellierung, Analyse und Dokumentation, ggf. auch die Simulation von Prozessen unterstützt. Die Nutzung erfolgt auf standardisierter Hardware (insbesondere Laptops, Desktops und teils auf Tablet-Computern) unter Nutzung von Datei- oder Datenbanksystemen zur Speicherung der Modelldaten. Leistungsfähige BPM-Tools bieten neben der Modellierung noch Möglichkeiten zur Überprüfung der Modelle (Syntax und Konsistenz).

Die grafische Aufbereitung und Dokumentation von Prozessen wird von vielen Werkzeugen in unterschiedlicher Form und Qualität bereitgestellt. Die Spannbreite reicht vom reinen „Malprogramm" bis hin zum datenbankgestützten Modellierungswerkzeug, das eine Vielzahl von Methoden unterstützt.

Die Modellierung und Simulation von Prozessen ist eine Domäne von hierauf spezialisierten Produkten. Die Automatisierung der Prozesse erfolgt durch Workflow-Management-Systeme, die häufig auch als „Business Process Management-Systeme" bzw. „BPMS" bezeichnet werden.

Sogenannte CASE-Tools (CASE steht für Computer Aided Software Engineering) unterstützen die Entwicklung und den Test von Informationssystemen, d. h. den Prozess der Informationssystembereitstellung. Für viele der genannten Produktkategorien sind kostenfreie Produkte verfügbar, die zumindest für Lehr- und Lernzwecke und mit Einschränkungen in der auch in der Praxis des Prozessmanagements genutzt werden können.

Eine Studie der Zürcher Hochschule für Angewandte Wissenschaften zeigt, dass sogenannte „BPM-Suiten" (integrierte Softwarepakete) mit 48,1 % den größten Marktanteil haben. Hierauf folgen betriebswirtschaftliche Standardsysteme (Enterprise-Resource-Planning, Customer Relationship-Management) und Lösungen auf der Basis von Microsoft Sharepoint (Zürcher Hochschule für Angewandte Wissenschaften 2014, S. 40).

Die Auswahl eines geeigneten Tools kann in zwei Schritten anhand von unternehmensspezifischen Kriterien erfolgen. Im ersten Schritt ist die Frage zu klären, ob ein reines Dokumentationswerkzeug benötigt wird oder ob Unterstützung für die Prozessausführung erforderlich ist.

Kriterien für Dokumentationswerkzeuge Im Fall der Dokumentation müssen die Werkzeuge Funktionen zur Modellierung und Darstellung von Prozessen abdecken. Insbesondere sind hier die beiden bekanntesten Modellierungsstandards BPMN und eEPK von Bedeutung. Daneben ist auf die Möglichkeit des Imports- und des Exports von Modelldaten zu achten. Als allgemeine bedeutsame Kriterien gilt auch die Usability, also die möglichst einfache und intuitive Bedienung der Werkzeuge.

Kriterien für die Prozessausführung BPM-Werkzeuge mit einer Ausführungskomponente stehen als prozessunterstützende Systeme im Wettbewerb mit Enterprise-Resource-Management-Systemen. Daher ist es wichtig Produkte auszuwählen, die eine hohe Stabilität des IT-Betriebes unterstützen und gleichzeitig bei der Veränderung von Prozessen flexibel genug sind, um ohne Programmänderungen auf die Veränderungen reagieren zu können.

6.1.2 Ausgewählte Modellierungs-Werkzeuge

Der Markt für Modellierungstools ist sehr umfassend. Die Zahl der weltweit angebotenen Produkte liegt vermutlich im unteren dreistelligen Bereich, da alleine die Webseite www.bpmn.org zahlreiche Werkzeuge auflistet, welche die Notation BPMN unterstützen (vgl. Allweyer 2014, S. 19). Mittlerweile werden neben der klassischen Vor-Ort-Installation gekaufter Lizenzen auf eigener Hardware (On Premise) vielfältige cloudbasierte Nutzungsmodelle angeboten. Sie reichen von der Public-Cloud Lösung bis hin zur selbst betriebenen Cloud im eigenen Unternehmen (On-Premise Cloud im eigenen Rechenzentrum). Für erste „Gehversuche" mit Modellierungswerkzeugen reichen die Public-Cloud-Lösungen meist aus, für einen produktiven Einsatz sind sie jedoch häufig nicht geeignet. Allerdings bieten die Hersteller meist kostenpflichtige Versionen mit umfangreicheren Funktionalitäten an. Hier kommen insbesondere Aspekte des Datenschutzes, der Betriebssicherheit und Fragen des Administrationsaufwands hinzu.

Die Tab. 6.1 gibt einen kurzen Überblick mit einer kurzen Beschreibung einiger ausgewählter Werkzeuge für die Prozessmodellierung.

Tab. 6.1 Überblick über ausgewählte Werkzeuge für das Geschäftsprozessmanagement

Werkzeug	Hersteller	Beschreibung
Adonis Community Edition	BOC	Modellierung mit BPMN und anderen Notationen wie Prozesslandkarte. Eingeschränkte freie Version
ARIS Business Architect	Software AG, früher IDS Scheer	Datenbankgestützte Modellierung mit einer sehr großen Zahl (>100) an Notationen wie eEPK, BPMN, Prozesslandkarte, daneben auch Datenmodellierung, Funktionsmodellierung u. a. Konzepte
ARIS Express	Software AG, früher IDS Scheer	Dateiorientierte Modellierung mit einer ausgeschränkten Auswahl an Notationen wie eEPK, BPMN, Prozesslandkarte, daneben auch Datenmodellierung
BIC Design	GBTEC	Modellierung verschiedener Notationen wie eEPK, BPMN
Bizagi Modeler	Bizagi	Teil der Suite von Bizagi, welche auch Prozessausführung (Bizagi Studio und Engine) unterstützt.
Blueworks Life	IBM	Modellierungswerkzeug des Workflow-Managements-Systems „IBM Business Process Management"
iGrafx	iGrafx	Modellierung von BPMN und anderen Flowcharts (u. a. auch die relativ seltenen IDEF0-Diagramme)
Innovator	MID	Modellierung von BPNN und anderen Notationen (u. a. auch die relativ seltenen IDEF0-Diagramme)
Signavio Process Editor	Signavio	Speziell für BPMN entwickeltes Werkzeug, das auch EPK und Wertschöpfungsketten unterstützt
TIBCO Business Studio	TIBCO	Modellierungskomponente des Workflow-Systems von TIBCO

6.2 Werkzeuge für die Prozess-Steuerung (Workflow-Management-Systeme)

6.2.1 Zielsetzung und Begriff

Prozessmanagement ist mehr als nur die grafische Modellierung von Prozessen. Dieser Aspekt wird auch gerne in der Praxis vergessen. Prozesse müssen im täglichen Leben auch ausgeführt und gesteuert werden. Hierfür ist eine technische Unterstützung erforderlich, die weit über die grafische Modellierung und Darstellung von Prozessen hinausgeht. Workflow-Management-Systeme (WFMS) nehmen hier eine Schlüsselrolle ein. Sie unterstützen die Modellierung, Simulation und vor allem die Ausführung und Überwachung von Geschäftsprozessen auf der Detaillierungsebene von Workflows.

Notwendigkeit von WFMS Der Einsatz von WFMS ist nicht für alle Geschäftsprozesse sinnvoll. Der von einem WFMS zu unterstützende Prozess muss zumindest teilweise automatisierbar sein und sollte regelmäßig stattfinden. Ein typisches Beispiel ist die Auftragsbearbeitung in der Versicherungsbranche. Einmalprozesse sind nicht sinnvoll durch WFMS zu unterstützten. Je höher der Anteil repetitiver Tätigkeiten ist, desto eher sind

WFMS sinnvoll. Die Komplexität (Struktur) der Prozesse kann dagegen unterschiedlich sein. Tendenziell sind WFMS eher für stark strukturierte Prozesse sinnvoll, da sie die Prozesslogik in Form von Workflow-Modellen beschreiben und damit auch dokumentieren. Aber auch einfache, weniger komplexe Prozesse, die mehrmals täglich laufen, sind für eine Unterstützung durch WFMS geeignet. Als Beispiel lassen sich Prozesse der Antragsbearbeitung anführen. Einfache Prozesse, die dagegen nur 1–2 Mal monatlich ausgeführt werden, kommen seltener in Frage.

In der jüngeren Literatur werden WFMS auch als Prozessmanagementsysteme (PMS) bzw. Business Process Management Systeme (BPMS) bezeichnet. Dadam et al. (2011, S. 364) unterscheiden in diesem Zusammenhang formularorientierte, dokumentenorientierte sowie serviceorientierte Prozessmanagementsysteme (PMS).

Formularorientierte PMS dienen dazu, den Inhalt von Datenbanktabellen anzuzeigen. Dokumentenorientierte PMS unterstützten das Anzeigen und Bearbeiten von Dokumenten wie z. B. Eingangsrechnungen. Serviceorientierte PMS können je Prozessschritt beliebige Dienste ausführen, wozu neben den beiden genannten Aufgaben auch der Aufruf externer Anwendungen (z. B. eines ERP-Systems) gehört.

▶ **Definition: Workflow-Management-System** Ein Workflow-Management-System ist ein anwendungsunabhängiges, dem Middlewarebereich zuzuordnendes Softwaresystem, das die Modellierung, die Ausführung und das Monitoring von Workflows, sowie gegebenenfalls weitere Funktionen wie die Simulation und die Analyse von Workflows, unterstützt; insbesondere ist es in der Lage, (semi-)formale Workflow-Spezifikationen zu interpretieren, die Ausführung von Prozessschritten durch die vorgesehenen Aktivitätsträger – Mitarbeiter oder Anwendungsprogramme – zu veranlassen und gegebenenfalls erforderliche Arbeitsanweisungen, Werkzeuge, Anwendungsprogramme, Informationen und Dokumente bereitzustellen (Gehring 1998).

Die Funktionsweise eines Workflow-Management-Systems ist in der Prinzipdarstellung in Abb. 6.2 zu sehen. Ein aus mehreren Workflow-Schritten bestehender Workflow (hier „Auftragsbearbeitung") wird teils von verschiedenen Personen, teils durch unterschiedliche Anwendungen unterstützt. Zu sehen sind teilautomatisierte Workflow-Schritte mit personellen Eingriffen, aber auch ein vollautomatischer Workflow-Schritt. Die Anwendungen werden teilweise mit Hilfe klassischer Office-Produkte, aber auch mit ERP-Systemen oder selbst entwickelten Datenbanklösungen unterstützt.

Einsatzschwerpunkte WFMS können grundsätzlich für beliebige Arbeitsabläufe eingesetzt werden. Der Einsatzschwerpunkt liegt derzeit vorwiegend im Bereich kaufmännisch-administrativer Geschäftsprozesse bzw. Büroprozesse, während beispielsweise fertigungstechnische Prozesse durch Produktionsplanungs- und Steuerungssysteme und Fertigungsleitstände unterstützt werden. Allerdings gibt es mehrere Ansätze, die aufgrund der zwischen WFMS und PPS-Systemen bestehenden Gemeinsamkeiten ein Zusammenwachsen dieser bisher noch getrennten Systembereiche anstreben, um eine durchgängige informationstechnologische Unterstützung für Verwaltungs- und Fertigungsprozesse zu

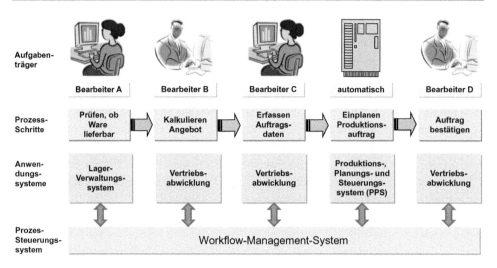

Abb. 6.2 Prinzipdarstellung Workflow-Management-System

ermöglichen (vgl. Loos 1997 oder Lassen und Lücke 2003). Die hohe Ähnlichkeit der Grundfunktionalität von Workflow-Management- und Produktionsplanungs- und Steuerungssystemen ermöglicht es, klassische ausgereifte PPS-Methoden, z. B. Kapazitätsplanung und -abgleich, Durchlaufterminierung oder eine belastungsorientierte Rollenauflösung für das Workflow-Management zu übernehmen. Lassen/Lücke kommen in Ihrer Untersuchung zu dem Ergebnis, dass eine Integration von PPS-Systemen mit WFMS zu einer Verbesserung der Planung und Steuerung von Geschäftsprozessen führt, da Integrationsdefizite in der Auftragsabwicklung reduziert werden können (vgl. Lassen und Lücke 2003, S. 20, erweitert).

6.2.2 Ausgewählte WFMS

Der Markt für Workflow-Management-Systeme bzw. BPM-Suiten ist ebenso umfassend wie der für reine Modellierungswerkzeuge. Die von Adam et al. (2014) veröffentlichte Studie des Fraunhofer Instituts für experimentelle Softwareentwicklung (IESE) in Kaiserslautern zeigt die zentralen Ergebnisse einer umfassenden Marktanalyse. Im Rahme der Studie wurden 20 BPM-Suiten analysiert und bewertet. Ziel der Studie war es eine Marktauswahl relevanter Werkzeuge hinsichtlich ihrer Mächtigkeit und des Komforts aus dem Blickwinkel von BPM-Experten und BPM-Anwendern zu vergleichen. Bewertet wurde der gewichtete Erfüllungsgrad in Bezug auf einen standardisierten zuvor erarbeiteten Anforderungskatalog, die Mächtigkeit der Software in Bezug auf Anpassungsmöglichkeiten mit Standardwerkzeugen und der Komfort der bereitgestellten Funktionalitäten (Adam et al. 2014, S. 6).

In der Tab. 6.2 sind die in der genannten Studie analysierten Produkte aufgeführt. Insgesamt wird festgestellt, dass sämtliche Produkte eine hohe Mächtigkeit aufweisen.

Tab. 6.2 BPM-Suiten der Fraunhofer Marktanalyse (Adams et al. 2014)

Werkzeug	Hersteller	Beschreibung
AgilePoint iBPMS	AgilePoint Inc.	Inhabergeführtes US Unternehmen, Starke Integration mit Microsoft-Produkten
agito BPM	Agito GmbH	Kleines Berliner Unternehmen, erst sein 2011 am Markt
Appian	Appian Software GmbH	Inhabergeführtes US Unternehmen, Produkt wurde mit mehreren Preisen ausgezeichnet
Appway Plattform	Appway | Numcom Software AG	Schweizer Unternehmen, Produkt wurde mit mehreren Preisen ausgezeichnet
Axon.ivy BPM Suite	AXON IVY AG	Schweizer Unternehmen, Spin Off der Landis + Gyr und der ETH Zürich, Produkt wurde mit mehreren Preisen ausgezeichnet, mehrmals in höchsten Kategorien
Bizagi Suite	Bizagi Ltd.	In Kolumbien gegründetes Unternehmen, Hauptsitz ist heute Großbritannien, 2014 mehrfach als „Finalist" für BPM ausgezeichnet
DHC Vision	DHC Business Solutions GmbH & Co. KG	Saarbrücker Unternehmen, Fokus liegt auf Prozessunterstützung und regulatorischen Anforderungen
@enterprise	Groiss Informatics GmbH	Österreichisches Unternehmen, wurde 2013 von der Schweizer Bahn mit einem Award ausgezeichnet
HCM VDoc Process	HCM CustomerManagement GmbH	Stuttgarter Unternehmen, seit 2000 im Markt, Produkt erhielt 2014 den „Best of Industrie-IT" Preis.
IBM BPM	IBM Deutschland GmbH	International Tätiger IT-Konzern, Produkt erhielt mehrfach internationale Auszeichnungen durch Analysten
BPM inspire	Inspire Technologies GmbH	Deutsches Unternehmen, seit 2008 im Markt, Mittelstandspreis und TÜV-Zertifizierung des Produktes
JobRouter	JobRouter AG	Mannheimer Unternehmen, seit 1993 im Markt, Fokus auf Bereitstellung einer Entwicklungsplattform, Innovationspreis des Mittelstandes
K2 blackpearl	K2 Northern Europe GmbH	Südafrikanisches Unternehmen mit mehreren tausend Kunden weltweit, zahlreiche internationale Preise
Metasonic® Suite	Metasonic GmbH	Deutsches Unternehmen aus Pfaffenhofen, seit 2004 im Markt
ORACLE BPM Suite	ORACLE Deutschland B.V. & Co. KG	International tätiger IT-Konzern, Umfassende Plattform für BPM auf Basis verschiedener Standards (BPMN, BPEL u. a.)

(*Fortsetzung*)

Tab. 6.2 (Fortsetzung)

Werkzeug	Hersteller	Beschreibung
FireStart	PROLOGICS IT GmbH	Österreichisches Unternehmen, seit 2006 im Markt, Look and Feel von Microsoft-Applikationen
X4 BPM Suite	SoftProject GmbH	Ettlinger Softwarehaus, seit 2000 im Markt, Zahlreiche Adapter für Drittsoftwareintegration
T!M – Task !n Motion 4.0	T!M Solutions GmbH	Freisinger Unternehmen, seit 2007 im Markt, mehrere aktuelle Auszeichnungen des Produktes

In Bezug auf den Komfort ergab die Untersuchung, dass nur sehr wenige Produkte einen hohen Komfort in allen Einzelaspekten bieten, die Streuung ist deutlich höher. Die beste Gesamtbewertung erhält das Produkt der Firma Bizagi. Es hat gleichzeitig den höchsten Komfort aller untersuchten Werkzeuge. Die beste Bewertung der Mächtigkeit erhielt das Produkt der Firma SoftProject (Adam et al. 2014, S. 124–125).

6.3 Werkzeuge für die fachliche Prozessunterstützung

6.3.1 Standardsoftware versus Individualsoftware

Eine Kernfrage der Wirtschaftsinformatik ist die Beschaffung der für die Unterstützung der Geschäftsprozesse erforderlichen Anwendungssoftware. Für das Prozessmanagement ist es von Bedeutung ob vorgefertigte Standardsoftware eingesetzt wird, die für viele Unternehmen entwickelt wurde oder ob speziell für das Unternehmen angefertigte Software zum Einsatz kommt.

Trend zur Standardsoftware Angesichts aktueller Trends wie z. B. Cloud-Computing kommt dem Einsatz von Standardsoftware eine immer größere Bedeutung zu. Die klassische Eigenentwicklung von Software mit eigenen Mitarbeitern, die ggf. durch spezialisierte Berater unterstützt werden, ist zunehmend seltener anzutreffen. Sie dominiert allerdings noch in einigen Branchen (Versicherungen, Banken), bei denen das Angebot an Standardsoftware vergleichsweise gering ausgeprägt ist. Der klassische Kauf von Standardsoftware mit nachgelagerter Implementierung durch eigene Mitarbeiter und Berater nimmt seit Jahren in Bereichen mit hohem Softwareangebot (z. B. Fertigungsindustrie, Maschinenbau, Handel) zu.

Eigenentwicklung als Domäne des Mittelstands Die klassische Eigenentwicklung durch ein beauftragtes externes Softwarehaus (Drittentwicklung) ist typischerweise im Mittelstand anzutreffen, der über meist nur geringe Entwicklungsressourcen verfügt, aber auch in größeren Unternehmen für spezielle Anwendungen. Da Standardsoftware vergleichsweise hohe Investitionen in Mitarbeiter, Hardware und weitere Ressourcen erfordert, hat in den

6.3 Werkzeuge für die fachliche Prozessunterstützung

vergangenen Jahren das Mietmodell für Standardsoftware eine spürbare Verbreitung gefunden. Hier entfällt der Kauf der Standardsoftware, da dies von einem hierauf spezialisierten Provider durchgeführt wird. Der Provider verfügt über das Know-how für die Einführungs- und Implementierungsunterstützung, der Anwender zahlt für die Softwarenutzung.

Fallbeispiel Versicherungsbranche

In der Versicherungsbranche ist der Anteil der selbst entwickelten Software im Vergleich zum Einsatz von Standardsoftware noch vergleichsweise umfangreich. Auf einer Podiumsdiskussion mit IT-Managern vertritt der Inhaber eines Softwarehauses, das überwiegend Individualsoftware erstellt, folgende Meinung: „Einer unserer Kunden aus dem Bereich der privaten Krankenversicherung hat eine Softwarelösung zur Prüfung des Schadensrisikos selber entwickelt. Input für diese Software sind die Vorerkrankungen des Antragsstellers sowie weitere Daten wie Wohnort, Beruf, usw. Als Ergebnis liefert das Programm eine Schadenswahrscheinlichkeit und einen eventuell notwendigen Risikozuschlag bzw. im Extremfall eine Ablehnungsempfehlung. In dieses System sind jahrzehntelange Erfahrungen hinein geflossen, die sehr spezifisch an das Unternehmen angepasst sind. Wir können es uns nicht vorstellen, dass auf absehbare Zeit derartige Aufgaben durch Standardsoftware lösbar sind."

Der gleichfalls anwesende Vertreter eines großen Standardsoftwareanbieters war hiermit nicht einverstanden. Seine Entgegnung lautete: „Die industrielle Nutzung von Standardsoftware ist nicht nur auf die Buchhaltung und Lagerwirtschaft begrenzt. Vor etwa 25–30 Jahren wurde von Anhängern der Individualentwicklung die Meinung vertreten, dass das Kerngeschäft eines Industrieunternehmens so speziell sei, dass es kaum möglich sein wird, Produktionsplanungs- und Steuerungssoftware für den Massenmarkt herzustellen. Heute finden Sie in so gut wie jedem Unternehmen im Bereich Fertigung und Produktion Software des Marktführers oder eines Wettbewerbers. In diesem Fall können die Versicherer hiervor profitieren. Auch für den geschilderten Versicherungsfall kann ich mir vorstellen, dass Standardsoftwareanbieter für das Kerngeschäft von Versicherungsunternehmen Softwarelösungen im Sinne eines Frameworks anbieten, die für spezielle Anforderungen um eigene Bausteine ergänzt werden können. Ein solcher Baustein kann z. B. die Tarifierung oder die Risikoprüfung sein."

Ähnliche Vorbilder gibt es übrigens auch in der bereits angesprochenen Fertigungsindustrie im Bereich der Schnittmengenoptimierung. Anbieter von Standardsoftware bieten ihren Kunden die Möglichkeit, an definierten Schnittpunkten eigene Module zur Schnittmengenoptimierung einzubinden.

Einsatz von Individualsoftware für die Prozessunterstützung

- **Maßgeschneiderte Lösung**

Die Entwicklung und der Einsatz von Individualsoftware hat den Vorteil einer maßgeschneiderten Lösung mit sich die ggf. keine Anpassung der Organisation erfordert. Bei der Individualentwicklung werden vom Anwender die gewünschten Anforderungen formuliert und in Form einer technischen Lösung umgesetzt. Eine Anpassung der Organisation ist nicht erforderlich, da auf die Wünsche eingegangen wird. Dies kann, je nach Situation des Unternehmens, als Vorteil angesehen werden. Problematisch ist allerdings, dass der „Einbau" von Individualentwicklungen zu komplexen Anwendungsarchitekturen führen kann. Alte und jüngere Generationen von Softwaresystemen werden miteinander vernetzt, mit der Folge, dass die Wartungsmöglichkeiten für zukünftige Entwicklungen erschwert werden. Kritisch ist in diesem Zusammenhang anzumerken, dass gerade durch den Einsatz von Standardsoftware auch längst überfällige organisatorische Veränderungen „erzwungen" werden können oder zumindest induziert werden. Überfällige organisatorische Veränderungen lassen sich daher durch den Einsatz von Individualsoftware leichter herauszögern, als durch den Einsatz von.

- **Unabhängigkeit**

Die Eigenentwicklung von Software hat den Vorteil, dass kein Abhängigkeitsverhältnis zu einem Softwarelieferanten aufgebaut wird, das in der Regel über mehrere Jahre, oft Jahrzehnte hinweg bestehen bleibt. Diese Bindung ist wesentlich stärker, als z. B. die Bindung an einen Hersteller für Computerhardware, da der Austausch von Software wesentlich mehr Aufwand verursacht, als der Austausch von Hardware.

- **Strategische Aspekte**

Unternehmen benötigen strategische Alleinstellungsmerkmale, um im Wettbewerb langfristig bestehen zu können und die Kundenbindung sicherzustellen. Sie möchten sich nach außen individuell darstellen, um sich von Wettbewerbern abzugrenzen. Eine homogene Unterstützung der Geschäftsprozesse durch den Einsatz von Standardsoftware ist für viele Unternehmen ein Grund, Individualsoftware zu entwickeln. Mit diesem Instrument haben sie die Möglichkeit, gezielt Wettbewerbsvorteile in ausgewählten Prozessbereichen zu schaffen. In Frage kommen hier produkt- oder marktnahe Prozessfelder mit innovativem Charakter (z. B. Produktentwicklung) oder nach außen sichtbaren Systemen wie z. B. Vertrieb oder Systeme zur Gestaltung des Internet-Auftrittes. In den klassischen betriebswirtschaftlichen Bereichen, die vorwiegend nach innen gerichtete Geschäftsprozesse abdecken, wie z. B. Finanzbuchhaltung, Kostenrechnung, Controlling, Personalwesen, aber auch Logistik und Materialwirtschaft, ist der Umfang der Funktionalität und die Qualität verfügbarer Standardsoftwarepakete derart hoch, dass eine Individualentwicklung kaum noch in Betracht kommt.

- **Kosten schwer planbar**

Die Entwicklung von Individualsoftware erfordert einen hohen finanziellen Aufwand und ist wegen der vielen unbekannten Einflussfaktoren sehr risikoreich. Immer wieder ist in der Praxis festzustellen, dass trotz moderner Entwicklungsmethoden – häufig aus

Zeitgründen – die Dokumentation der abgelieferten Programme nicht ausreichend oder in Einzelfällen nicht verfügbar ist.

- **Abhängig von Mitarbeiten**

Die Unabhängigkeit von Softwarelieferanten wird bei der Individualentwicklung gegen eine Abhängigkeit von Schlüsselmitarbeitern in der Softwareentwicklung eingetauscht. Nicht selten sind IT-Abteilungen im Falle von Urlaub oder Krankheit bestimmter Mitarbeiter in Ihrer Leistungsfähigkeit eingeschränkt. Durch den Einsatz von modernen Methoden des Software-Engineering und der Qualitätssicherung kann dieser Nachteil zunehmend reduziert, aber nicht ausgeschlossen werden. Letztlich ist die Abhängigkeit zu einzelnen IT-Mitarbeitern gerade für kleinere Unternehmen ein riskantes Problem.

Einsatz von Standardsoftware für die Prozessunterstützung

- **Einkauf von Know-how**

Für viele Unternehmen ist der Einsatz von Standardanwendungssoftware (kurz: Standardsoftware) eine Alternative um ihre Arbeitsabläufe modern zu unterstützen. Sie kaufen mit der Standardsoftware nicht nur Software, sondern auch vordefinierte Geschäftsprozesse ein, die allerdings noch an die Belange ihres Unternehmens angepasst werden müssen. Alternativ muss die Aufbau- und Ablauforganisation des Unternehmens verändert werden, wenn die Software „nicht zu den Prozessen passt". Letzteres ist in der Praxis häufig der Fall.

- **Kostenvorteile**

Die Anschaffungskosten sind im Vergleich zu den Kosten für eine Individualentwicklung geringer, da die Entwicklungskosten des Herstellers auf eine größere Kundenzahl verteilt werden. Zu bedenken ist, dass die Anschaffungskosten allerdings nicht den dominanten Kostenfaktor für eine Einführung von Standardsoftware darstellen. Mit der Einführung von Standardsoftware fallen häufig auch Kosten für die Umstellung von Hardware an. Teilweise ist auch die Beschaffung weiterer Software, z. B. ein bestimmtes Datenbankverwaltungssystem oder schnellere Endgeräte notwendig.

- **Aktuelle Software**

Der Wettbewerb unter den Herstellern von Standardsoftware führt dazu, dass die Produkte ständig verbessert werden und in der Regel das aktuelle betriebswirtschaftliche Fachwissen in Form von Programmen repräsentieren. Die Kunden der Standardsoftware-Anbieter profitieren daher von der permanenten Weiterentwicklung der Software und können in der Regel auch aktuelle Standards des Softwaremarktes nutzen. Ein Beispiel aus der jüngeren

Vergangenheit ist die Weiterentwicklung betriebswirtschaftlicher Standardsoftware um Internet-Funktionalitäten.

- **Hohe Funktionalität**

Betriebswirtschaftliche Standardsoftware verfügt heute im Gegensatz zu früheren Jahren über eine sehr umfangreiche Funktionalität, die im Regelfall die üblichen Anforderungen eines Funktionsbereiches (z. B. Finanzen) vollständig abdeckt. Nicht selten werden manche Funktionen beim Ersteinsatz wegen der Fülle an Funktionen noch nicht eingesetzt, zu späteren Zeitpunkten aber genutzt. Häufig wird Standardsoftware international eingesetzt. Moderne Softwarepakete sind für alle gängigen Sprachen der Welt einschließlich japanischer, chinesischer, arabischer und russischer Schriftzeichen einsetzbar. Hierdurch besteht die Möglichkeit, weltweite Teams mit der gleichen Standardsoftware – auf den gleichen Datenbeständen – arbeiten zu lassen. Jeder Mitarbeiter kann das System in seiner individuellen Sprache bedienen.

Betriebswirtschaftliche Standardsoftware steht Hard- und Softwareunabhängig für verschiedene Branchen zur Verfügung. Frühe Generationen von Standardsoftware boten nur geringe oder keine Möglichkeiten der Individualisierung durch den Kunden. Aktuelle Softwareprodukte können über so genanntes Customizing im Rahmen der angebotenen Funktionalität an die Wünsche der Anwender angepasst werden. Die Anzahl der „Stellschrauben", d. h. der möglichen Parametrisierungen sind derart komplex, dass keine generellen Aussagen möglich sind. Grundsätzlich besteht die Möglichkeit, derartige Standardsoftwareprodukte weitgehend an die Anforderungen im jeweiligen Unternehmen anzupassen, obgleich trotzdem mit Anpassungen der Organisation und der Geschäftsprozesse zu rechnen ist.

- **Organisatorische Änderungen**

Häufig wird der Einsatz von Standardsoftware mit strategischen Aspekten begründet. Die Entscheidung für den Einsatz von Standardsoftware, häufig auch für einen bestimmten Hersteller, wird in der Regel auf der obersten Management-Ebene getroffen. Dies kann bei einer geeigneten Motivation durchaus sinnvoll sein, z. B. dann, wenn es gewünscht ist, mit Hilfe des Softwareeinführungsprojektes notwendige organisatorische Änderungen zu begründen und durchzusetzen. Diese Situation ist in der Praxis häufig anzutreffen, denn bei der Individualsoftwareentwicklung werden gerne die aktuelle Aufbauorganisation und die aktuellen Geschäftsprozesse als Basis für Sollkonzepte verwendet. In diesem Fall kann der Einsatz von Standardsoftware zu durchaus gewünschter „Nachdenklichkeit" zur Vorteilhaftigkeit der derzeitigen Aufbauorganisation und der Geschäftsprozesse führen. Derartige Projekte haben dann den Charakter von Business Reengineering-Projekten, und der Einsatz der Standardsoftware dient hier als Werkzeug, d. h. als Enabler für die Überarbeitung der Geschäftsprozesse. Zudem werden die verantwortlichen Mitarbeiter der Fachbereiche vergleichsweise früh in die Projektverantwortung mit einbezogen, da bereits ein funktionsfähiges Softwaresystem vorliegt und die Anpassung an die betrieblichen Erfordernisse eine schwerpunktmäßige betriebswirtschaftliche Aufgabe darstellt. Hierdurch wird erreicht, dass die zukünftige Softwarelösung eher den Anforderungen entspricht, als dies bei Eigenentwicklungen häufig der Fall ist, wo Mitarbeiter der Fachabteilung während der Entwicklungsarbeiten wenig involviert sind.

- **Geringer Folgeaufwand**

Der wesentliche strategische Vorteil des Einsatzes von Standardsoftware liegt im geringeren Folgeaufwand bei Erweiterungen des installierten Systems. Die Erweiterung der Funktionalität von selbst erstellten Applikationen übersteigt nicht selten den Aufwand des ursprünglichen Einführungsprojektes, führt aber häufig zu vollständigen (Wartungs-)Projekten. Beim Einsatz von Standardsoftware sind funktionale Erweiterung durch Aktivierung der erforderlichen Funktionen und deren Parametrisierung (Customizing) jederzeit möglich. Allerdings gilt dies nur solange sich die funktionalen Erweiterungen im Standardleistungsumfang der Software bewegen. Sind Anforderungen zu realisieren, die hierüber hinausgehen, sind Zusatzentwicklungen (sog. Add Ons) oder sogar Änderungen im Quellcode (sog. Modifikationen) erforderlich, die den Charakter von Eigenentwicklungen haben.

- **Strategische Aspekte**

Dennoch sind die strategischen Aspekte nicht immer ausschlaggebend bzw. zutreffend. Weniger kritisch ist der Einsatz betriebswirtschaftlicher Standardsoftware im Bereich interner administrativer Geschäftsprozesse, die einen Querschnittscharakter haben, wie z. B. Rechnungswesen und Personal. Sorgfältiger muss die Auswahl dagegen bei Kerngeschäftsprozessen sein, die wesentliche Wertbeiträge für das Unternehmen liefern. Hier können teilweise keine wettbewerbsdifferenzierenden Merkmale mit Standardsoftware realisiert werden. Die Entscheidung für einen Hersteller und sein Produkt führt zwangsläufig zu einer gewissen, z. T. auch hohen, Abhängigkeit, da in der Regel nur ein geringer Einfluss, meist auch nur mittelbar über User-Groups etc. auf die Produktpolitik und Weiterentwicklung möglich ist. Die Abhängigkeit wiegt umso schwerer, wenn in Unternehmen für strategisch relevante Prozessfelder Standardsoftware eingesetzt wird. Weniger kritisch sind dagegen Prozessfelder mit hohem Standardisierungsgrad, wie z. B. Finanzwesen oder Bürokommunikation (Textverarbeitung, E-Mail usw.). Die in früheren Softwaregenerationen übliche Praxis der Modifikation (Änderung des Source-Codes) ist häufig technisch nicht möglich (keine Auslieferung des Source-Codes durch den Hersteller) oder langfristig zu aufwendig. Letzteres ist zunehmend mehr der Fall, da Änderungen des Source-Codes bei mehrmaligen Releasewechseln pro Jahr nicht mehr mit vertretbarem Aufwand realisierbar sind.

- **Schulung**

Die Einführung und der Betrieb von Standardsoftware erfordert einmalig im Rahmen der erstmaligen Einführung, aber auch permanent während des Betriebes einen hohen Schulungs- und meist auch Beratungsaufwand durch den Hersteller oder hierauf spezialisierte Beratungsunternehmen.

- **Teures Spezialpersonal**

Das erforderliche Spezialpersonal ist in der Regel teuer und nur schwer zu beschaffen. Durch frühzeitige Einbindung und Qualifizierung von Mitarbeitern, die später als Coach im Unternehmen fungieren, kann dieser Nachteil bei adäquatem Projektmanagement gemildert werden.

- **Veränderte Anforderungen an das Personal**

Weiterhin ist zu berücksichtigen, dass bei Einsatz von Standardsoftware in der Praxis mittel- bis langfristig Veränderungen in der Personalstruktur der IT-Abteilung auftreten, die einen Wechsel von Standardsoftware zurück zur Individualentwicklung erschweren. Der Grund hierfür sind deutliche Reduktionen der Personalkapazitäten für die Anwendungsentwicklung, da diese nur noch für die Entwicklung und Anpassung von Erweiterungen (sog. Add Ons) erforderlich sind. Aufgebaut werden stattdessen Personalressourcen mit betriebswirtschaftlich-organisatorischen Fähigkeiten, d. h. die Einführung von Standardsoftware ist mit einem Wandel der IT-Abteilung von der Entwicklung hin zu unternehmensinternen Beratung verbunden.

6.3.2 Enterprise Resource-Planning Systeme (ERP-Systeme)

Zielsetzung und Begriff ERP-Systeme (ERP = Enterprise-Resource-Planning) haben für die Entwicklung des Prozessmanagements eine große Bedeutung gehabt und sind auch heute noch ein zentraler Baustein bei der Umsetzung von Prozessen. Bis vor ihrer Entwicklung und Einführung in den 1980er-Jahren wurden für einzelne betriebliche Funktionen überwiegend dedizierte Systeme eingesetzt. Dies führte dazu, dass die Unternehmen teils sogar auf eigener Hardware Systeme für Lagerwirtschaft, Vertrieb, Buchhaltung, Personal usw. betrieben welche die notwendigen Daten selbst verwalteten. Dies hatte eine hohe Datenredundanz zur Folge und brachte eine Vielzahl von Schnittstellenprogrammen zur Sicherstellung des gegenseitigen Datenaustauschs mit sich, der oft nicht mehr beherrschbar war.

▶ **Definition ERP-System** Ein ERP-System ist ein modular aufgebautes Softwaresystem, bei dem mehrere Standard Business-Applikationen durch eine gemeinsame Datenbasis integriert sind. Typische Business-Applikationen sind Finanzwesen und Controlling, Produktionsplanung und Steuerung, Einkauf und Logistik, Vertrieb und Versand sowie Personal. Jede Businessapplikation wird durch ein Modul bestehend aus mehreren Einzelprogrammen repräsentiert. Im Vordergrund eines ERP-Systems steht die Prozessunterstützung innerhalb eines Unternehmens, weniger die Unterstützung zwischenbetrieblicher Geschäftsprozesse mit Lieferanten und Vorlieferanten. Die individuelle Anpassung an unterschiedliche Bedürfnisse erfolgt durch Customizing.

Tab. 6.3 Merkmale von ERP-Systemen

Merkmal	Kurzbeschreibung	Beispiel
Datenintegration	Die Softwaremodule des Systems nutzen Daten gemeinsam.	Ein Vertriebs- und Buchhaltungsmodul verwenden jeweils Kundenstammdaten.
Prozessintegration	Abteilungsübergreifende Geschäftsprozesse werden durch mehrere beteiligte Softwaremodule gemeinsam unterstützt.	Die Kundenauftragsbearbeitung wird vom Eingang der Kundenanfrage, über die Fertigung bis hin zur Auslieferung und Bezahlung der Ware mit Hilfe mehrerer Softwaremodule (Vertriebsabwicklung, Produktionsplanung, Versand, Finanzen) unterstützt.
Operative Funktionalität	Unterstützung operativer Aufgaben eines Unternehmens zur Abwicklung von Geschäftsvorfällen.	Auftragsbearbeitung, Fertigungsplanung, Kundenbuchhaltung, Eingangsrechnungsbearbeitung, Gehaltsabrechnung.
Einheitliches Entwicklungskonzept	Softwaremodule nutzen gemeinsames Repository und basieren auf einheitlichen Entwicklungsstandards.	Gleiches Bildschirmmaskenlayout, gleichartige Fehlermeldungen.
Schichtenarchitektur	Softwarearchitektur zur Unterstützung einer über mehrere Abteilungen und Standorte, ggf. auch Länder, verteilten Verarbeitung.	Client-/Server-Architektur zur Realisierung des dezentralen Zugriffs auf Daten und Funktionen.
Transaktionsorientierung	Onlineverarbeitung von Geschäftsvorfällen und Speicherung der Daten auf Datenbanken.	Anlegen eines Kundenauftrages, Buchen einer Eingangsrechnung.
Mandantenfähigkeit	Trennung der logischen Sicht (Unternehmen, Bereich) von der technischen Sicht.	Auf einem SAP®-System können mehrere rechtlich getrennte Unternehmen abgerechnet werden. Nutzer und Daten sind völlig getrennt.

Charakterisierung von ERP-Systemen

Merkmale ERP-Systeme zeichnen sich vor allem durch folgende Merkmale aus: Datenintegration, Prozessintegration, operative Funktionalität, einheitliches Entwicklungskonzept, Schichtenarchitektur und Transaktionsorientierung (vgl. Tab. 6.3).

Datenintegration Ein Hauptmerkmal integrierter Standardsoftware ist die gemeinsame Verwendung von Daten. Als Beispiel lassen sich die Vertriebsdaten anführen.

Kundenstammsätze werden im Regelfall originär durch Mitarbeiter im Vertrieb angelegt. Hier fallen Aufgaben wie Vergabe einer Kundennummer, Kundenname, Anschrift, Vertriebsdaten usw. an. Der Debitorenbuchhalter kann diese im ERP-System verfügbaren Informationen aufgreifen und um spezifische Informationen der Buchhaltung erweitern (z. B. Kreditlimit, Mitbuchkonto, Zahlungsmodalitäten). Beide Mitarbeiter greifen auf dieselben Datenbestände zu. Die Datenintegration macht sich vor allem in der „Durchbuchung" von Geschäftsvorfällen in allen aktivierten Komponenten der Standardsoftware bemerkbar. Verwendet ein Unternehmen beispielsweise ein integriertes Anwendungssystem mit den Teilfunktionen Logistik/Materialwirtschaft, Produktionsplanung und Buchhaltung, so bewirkt eine Wareneingangsbuchung eines für die Produktionssteuerung notwendigen Rohmaterials folgende Aktivitäten:

- Fortschreibung der mengenmäßigen Lagerbestände in der Logistik und Materialwirtschaft
- Auslösung eines Produktionsauftrages, der auf dieses Material wartet,
- Erhöhung der Lagerwerte in der Buchhaltung.

Prozessintegration Von besonderer Bedeutung für das Geschäftsprozessmanagement ist die Frage der Durchgängigkeit der Prozessunterstützung, d. h. der Verzicht auf Mitarbeiter-, Abteilungs- oder Softwarewechsel. Nur eine durchgängige Verbindung mehrerer Anwendungsbausteine zu einem Geschäftsprozess erlaubt es, auf Schnittstellen weitgehend zu verzichten und Daten nur einmal, am Entstehungsort, zu erfassen und in allen Komponenten weiterzuverarbeiten. Integrierte Datenbanken erfordern die Plausibilitätsprüfung aller Daten schon bei der Eingabe in das System. So müssen auch bei einer mengenmäßigen Wareneingangsbuchung die buchhaltungsrelevanten Datenfelder erfasst und geprüft werden. So muss z. B. festgestellt werden, ob eine mit dem Wareneingang zu belastende Kostenstelle überhaupt existiert. Ebenso müssen in einem solchen Anwendungsfall die Daten des Geschäftsvorfalls in alle betroffenen Anwendungsbausteine weitergereicht, d. h. „durchgebucht" werden.

Erst die durchgängige schnittstellenfreie Verbindung der Einzelfunktionen, wie z. B. Logistik, Rechnungswesen oder Vertrieb zu einem Gesamtsystem machen eine integrierte Standardsoftware aus. Alle Systemkomponenten greifen hierbei auf gemeinsam genutzte Datenbanken zu. Eine „Integration" verschiedener Bausteine über Batch-Schnittstellen stellt dagegen nur eine Datenversorgung der Einzelkomponenten dar und kann nicht als Integration bezeichnet werden. „Batch-Programme" laufen ohne Benutzereingriffe ab. Ein anderer, etwas veralteter Begriff hierfür ist die „Stapelverarbeitung". Dialogprogramme erfordern im Gegensatz zu Batchprogrammen Benutzerinteraktionen, wie z. B. die Erfassung von Kundendaten am Bildschirm. Daten, die für nicht integrierte Programme für unterschiedliche Zwecke erforderlich sind, werden über Schnittstellenprogramme ausgetauscht. Bei hohem Datenvolumen wird dies häufig in der Form von Batch-Programmen realisiert. Dies ist z. B. bei der Übertragung von Kundenstammsätzen aus einem Vertriebs-System in ein Finanzbuchhaltungs-System der Fall.

6.3 Werkzeuge für die fachliche Prozessunterstützung

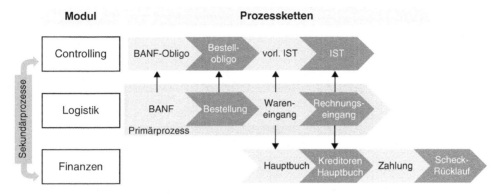

Abb. 6.3 Prozessintegration am Beispiel Einkaufslogistik

Entscheidend ist es, ob Prozessketten über alle Bausteine der Standardsoftware hinweg abgebildet werden können. So muss die Auftragsabwicklung entsprechend dem realen Bearbeitungsfluss durch die Vertriebs-, Logistik, Produktions- und Versandfunktionen im Standardsoftwaresystem implementiert und übergangslos ohne Medienbrüche ausgeführt werden können. Im Hintergrund müssen die administrativen Funktionen wie Rechnungswesen und Controlling mit den erforderlichen Informationen versorgt werden.

Der Prozessüberblick des Primärprozesses Beschaffung in Abb. 6.3 zeigt, wie ausgehend von Bestellanforderungen (BANF) der Logistik Obligodaten im Controlling (z. B. auf einem Auftrag oder einer Kostenstelle fortgeschrieben werden). Bestellanforderungen sind Anforderungen an den Einkauf, bestimmte Materialien oder Dienstleistungen zu beschaffen. Sie können z. B. vom Bedarfsverursacher (z. B. Leiter der Kostenstelle) im Modul Materialwirtschaft angelegt werden. Unter einem Obligo sind Verpflichtungen zu verstehen, die aufgrund von Verträgen oder Dispositionen entstehen und noch nicht buchhalterisch erfasst sind. Ein Bestellobligo wird durch die Bestellung im Einkauf ausgelöst. Der Wareneingang führt in den Controlling-Berichten zu vorläufigen Istwerten, die durch den späteren Rechnungseingang vom „tatsächlichen Ist" abgelöst werden. Der Wareneingang schlägt sich auf Materialkonten des Hauptbuches im Sekundärprozess Finanzen nieder. Der Rechnungseingang wird über die Rechnungsprüfung des Moduls Materialwirtschaft auch ins Kreditorennebenbuch und über die Mitbuchtechnik ins Hauptbuch gebucht.

Die Abb. 6.4 zeigt den Kernprozess Vertrieb, der als Datenlieferant für die involvierten Querschnittsprozesse auftritt. Der Auftragseingang im Vertriebsmodul löst die Kreditlimitprüfung in der Debitorenbuchhaltung aus. Gleichzeitig werden die relevanten Controllingobjekte (z. B. Auftrag) fortgeschrieben und gehen in Forecast-Analysen des Vertriebscontrollingmoduls ein. Die Buchung des Warenausgangs im Vertrieb löst wiederum die Fakturierung aus. Bei integriertem Einsatz betriebswirtschaftlicher Standardsoftware wird hierdurch die Buchung der Rechnung ausgelöst, die im Nebenbuch Debitoren und über die Mitbuchtechnik im Hauptbuch fortgeschrieben wird. Hiernach folgen je nach Kundenverhalten die Mahnung oder Zahlungsabwicklung im Finanzwesen. In der Prozessübersicht wurde die Berücksichtigung der zahlungsrelevanten Vorgänge im Rahmen der Finanzdisposition (Treasury) der Einfachheit halber vernachlässigt.

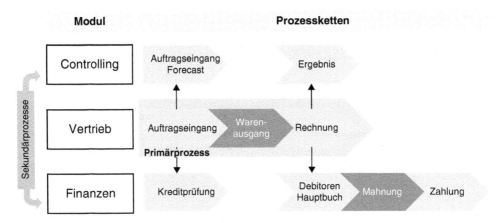

Abb. 6.4 Prozessintegration am Beispiel Vertriebslogistik

Operative Funktionalität ERP-Systeme unterstützen Funktionen, die zur operativen Bearbeitung der regelmäßig anfallenden Geschäftsvorfälle eines Unternehmens notwendig sind. Beispiele sind die Erfassung von Bestellungen, Aufträgen, Durchführung der Lohn- und Gehaltsabrechnung usw. Sie grenzen sich hierdurch von Managementinformationssystemen ab, welche für die Unterstützung der Analyse von Daten eingesetzt werden können, z. B. für Kundenumsatzanalysen.

Einheitliches Entwicklungskonzept Einzelne, unabhängig voneinander konzipierte Teilfunktionen lassen sich nicht zu einem Gesamtsystem integrieren, so dass es die obigen Anforderungen erfüllen kann. Integrierte Standardsoftwaresysteme basieren daher auf einem einheitlichen Entwicklungskonzept. In Form eines Schichtenmodells wird auf einer unteren Ebene ein Basissystem mit übergreifenden, für alle Teil-Funktionen notwendigen „Services" konzipiert. Daneben werden bei integrierten Systemen einheitliche Standards eingesetzt, so z. B. ein einheitliches Bildschirm und Druckoutput-Layout, verwendete Datenbanksysteme bzw. Datenbanksystemschnittstellen und Verwendung offener Schnittstellen (z. B. TCP/IP).

Schichtenarchitektur ERP-Systeme sind keine Einplatz-Systeme, wie z. B. ein Textverarbeitungsprogramm, das auf einem einzelnen Arbeitsplatz vollständig installiert und genutzt wird. Sie unterstützen betriebswirtschaftliche Funktionen, die in der Regel von mehreren Mitarbeitern in verschiedenen Abteilungen und auch an unterschiedlichen Standorten benötigt werden. Aus diesem Grund ist eine Schichtenarchitektur notwendig, die meist in Form des Client-/Server-Prinzips mit einer Trennung der Präsentation, Verarbeitung und Datenhaltung realisiert wird.

Transaktionsorientierung Die Unterstützung operativer Geschäftsvorfälle erfordert die Veränderung von Daten mit Hilfe von Online-Transaktionen. ERP-Systeme arbeiten transaktionsorientiert, d. h. sie stellen eine Reihe von Transaktionen zur Unterstützung der

Geschäftsprozesse zur Verfügung (z. B. Transaktion zum Anlegen eines Kundenauftrags, zur Erfassung einer Bestellung, zum Ändern eines Mitarbeiterstammsatzes u. a.).

Mandantenfähigkeit Ergänzend kommt bei vielen Standard-ERP-Systemen die Mandantenfähigkeit hinzu. Hierunter ist die Möglichkeit zu verstehen, mehrere Unternehmen aus betriebswirtschaftlicher Sicht völlig unabhängig voneinander in einer technischen Installation abzurechnen. Für alle Unternehmen geltende Basiseinstellungen beschränken sich auf wenige allgemeingültige Aspekte (z. B. Kalendereinträge). Darüber hinaus kann jedes Unternehmen individuell konfiguriert und auf der Installation abgerechnet werden.

6.3.3 Wirtschaftlichkeit von Standardsoftware

Häufig sind mit der Einführung von Standardsoftware Erwartungen verbunden, welche die Wettbewerbsfähigkeit des Unternehmens erhalten und sichern sollen. Zudem wird von geringeren Kosten als bei Individualsoftware ausgegangen. Neben den Anschaffungskosten für die Standardsoftware fallen jedoch andere Kostenarten bei der Einführung von Standardsoftware wesentlich stärker ins Gewicht.

> **Wirtschaftlichkeit von Standardsoftware am Beispiel von SAP ERP® (vgl. Buxmann und König 2000)**
> Wegen des hohen Bedarfes an produktspezifischem Know-how ist eine Einführung von SAP®-Systemen in der Regel mit dem Einsatz externer Berater verbunden. Berater kommen üblicherweise in allen Projektphasen zum Einsatz, insbesondere bei der oft mit der SAP®-Einführung verbundenen Reorganisation der Geschäftsprozesse (Business Reengineering), vor allem aber beim Customizing des Systems, der Anwenderschulung, der Realisierung von Erweiterungen (insbesondere Eigenentwicklungen) und sehr häufig über längere Zeiträume hinweg bei der Einführungsunterstützung des produktiven Systems. Demzufolge stehen Beraterkosten, wie die obige empirische Untersuchung zeigt, an erster Stelle der Kostenarten, die mit der Einführung von SAP®-Systemen verbunden sind.

- Kosten für externe Berater,
- Kosten zur Anschaffung oder Erweiterung der Hardware- und Systemsoftware,
- Kosten für die Abstellung eigener Mitarbeiter für das Einführungsprojekt,
- Anschaffungs- und Wartungskosten für die Standardsoftware,
- Kosten für Schulungsmaßnahmen.

Trotz der enormen Kosten zeigt der Erfolg des SAP®-Systems, dass dem Aufwand erhebliche Nutzenpotenziale gegenüberstehen, die einen Einsatz rechtfertigen können. Die wesentlichen Nutzenkategorien sind:

- Bessere Planung, Steuerung und Kontrolle der betrieblichen Geschäftsprozesse,
- Einheitliche und konsistente Datenbasis,

- Verbesserte Flexibilität im Hinblick auf eine Anpassung der Informationssysteme und Geschäftsprozesse an geänderte Anforderungen,
- Verkürzung von Durchlaufzeiten der betrieblichen Geschäftsprozesse,
- Qualitative Verbesserung betrieblicher Geschäftsprozesse.

Martin et al. (2002) unterscheiden vier Nutzenkategorien des Einsatzes von ERP-Systemen:

- Prozesseffizienz (Geschäftsprozesse),
- Markteffizienz (Kunden- und Marktorientierung),
- Ressourceneffizienz (Produktivität und Wirtschaftlichkeit) und
- Delegationseffizienz (Effizienz der Informationsgewinnung).

Unter der Prozesseffizienz verstehen sie die Fähigkeit eines Unternehmens, Geschäftsprozesse in den Kategorien Kosten, Qualität und Zeit zu verbessern. Beispiele sind die Reduzierung der Durchlaufzeiten von Aufträgen oder eine Erhöhung der Liefertermintreue. Unter Markteffizienz ist die verbesserte Nutzung von Chancen auf den Absatz- und Beschaffungsmärkten durch koordiniertes Auftreten gegenüber Kunden bzw. Lieferanten zu verstehen. Dies kann z. B. auf der Beschaffungsseite durch eine Nachfragebündelung oder auf der Absatzseite durch verbesserte Produkte und Dienstleistungen erfolgen. Ressourceneffizienz ist die Verbesserung der Produktivität und Wirtschaftlichkeit, d. h. die optimierte Nutzung von Ressourcen in Form von Personen, Anlagen, Maschinen und Kapital. Beispiele hierfür sind verbesserte Kapazitätsauslastung, Reduzierung der Lagerbestände oder Reduzierung der benötigten Mitarbeiteranzahl. Die Delegationseffizienz misst die Steigerung der Nutzung des Problemlösungspotenzials hierarchisch übergeordneter Einheiten. Als Beispiele können eine höhere Geschwindigkeit und Qualität der Informationsverarbeitung durch IT-gestützte Reports und Analysen genannt werden. Durch den Zugriff auf eine und dieselbe Datenbank sind häufig weltweite Analysen für einen gesamten Konzern ohne Zusammenführen und Verdichtung verschiedener Datenbestände möglich.

6.4 Einführung von Standardsoftware

Zusammenhang zum Prozessmanagement Projekte zur Einführung oder Aktualisierung von Standardsoftware betreffen auch Aspekte des Prozessmanagements, da Arbeitsabläufe angepasst werden müssen, wegfallen können oder neu hinzukommen. Die Einführung bzw. Aktualisierung von Standardsoftware stellt häufig nicht gekannte Anforderungen an die Mitarbeiter in den betroffenen Unternehmen. Neben fachlich-betriebswirtschaftlichen Fragestellungen werden auch neue Anforderungen an die Zusammenarbeit der Mitarbeiter innerhalb und zwischen den betroffenen Bereichen des Unternehmens gestellt, da integrierte Softwaresysteme keine Abteilungsgrenzen kennen. Die Einführung einer betriebswirtschaftlichen Standardsoftware, insbesondere von ERP-Systemen, stellt einen massiven Eingriff in ein Ordnungssystem dar, der ohne Konflikte nicht zu bewältigen ist (Maucher 2001, S. 23). Der Einsatz von Standardsoftware verändert also die Prozesse im Unternehmen. Daher ist die Einführungsphase der Software besonders sorgfältig zu planen, da die Veränderungen hier innerhalb kurzer Zeit wirksam werden. Zur Einführung einer betriebswirtschaftlichen Standardsoftware wie z. B. SAP ERP® gibt es zwei Grundstrategien: Die „Big-Bang-Strategie", d. h. den stichtagsbezogenen Austausch des Systems in einem Zug, oder die „Sukzessiv-Strategie", d. h. die schrittweise Verlagerung von Prozessen in ein neues System. Mauterer (2002, S. 23) spricht hier auch von Small Bangs.

Big Bang Strategie Beim Big-Bang besteht die Möglichkeit, diesen für das Gesamtunternehmen oder, im Falle einer dezentralen Organisationsform, sukzessive nach der Festlegung eines Mastersystems, für dezentrale Einheiten (z. B. Länder oder regionale Niederlassungen) als so genannten Roll-Out durchzuführen. Bei der Sukzessiv-Strategie sind Kriterien für die Definition der Schrittfolge zu definieren, üblicherweise unterscheidet man die abteilungsbezogene bzw. funktionsorientierte Umstellung und die marktorientierte bzw. prozessbezogene Umstellung des Systems.

Die Big-Bang-Strategie ist eine theoretisch optimale Lösung, da keine Schnittstellenprobleme auftreten und von Beginn an eine integrierte den Gesamtprozess abdeckende Softwarelösung zur Verfügung steht. Es fallen auch keine Übergangsprobleme mit Doppelarbeiten im Alt- und Neusystem an, und es besteht auch keine Gefahr von Dateninkonsistenzen, da strikt nach alten Daten vor dem Stichtag und neuen Daten nach dem Stichtag unterschieden werden kann.

Der größte Nachteil ist das extrem hohe Projektrisiko, das bei Totalausfall des neuen Systems die Unternehmung in ihrer Existenz gefährden kann. Beispiele aus der Praxis zeigen, dass dies auftreten kann. Um die Projektrisiken auf ein Minimum zu reduzieren, sind umfangreiche Tests und Rückfall-Szenarien notwendig. Ein Big-Bang stellt sehr hohe Anforderungen an das Projektmanagement und fordert einen konzentrierten Einsatz der Personalressourcen (Fach- und IT-Abteilung und meist auch der externen Berater) innerhalb eines sehr eng definierten Zeitrahmens.

Roll-Out Um die Nachteile des Big-Bang abzumildern, besteht bei Unternehmen mit dezentraler Organisation (z. B. regionalen ähnlich strukturierten Niederlassungen, Standorte in mehreren Ländern) die Möglichkeit des Roll-Outs. Hier wird zunächst ein zentrales Mastersystem mit den gemeinsamen Prozessen definiert und dann sukzessive ausgerollt, d. h. auf die regionalen Einheiten verteilt. Ggf. werden ausgerollte Systeme lokal noch angepasst bevor sie produktiv gesetzt werden.

Die Verfolgung einer Roll-Out-Strategie führt zu deutlich geringeren Risiken, da die Erfahrungen der ersten Projekte für Folgeprojekte genutzt werden können und bei Problemen nur Teile des Unternehmens (z. B. eine Niederlassung) betroffen sind. Der Ressourceneinsatz kann zudem zeitlich deutlich entzerrt werden.

Ein Roll-Out ist leider nicht immer möglich. Notwendig ist eine dezentrale Organisation mit einem überschaubaren Komplexitätsgrad. Sind die lokalen Organisationen so groß, dass auch hier kein lokaler Big-Bang durchgeführt werden kann, so muss auf die Sukzessiv-Strategie ausgewichen werden. Weitere Nachteile sind darin zu sehen, dass erst nach Abschluss des gesamten Roll-Outs, der sich je nach Größe des Unternehmens über Jahre hinziehen kann, ein integriertes System zur Verfügung steht.

Schrittweise funktionsorientierte Einführung In vielen Unternehmen sind Begriffe wie „Buchhaltungssystem", „Lagerverwaltungssystem" oder „Vertriebssystem" bekannt. Die Begriffe bezeichnen eine funktionale Arbeitsteilung und dokumentieren die hierfür entwickelten funktionsunterstützenden Systeme. In einer solchen Architektur ist es durchaus üblich bei einem Systemwechsel „funktionsorientiert" vorzugehen, d. h. das „alte" Lagerverwaltungssystem wird durch ein neues Lagerverwaltungssystem ausgetauscht.

Die funktionsorientierte Vorgehensweise löst sukzessive einzelne Funktionen oder Funktionsbereiche (Rechnungswesen, Lagerhaltung, …) aus dem Altsystem durch z. B. eine neuen Software ab und verbindet die beiden „Welten" übergangsweise durch Schnittstellen. Für eine Übergangszeit werden Prozesse also durch „Altsoftware" und „neue Software" parallel unterstützt. Vorteilhaft gegenüber Big-Bang-Strategien ist die kürzere Einzelprojektlaufzeit, da das Gesamtprojekt in mehrere unabhängige Teilprojekte zerlegt werden kann. Die Einzelprojekte sind einfacher zu handhaben, damit sinkt das Gesamtprojektrisiko.

Auf der anderen Seite entstehen Nachteile, die durch das Schnittstellenproblem verursacht werden. Der Aufwand für die Implementierung der Schnittstellen ist enorm. Für die Übergangszeit, die durchaus mehrere Jahre betragen kann, steht kein integriertes Gesamtsystem zur Verfügung. Dort, wo keine Schnittstellen implementiert werden (können), entsteht ein hoher manueller Aufwand durch die betroffenen Mitarbeiter. Zudem besteht die Gefahr von Inkonsistenzen durch Daten-Redundanzen, da die „Alt-Welt" und das neue ERP-System mit Daten versorgt werden müssen.

Schrittweise prozessorientierte Einführung Die Prozessorientierung hat sich seit den 1990er-Jahren als Paradigma der Unternehmensgestaltung durchgesetzt und in vielen Unternehmen etabliert. Alternativ zur traditionellen funktionalen Vorgehensweise zur Einführung von Standardsoftware bietet sich daher eine diesem Paradigma folgende Strategie an. Die einzelnen Schritte der Migration werden hierbei nach marktorientierten Gesichtspunkten vorgenommen. D. h. es werden einzelne Prozessketten vollständig aus dem Altsystem herausgelöst und sofort durchgängig durch das neue ERP-System unterstützt. Meist stellt man zunächst die Primärprozesse sukzessiv um und plant die Querschnittprozesse (Rechnungswesen/Personal) en bloc am Anfang oder Ende des Projektes. Voraussetzung für eine derartige Vorgehensweise ist, dass sich die Einzelprozesse auch organisatorisch herauslösen lassen müssen und getrennt betrieben werden können.

Grundsätzlich gelten bei dieser Vorgehensweise die gleichen Vorteile, wie bei der Funktionsorientierte Einführung von Standardsoftware. Allerdings ist das Projektrisiko wesentlich geringer, da die Teilprozesse autark sind und die Reihenfolge der Einzelprojekte nach dem Risiko für das Unternehmen gesteuert werden können. So können z. B. zunächst weniger kritische Prozesse umgestellt werden. Später können, wenn Erfahrungen vorliegen und die Projektmannschaft „fit" ist, andere Prozesse nachgezogen werden. So bietet es sich im Regelfall an, erst das Ersatzgeschäft und danach das Neugeschäft umzustellen. Hierdurch ist gewährleistet, dass Erfahrung nicht mit dem Kerngeschäft, dem Verkauf neuer Produkte, sondern mit dem nachgelagerten Ersatzteilgeschäft gesammelt werden können.

Auch der Aufwand für die Projektdurchführung ist geringer, da wegen der durchgängigen Prozessunterstützung weniger Schnittstellen zu versorgen sind. Im Regelfall tauchen noch Schnittstellen zu Querschnittsprozessen wie Rechnungswesen und Personal und evtl. gemeinsam genutzte Stammdaten (z. B. Materialstamm, Kundenstamm) auf. Zudem sind die Schnittstellen für die Dauer der Systemumstellung konstanter als bei der funktionsorientierten Umstellung.

Grundsätzlich gelten die Nachteile der funktionsorientierten Umstellung. Darüber hinaus sind keine weiteren negativen Aspekte zu verzeichnen, allenfalls sind gewisse Redundanzen bei der Stammdatenhaltung hinzunehmen.

Gesamtbewertung Das strategische Portfolio in Abb. 6.5 ordnet die vorgestellten Handlungsalternativen nach den besonders wichtigen Entscheidungskriterien „Projektrisiko" und „Aufwand" in eine Portfolio-Darstellung ein. Hierbei wird der Aufwand für die Realisierung und Demontage der Schnittstellen in den Vordergrund gestellt, da er das wesentlichste Unterscheidungsmerkmal darstellt.

Werden die wesentlichen Aspekte gegenübergestellt, so sprechen für das sukzessive Prozessorientierte Vorgehen viele Vorteile, aber kaum für die Existenz des Unternehmens

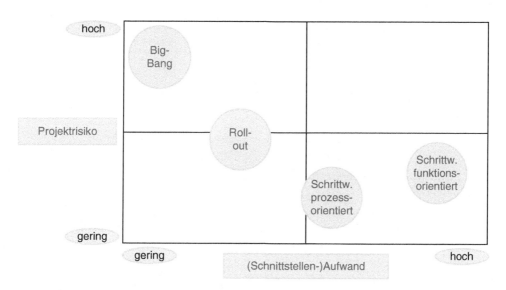

Abb. 6.5 Strategien zur Einführung von SSW

nennenswerte Nachteile. Grundsätzlich ist eine fallbezogene Prüfung der Entscheidungsgrundlage erforderlich, da die vielfältigen Voraussetzungen zu erfüllen sind und auch exogene Entscheidungsparameter, wie z. B. Zeitdruck, unternehmenspolitische Vorgaben u. a. m. zu berücksichtigen sind.

6.5 Auswirkungen neuer Technologien und Konzepte auf das Prozessmanagement

6.5.1 Digitalisierung

Aktuell werden unter dem Begriff der „Digitalisierung", also der elektronischen Planung, Steuerung und Ausführung von Geschäftsprozessen zahlreiche Diskussionen geführt. Der Begriff kann jedoch nicht losgelöst von Trends wie „Big Data", „Cloud-Computing", „Industrie 4.0" bzw. „Internet of Things" und „Social Web" betrachtet werden, da alle genannten Themen stark vernetzt sind (vgl. Abb. 6.6).

Im „IT-Radar für Business Process Management (BPM) und Enterprise-Resource-Planning (ERP)" wurden Analysen zu aktuellen und zukünftigen IT-Trends veröffentlicht (vgl. Komus et al. 2016). Beim dritten Erhebungszyklus (2015/2016) dominierten Einflussfaktoren wie „IT-Sicherheit", „Compliance", „Prozessintegration" und „Governance". Die häufig diskutierten Megatrends wie „Big Data" und „Industrie 4.0" sind bei den aktuellen Themen nicht unter die Top 10 gelangt, die „Digitalisierung" liegt auf Rang 12 (vgl. Abb. 6.7). Hier zeigt sich noch eine Lücke zwischen der allgemeine Diskussion dieser Zukunftsthemen und der aktuellen Bedeutung im Tagesgeschäft. Sichere und integrierte

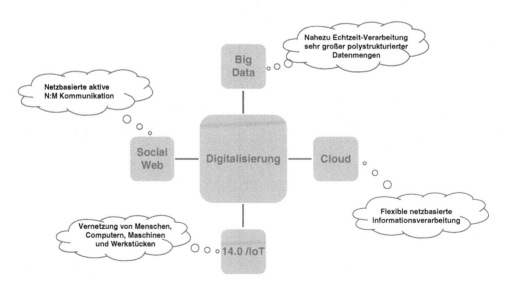

Abb. 6.6 IT-Megatrends

6.5 Auswirkungen neuer Technologien und Konzepte auf das Prozessmanagement

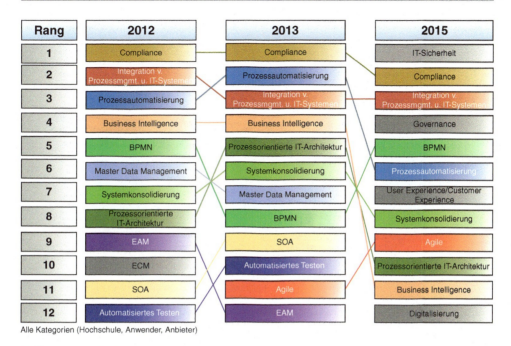

Alle Kategorien (Hochschule, Anwender, Anbieter)

Abb. 6.7 Aktuelle Themen (Komus et al. 2016)

Prozesse unter Einhaltung der gesetzlichen und unternehmenseigenen Regeln sind nach wie vor wichtige Herausforderungen.

Bei den Zukunftsthemen ist „Digitalisierung" auf Platz 5 positioniert (vgl. Abb. 6.8). Die Trends „Big Data" und „Industrie 4.0" verzeichnen nach dieser Studie den größten Zuwachs an Bedeutung zwischen der aktuellen und zukünftigen Einschätzung der Teilnehmer. Megatrends werden durch Anbieter und Nutzer getrieben. Angebot schafft Nachfrage und Nachfrage schafft Angebot. Die seit mehr als fünf Jahren anhaltend steigende Nutzung von Smartphones hat nicht nur zu einer zunehmenden Nachfrage nach schnellen IT-Diensten geführt, sondern auch das Verhalten der Menschen insgesamt stark geändert. Der Zukunftsforscher Markowetz spricht sogar schon vom „Homo Digitalis", also einer neuen Generation von Menschen, die ohne digitale Vernetzung den Alltag nicht mehr bewältigen können (vgl. Markowetz 2015, S. 15). Sie sind permanent mit dem Internet verbunden und richten ihr Handeln nach den Empfehlungen der digitalen Helfer aus. Dieser Aspekt wird die Geschäftsprozesse der Zukunft nachhaltig verändern.

6.5.2 Big Data

Das Interesse an Big Data nimmt stetig zu (vgl. Google Trends 2015). Zu Beginn standen vor allem technische Aspekte wie Speichertechnologien (z. B. *In-Memory*) und Datenbanktypen (z. B. *No-SQL-Datenbanken*) im Vordergrund. Mittlerweile werden

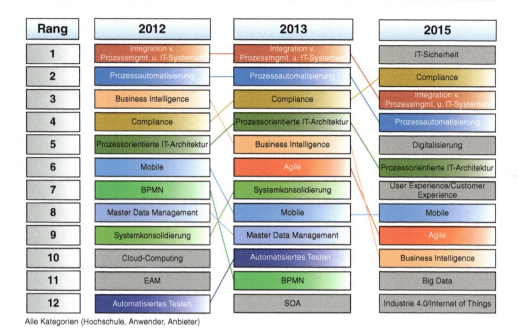

Abb. 6.8 Zukünftige Themen (Komus et al. 2016)

betriebswirtschaftliche Anwendungsfälle wie die Entwicklung neuer Strategien und Geschäftsmodelle sowie die Optimierung von Geschäftsprozessen diskutiert (vgl. Bange et al. 2015).

Herkunft des Begriffes Die Urheberschaft des Begriffes lässt sich nicht eindeutig klären (vgl. Klein et al. 2013). Grundsätzlich kann Big Data als normale Weiterentwicklung der Analyse und Nutzung von Daten betrachtet werden. In der Vergangenheit wurden hierfür in den letzten 30 Jahren u. a. die Begriffe „Decision Support", „Executive Support", „Online Analytical Processing", „Business Intelligence und Analytics" verwendet. Seit etwa 2010 wird zunehmend Big Data als Begriff genutzt. Häufig wird zur Beschreibung auf die sogenannten „drei Vs" volume, velocity und variety des Analysten- und Beratungshauses Gartner verwiesen, (vgl. Beyer 2011). Big Data ist charakterisiert durch ein hohes Mengenvolumen (Data Volume), enorme Geschwindigkeiten der Informationsverarbeitung (data velocity) sowie die Vielfalt der verarbeitungsfähigen Daten (data variety). Diese Merkmale wurden später um die Aspekte Werthaltigkeit (Value) und Widerspruchsfreiheit (validity) ergänzt (vgl. Bachmann et al. 2014, S. 23). Andere Autoren haben noch den Aspekt der Wahrhaftigkeit oder Glaubwürdigkeit (veracity) hinzugefügt (vgl. Beyer und Laney 2012).

Definition Big Data Eine der ersten Definitionen stammt vom Doug Laney, der Big Data 2001 als „Datenmengen, die größer sind, als man es gewöhnt ist" definiert (vgl.

6.5 Auswirkungen neuer Technologien und Konzepte auf das Prozessmanagement

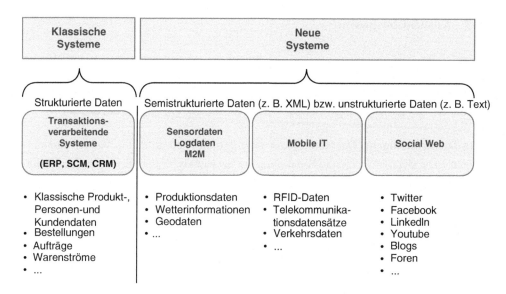

Abb. 6.9 Big Data Datenquellen

Laney 2012) hat. Der Ansatz polystrukturierten Daten (vgl. Bange et al. 2013, S. 13) macht deutlich, dass nicht nur strukturierte Daten aus ERP-Systemen und anderen Quellen genutzt werden, sondern auch teil- oder nichtstrukturierte Daten wie Videos, Bilder oder freie Texte (vgl. Abb. 6.9).

Eine praxisnahe und für das Management nutzbare Definition stammt vom BITKOM: „Big Data ist die [...] wirtschaftlich sinnvolle Gewinnung und Nutzung entscheidungsrelevanter Erkenntnisse aus qualitativ vielfältigen und unterschiedlich strukturierten Informationen, die einem schnellen Wandel unterliegen und in bisher ungekanntem Umfang anfallen" (BITKOM 2012, S. 7). Die Erläuterung zeigt nicht nur den technischen Hintergrund auf, sondern fokussiert den unternehmerischen Aspekt der hinter Big Data steht. Es geht darum, die neuen Werkzeuge für das strategische und operative Geschäft zu nutzen. Big Data stellt Werkzeuge bereit, die geschäftskritische Anwendungen wie beispielsweise die Vertriebssteuerung oder die Produktionsüberwachung unterstützen und mit denen neue Geschäftsmodelle auf der Basis von verfügbaren Daten entwickelt werden können. Da nicht sämtliche Daten ausgewertet werden können, ist es für das Controlling wichtig sich mit den wesentlichen Informationen zu beschäftigen. Visualisierungswerkzeuge haben hier neue Möglichkeiten geschaffen.

Viele Unternehmen nutzen Big-Data-Technologien vorrangig dafür, etablierte Geschäftsprozesse wie Reporting, Kundenanalysen oder Verhaltensanalysen zu beschleunigen. Big Data bieten jedoch deutlich mehr Wachstumspotenzial, wenn das Management bereit ist, in innovative neue Geschäftsmodelle und -prozesse zu investieren.

6.5.3 Cloud-Computing

Prozess-Sicht IT-Leistungen werden zunehmend aus der „Cloud" bereitgestellt, also durch externe Dienstleister. Cloud-Computing ist die Bereitstellung von IT-Dienstleistungen über Netzwerke, speziell das Internet wobei folgende Eigenschaften zugeordnet werden können: On-demand-Zugriff, Pay-per-use und Elasticy (vgl. Biebl 2012, S. 24).

- **On-Demand-Zugriff:** Der Nutzer kann automatisiert IT-Ressourcen „buchen und kündigen". Die Bereitstellung und Kündigung der Services erfolgt ohne direkte Interaktion in sehr kurzer Zeit.
- **Pay-per-use:** Die IT-Services werden nach Nutzung abgerechnet. Fixkosten fallen in der Regel keine oder nur in vergleichsweise geringem Umfang an. Übliche Abrechnungsgrößen sind z. B. Datentransfervolumen oder Datenspeichervolumen. Der Nutzer kann die Berechnungsgrundlagen selbst nachvollziehen.
- **Elasticy:** Der Nutzer kann auf scheinbar unbegrenzte Ressourcen zurückgreifen. Die Bereitstellung der Dienste erfolgt in kürzester Zeit. Dies ist bei kurzfristig auftretenden Bedarfsspitzen von Interesse, wenn große Datenmengen in kurzer Zeit analysiert werden müssen.

Damit unterscheidet sich Cloud-Computing von klassischen Outsourcing-Modellen, die statisch geprägt sind. Klassische Outsourcing-Modelle erfordern langwierige Vertragsverhandlungen, haben längere Laufzeiten und sind nur schwer für das Unternehmen umkehrbar, was zu einer vielfach unerwünschten Abhängigkeit vom IT-Dienstleister führt.

Technische Sicht Cloud-Computing wird üblicherweise auf vier hierarchische Ebenen betrachtet: „Human as a Service", „Software as a Service", „Platform as a Service" und „Infrastructure as a Service".

Die unterste Ebene des „**Infrastructure as a Service**" stellt den Zugriff auf virtuelle Hardware bereit. Typische Beispiele sind die Services von Amazon zur Bereitstellung virtueller Server („Elastic Compute Cloud") oder die Bereitstellung von Massenspeicher durch Google („Cloud Storage"). Diese Services entbinden den Kunden davon, eigene Rechenzentren mit der notwendigen Sicherheitsinfrastruktur zu betreiben.

Die darüber liegende Schicht richtet sich primär an Softwareentwickler. „**Platform as a Service**" stellt den Entwicklern vollständige Entwicklungsumgebungen bereit. Hierzu gehört z. B. das Angebot „Azure" von Microsoft, eine Plattform zur Erstellung von Cloud-Anwendungen.

Die dem Endanwender bekannteste Schicht stellt „**Software as a Service**" dar. Hierunter sind Anwendungen zu verstehen, die sich primär an den Endanwender (privat oder geschäftlich) richten. Die Anzahl möglicher Beispiele ist enorm groß. Typische Anwendungen sind Email-Services (web.de), Suchdienste (google), Office-Lösungen (Microsoft 365) oder vollständige Enterprise-Resource-Planning-Systeme (SAP Business ByDesign).

Die aus Anwendersicht weniger bekannte oberste Schicht des **„Human as a Service"** ist ein Ansatz des Crowd-Sourcing. Sie nutzt Cloud-Lösungen zur Übertragung von Aufgaben an menschliche Ressourcen. Als typisches Beispiel lässt sich der Amazon Service „Mechanical Turk" anführen, mit dem Mikroaufgaben an eine große Zahl von „Crowdworkern" verteilt und überwacht werden können.

Organisationsformen Die Organisation von Cloud-Diensten wird meist mit den Kategorien „Private Cloud", „Community Cloud", „Public Cloud" und „Hybrid Cloud" beschrieben (vgl. Abb. 6.10).

Bei der „Private Cloud" gehören Anbieter (z. B. interne IT-Abteilung) und Nutzer (Fachbereiche des Unternehmens) zur gleichen Benutzerorganisation (im Beispiel der Abb. 2 zur „Benutzerorganisation"). Die Hauptmotivation für dieses Konzept ist der Sicherheitsaspekt: Die Kontrolle der Daten verbleibt vollständig beim Nutzer. Allerdings erfordert eine private Cloud enorm hohe Investitionen in Hardware, Software und Personal.

Die „Community Cloud" ermöglicht es, einheitliche Services für Benutzerorganisationen mit ähnlichen Anforderungen hinsichtlich Sicherheit, Compliance oder Funktionalität anzubieten. Der Betrieb kann dabei durch einen oder mehrere Benutzerorganisationen, eine externe Organisation oder eine beliebige Kombination daraus erfolgen [3]. Insbesondere für stärker regulierte Branchen wie Finanzdienstleister oder das Gesundheitswesen kann eine solche Lösung von Interesse sein, aber auch für die öffentliche Hand.

Die „Public Cloud" ist der Standardfall für Cloud-Computing. Anbieter und Nutzer gehören zu unterschiedlichen Benutzerorganisationen. Der Zugang zur Cloud erfolgt oft

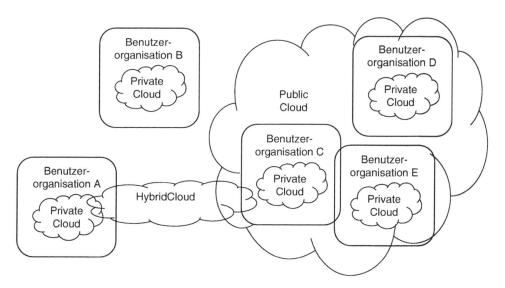

Abb. 6.10 Cloud-Organisation (in Anlehnung an Kunze et al. 2019, S. 26)

durch ein internetbasiertes Portal. Die Nutzung setzt einen Vertrag zwischen den Parteien voraus, der häufig unkompliziert online geschlossen wird.

Unter Hybrid Clouds werden beliebige Mischformen verstanden. Ein typisches Anwendungsszenario ist die Bereitstellung von Ressourcen für Lastspitzen durch einen Anbieter aus der externen Public Cloud. Im Business Intelligence (BI) werden beispielsweise Inhalte für das Reporting aus internen („Private Cloud") und externen Quellen („Public Cloud") gemischt und zumindest teilweise externen Benutzern zugänglich gemacht (Seufert und Bernhardt 2010).

Die steigende Nutzung von Cloud-Diensten hat für die Unternehmen schwer einschätzbare Folgen, denn jeder Mitarbeiter kann ohne Einschaltung des IT-Bereiches aktiv werden, sofern er über einen Internetzugang verfügt und bei zahlungspflichtigen Diensten die erforderlichen Mittel bereitstellen kann. Der Anteil der Unternehmen, die zumindest wesentliche Teile ihrer Anwendungen in die „Cloud" ausgelagert haben, ist drastisch angestiegen (vgl. Chow et al. 2009).

Dieser Trend zur „Schatten IT" hat bereits zu Veränderungen geführt. War der CIO früher in erster Linie zur Unterstützung von Anwendern zuständig, wandelt sich seine Rolle hin zu beratenden, strategischen und regulatorischen Tätigkeiten, die als IT-Governance bezeichnet werden (vgl. Bremmer 2014).

6.5.4 Industrie 4.0/Internet der Dinge

Der Begriff „Industrie 4.0" hängt stark mit dem „Internet der Dinge" zusammen. Hierunter sind vernetzte Betriebsmittel (Maschinen, Geräte, Gebäude u. a.), Menschen und intelligente Objekte, die ihren Status, ihre Verwendung und Historie kennen, zu verstehen. Sämtliche Objekte werden in einer Smart Factory zu Cyber-Physical-Systems (CPS) verschmolzen, welche die Produktionsprozesse flexibel ausführen (vgl. Arbeitskreis Industrie 4.0 2013).

Das Trendthema „Industrie 4.0" bzw. „Internet der Dinge" sorgt nicht nur in der Industrie für umfassende Aktivitäten, sondern auch die Bundesregierung bemüht sich durch flankierende Maßnahmen den Standort Deutschland zu stärken. Das Bundesministerium für Wirtschaft und Energie hat Studien zur Erschließung der Potenziale der Anwendung von „Industrie 4.0" im Mittelstand (vgl. Bischof 2015) durch externe Spezialisten durchführen lassen und richtet Mittelstand 4.0-Kompetenzzentren ein, um mittelständische Unternehmen bei der Einführung und Nutzung von Industrie 4.0 zu unterstützen. Die Aufgabe der Zentren besteht darin umsetzbares Wissen zur Anwendung von Industrie 4.0 in betriebliche Prozesse „in die Sprache des Mittelstandes" zu übersetzen (Bundesministerium für Wirtschaft und Energie 2016). Hierdurch soll das mittelständische, oft familiär geprägte Management dazu bewegt werden, einen Umschwung in den Unternehmen zu vollziehen.

Trotz der aktuell intensiven Diskussion ist der Reifegrad von Industrie 4.0 noch eher bescheiden. Die im Rahmen von Industrie 4.0 diskutierten Technologien wie Augmented Reality, Machine-to-Machine Communication, Virtual Reality, Enterprise 3D-Printing werden teilweise in 10 Jahren den notwendigen Reifegrad für eine produktive Nutzung im Regelbetrieb aufweisen (vgl. Siepmann et al. 2016, S. 251).

6.5.5 Auswirkungen auf Geschäftsmodelle und -prozesse

Die Digitalisierung bietet ein hohes Wachstumspotenzial, wenn das Management bereit ist, in innovative neue Geschäftsmodelle und –prozesse zu investieren (vgl. Gadatsch 2016, S. 63). Der seit langem anhaltende Weg der Digitalisierung von Prozessen nimmt weiter zu und erreicht Anwendungsbeispiele, die bislang nicht denkbar waren. Werth, Greff und Scheer skizzieren beispielsweise unter dem Label „Consulting 4.0" einen digitalisierten Beratungsprozess, der anders als heute, wo die Digitalisierung vieler Beratungsunternehmen beim Kontaktformular endet den gesamten Beratungsprozess von der Problemidentifikation, Analyse, Problemlösung und deren Umsetzung umfasst (vgl. Werth et al. 2016).

Controllingprozesse als Anwendungsbeispiel für Big Data Nachfolgend sind exemplarisch Beispiele aus dem Controlling aufgeführt, die zeigen, dass noch Einsatzpotenziale gehoben werden können (entnommen und modifiziert aus Gadatsch 2016d, S. 65).

- *Öffentliches Finanz-Controlling:* Der US Bundesstaat North Carolina konnte Big Data nutzen, um den Abrechnungsbetrug zu bekämpfen und verdächtige Ansprüche in Höhe von 200 Millionen US Dollar zu ermitteln.
- *Öffentliches Kunden-Controlling*: In Frankreich wertet eine Stadt Social-Media-Beiträge aus, um die Bedürfnisse der Bürger zu ermitteln und zu priorisieren.
- *Produktions-Controlling:* Die Analyse von Maschinenteilen im laufenden Betrieb ermöglicht es, die Erstellung dynamischer vorbeugender Wartungspläne zu erstellen.
- *Produktions-Controlling*: In diesem Sektor sind bereits zahlreiche Lösungen in der Praxis implementiert worden. Der Softwareanbieter „Blue Yonder" berichtet von einer Predictive-Maintenance-Lösung. So kann seine Software anhand von systematisch ausgewerteten Maschinendaten frühzeitig erkennen, bei welchen Anlagen weltweit demnächst technische Probleme auftauchen könnten (vgl. Blue 2015).
- *Vertriebs-Controlling*: Hier sind eine verbesserte Analyse des Kundenverhaltens, die Vorhersage von abspringenden Kunden sowie die, Echtzeitanalyse der Wirksamkeit von Werbekampagnen möglich.
- *IT-Controlling*: Die Vorhersage von Betriebsausfällen und Störungen oder Häufungen von Benutzeranfragen können dazu beitragen, die Stabilität der Informationssysteme zu verbessern und in Folge dessen die IT-Personalplanung zu vereinfachen.
- *Finanz-Controlling:* Eine klassische Anwendung ist die Betrugserkennung bei Zahlungsvorgängen, möglichst in Echtzeit. Die von Finanz- und Kreditkartenunternehmen entwickelten Algorithmen lassen sich auch auf interne Zahlungsströme übertragen.
- *Personal-Controlling*: Der Mangel an gut ausgebildeten Fachkräften kann durch die Früherkennung von abwanderungswilligen Mitarbeitern gemildert werden, wenn zeitnahe Gegenmaßnahmen getroffen werden können.

6.6 Wiederholungsfragen und Übungen

6.6.1 Fragen

1. Erläutern Sie den Unterschied zwischen Grafikprogrammen und speziellen Modellierungswerkzeugen.
2. Was sind zentrale Fragen, die bei der Auswahl eines Modellierungswerkzeuges zu beachten sind?
3. Beschreiben Sie die Kernfunktionalität eines Workflow-Management-Systems.
4. Erläutern Sie den Begriff des ERP-Systems und nennen Sie einige Bereiche eines Unternehmens, die typischerweise durch ERP-Systeme unterstützt werden.
5. Begründen Sie, weshalb die Einführung und der Einsatz von ERP-Systemen in einen Regelkreislauf (Life-Cycle) führen.
6. Wieso können ERP-Systeme auch als Systeme zur Prozess-Steuerung eingestuft werden?
7. Diskutieren Sie die Behauptung, dass beim Einsatz von Individualsoftware die Abhängigkeit von Herstellern geringer ist, als beim Einsatz von Standardsoftware.
8. Aus welchen Gründen setzen viele Unternehmen verstärkt Standardsoftware ein?
9. Begründen Sie die Notwendigkeit des Einsatzes von Referenzprozessmodellen im Rahmen des Life-Cycle-Modells für die Einführung von Standardsoftware.
10. Was spricht in folgenden Fällen für oder gegen eine Individualentwicklung von Software?
    - Austausch einer 30 Jahre alten Logistiksoftware, die den heutigen Anforderungen nicht mehr entspricht
    - Austausch eines 15 Jahre alten Personalabrechnungssystems
    - Einführung einer modernen Email-Software für die interne Kommunikation
11. Welche Einführungsstrategie empfehlen Sie in den folgenden Fällen?
    - Einführung einer zentral genutzten Buchhaltungssoftware bei einem Lebensmitteldiscounter
    - Einführung eines Logistiksystems bei einem Elektronikhändler mit Filialen und Onlineshop
    - Einführung eines Campus-Management-Systems bei einer Hochschule mit einem Standort
12. Wie wirken sich neue Trends, wie z. B. die Digitalisierung auf das Prozessmanagement aus?

6.6.2 Fallstudie

Die Fallstudie betrachtet ein Unternehmen des Anlagenbaus mit etwa 1400 Mitarbeitern. Davon arbeiten etwa 75 % am Hauptsitz in Deutschland. Die restlichen Mitarbeiter arbeiten weltweit in den Regionallägern, Vertriebsbüros und Niederlassungen. Der Jahresumsatz beträgt 640 Mio. Euro.

6.6 Wiederholungsfragen und Übungen

SITUATIONSBESCHREIBUNG Der Zentralbereich Organisation und IT verantwortet die Organisation und IT-Planung, das Rechenzentrum und die Anwendungsentwicklung sowie den PC-Benutzerservice und berichtet an den kaufmännischen Vorstand. Der PC-Benutzerservice wird von einem externen Dienstleister wahrgenommen. Für die Realisierung des derzeit größten IT-Projektes „Einführung einer betriebswirtschaftlichen Standardsoftware" wurde ein großes Softwarehaus mit entsprechender Erfahrung in derartigen Projekten beauftragt. Das Unternehmen führt eine komplexe betriebswirtschaftliche Standardsoftware ein. Das Projektbudget beträgt ohne Kosten für neu anzuschaffende Hardware etwa 2 Mio. EUR. Bisher wurde eine weitgehend selbst entwickelte Software genutzt, die den gewachsenen Anforderungen des Unternehmens nicht mehr Rechnung trägt. Das Altsystem wurde in den vergangenen Jahren aus Kostengründen kaum weiterentwickelt. Ziel des Projektes ist die vollständige Ablösung des Altsystems und möglichst umfassende Nutzung der Standardsoftware. Mit der Durchführung des Einführungsprojektes wurde ein Softwarehaus beauftragt, da im eigenen Unternehmen kein spezifisches Know-how zur Verfügung steht. Im Rahmen des Projektes sollen die eigenen Mitarbeiter so ausgebildet werden, dass sie die spätere Betreuung und Weiterentwicklung der Standardsoftware selbstständig übernehmen können. Das Projekt wurde in fünf funktional zugeschnittene Teilprojekte gegliedert und damit an die organisatorischen Zuständigkeiten im Hause angepasst: Rechnungswesen, Personalwesen, Logistik und Produktion, Vertrieb sowie als Querschnittssteilprojekt Technik. Leiter des Projektes ist ein Mitarbeiter der IT-Abteilung, der über eine betriebswirtschaftliche Ausbildung und langjährige Erfahrung verfügt. Er berichtet an den Leiter Organisation und IT, der zugleich den Lenkungsausschuss führt. Im Lenkungsausschuss sind die Leiter der Organisationseinheiten Rechnungswesen, Personalwesen usw. vertreten. Den zuständigen kaufmännischen Vorstand erreichen bereits nach wenigen Monaten ernst zu nehmende Hinweise seiner Mitarbeiter über den Projektfortschritt, die in den folgenden Abschnitten kurz skizziert sind.

Stand der Arbeiten Die Fachkonzepte der Teilprojekte Rechnungs- und Personalwesen wurden weitgehend fertig erstellt, da sich die verantwortlichen Führungskräfte auf die weitgehende Nutzung der Standardfunktionen der Software einigen konnten. Durch die starke Integration der Standardsoftwaremodule sind noch mehrere abteilungsübergreifende Aufgaben mit Bezug zum Teilprojekt Logistik und Produktion sowie dem Teilprojekt Vertrieb zu regeln. So durchläuft der Beschaffungsprozess beispielsweise nacheinander die Abteilungen Einkauf, Wareneingang, Rechnungsprüfung, Kreditorenbuchhaltung und Hauptbuchhaltung. Da der Gesamtprozess abgestimmt werden muss, sind Regelungen in mehreren Fachkonzepten zu treffen. Die Fachkonzepte für die Teilprojekte Logistik und Produktion sowie Vertrieb sind unvollständig. Wesentliche Geschäftsprozesse sind noch in der Diskussion. Der Grund liegt darin, dass die derzeitigen Arbeitsabläufe in diesen Aufgabenbereichen sehr weit von den Referenzprozessen der Standardsoftware entfernt sind und noch keine Einigung über eine Prozessrestrukturierung erzielt werden konnte. Die Leiter der Fachabteilungen bestehen in der Diskussion mit den Beratern des Softwarehauses auf der Übertragung von historisch gewachsenen Arbeitsabläufen in die Standardsoftware und insbesondere auf Beibehaltung der bisherigen organisatorischen

Zuständigkeiten. Die Software-Berater argumentieren, dass die Abläufe des Unternehmens bei einer stärkeren Bereitschaft zum Business-Reengineering innerhalb der Möglichkeiten der Standardsoftware zu lösen sind. Allerdings können sie sich in der Diskussion mit den verantwortlichen Mitarbeitern der Fachabteilungen nicht immer durchsetzen. Das Teilprojekt Technik umfasst technische Aufgaben im engeren Sinne (Aufbau und Inbetriebnahme der Hardware, Vernetzung usw.) sowie die Erstellung eines Berechtigungskonzeptes. Hierunter ist die organisatorisch-fachliche Regelung der Verantwortlichkeiten für Prozesse (z.B. Wer darf den Kreditorenzahllauf durchführen?, Wer darf Lieferanten- und Kundenstammsätze anlegen und ändern?) und Objekte (Zugriff auf einzelne Kostenstellen, Materialien, Personaldaten usw.) und deren technische Hinterlegung in Systemtabellen zu verstehen. Bedingt durch die noch unvollständige Beschreibung der fachlichen Konzepte konnten bisher nicht alle Berechtigungen festgelegt und implementiert werden.

Projektorganisation Die Mitglieder des Projektteams sind an mehreren Standorten verteilt untergebracht. Projektmeetings finden wöchentlich in verschiedenen einzeln anzumietenden Besprechungsräumen statt. Ein zentrales Projektbüro steht nicht zur Verfügung. Kurzfristige Meetings mit mehr als vier Personen sind oft mangels geeigneter Besprechungsräume nicht organisierbar. Zahlreiche Mitarbeiter der Fachabteilungen sind nicht von ihrer regulären Tätigkeit freigestellt. Dies führte in der Vergangenheit mehrfach zu Terminkollisionen mit der Konsequenz, dass das Tagesgeschäft mehrfach Vorrang vor den Projekttätigkeiten hatte. Einzelne Berater des Softwareunternehmens sind in weiteren Projekten anderer Kunden tätig. Insbesondere im Teilprojekt Logistik und Produktion häufen sich Beschwerden der Fachabteilungsmitarbeiter über die Nichtverfügbarkeit einzelner Berater. Einige Teilprojektleiter der Fachabteilungen dürfen für das Projekt keine verbindlichen Entscheidungen treffen, da sich ihre jeweiligen Führungskräfte wichtige Entscheidungen vorbehalten haben. Dies führt bei schwierigen Fragen, z.B. wenn Geschäftsprozesse und organisatorische Regelungen zu verändern sind, regelmäßig zu Verzögerungen in der Projektarbeit, da die Softwareberater mehrere Mitarbeiter des Fachbereiches überzeugen müssen.

AUFGABENSTELLUNG Der kaufmännische Vorstand möchte sich ein unabhängiges Bild über die Situation des Projektes verschaffen und beauftragt einen unabhängigen externen Berater damit, Lösungsvorschläge zur Verbesserung der Situation zu erarbeiten.

LÖSUNGSVORSCHLAG Ein Grundproblem des Projektes ist die Missachtung des Zusammenhangs zwischen Business Reengineering und dem Einsatz der Informationstechnik. Die Einführung von Standardsoftware führt im Regelfall nur dann zum Erfolg, wenn sich das Unternehmen hinsichtlich seiner Prozesse an die vorgesehenen Möglichkeiten der Standardsoftware anpasst. Das Beharren auf traditionellen Lösungen erhöht die Einführungskosten und den späteren Wartungsaufwand z.B. bei einem Release Wechsel.

Moderne betriebswirtschaftliche Standardsoftware setzt meist eine Prozessorganisation voraus, die im vorliegenden Fall offensichtlich nicht vorliegt. Der Vorstand sollte das Projekt stoppen und eine Restrukturierungsphase einlegen, in der zunächst über eine angemessene, an den Referenzprozessen der ausgewählten Standardsoftware orientierte Reorganisation nachgedacht wird. Sollte die Standardsoftware die betriebswirtschaftlichen Ziele im Kernbereich des Unternehmens (Produktion, Logistik und Vertrieb) nicht abdecken, muss ggf. auch die Auswahlentscheidung überdacht werden. Der funktionale Zuschnitt des Projektes begünstigt Abteilungsdenken und Bereichsegoismen. Dies wirkt auch auf die gewählte Projektorganisation, welche ein Spiegelbild der Aufbauorganisation darstellt.

Nach Vorliegen eines Konzeptes für die Prozessorganisation (s. o.) sollte die Projektorganisation nicht nach funktionalen Aufgaben, sondern nach möglichst umfassenden Prozessketten (z. B. Teilprojekte für Auftragsbearbeitungsprozess, Ersatzteilgeschäft usw.) gegliedert werden. Die Projektmitglieder müssen von den verantwortlichen Führungskräften (Prozessverantwortliche) die Kompetenz für Entscheidungen übertragen bekommen. Für die Dauer des Projektes muss das Kernteam ein zentrales Projektbüro mit Konferenz- und Arbeitsräumen erhalten. Die Berater des beauftragten Softwarehauses müssen für die Projektlaufzeit durchgängig zur Verfügung gestellt werden. Der Projektleiter sollte an den Gesamtvorstand berichten, da es sich um ein unternehmenskritisches Projekt handelt. Der Lenkungsausschuss ist neu zu besetzen, abhängig von der zukünftigen Prozessorganisation.

Literatur

Adam, S.; Koch, S.; Neffgen, F.; Riegel, N.; Weidenbach, J.: Business Process Management – Marktanalyse 2014, BPM Suites im Test, Fraunhofer IESE, Kaiserslautern, 2014

Allweyer, T.: BPMN-Prozessmodelle und Unternehmensarchitekturen. Untersuchung von Ansätzen zur Methodenintegration und ihrer Umsetzung in aktuellen Modellierungstools, Forschungsbericht, Hochschule Kaiserslautern 2014

Arbeitskreis Industrie 4.0: Deutschlands Zukunft als Produktionsstandort sichern Umsetzungsempfehlungen für das Zukunftsprojekt Industrie 4.0 Abschlussbericht des Arbeitskreises Industrie 4.0, Frankfurt 2013, http://www.plattform-i40.de, Abruf 26.02.2016

Bachmann, R.; Kemper, G.; Gerzer, T.: Big Data – Fluch oder Segen? Unternehmen im Spiegel gesellschaftlichen Wandels, Heidelberg, 2014

Bange, C./Grosser, T./Janoschek, N. (2013): Big Data Survey Europe. Nutzung, Technologie und Budgets europäischer Best Practice Unternehmen. BARC Research Study, Würzburg

Bange, C./Grosser, T./Janoschek, N. (2015): Big Data Use Cases. Getting real on data monetization. BARC Research Study, Würzburg

Beyer M. (2011): Gartner Sys Solving „Big Data" Challenge Involves More Than Just Managing Volumes of Data, http://www.gartner.com, Abruf. 15.12.2011

Beyer, M. A.; Laney, D.: The importance of big data. A definition. Stamford, CT., 2012

Biebl, J.: Wofür steht Cloud-Computing eigentlich?, in: Wirtschaftsinformatik und Management, 01/2012, S. 22–29

Bischof, J. (Hrsg), (2015): Im Auftrag des Bundesministeriums für Wirtschaft und Energie: Studie Erschließen der Potenziale der Anwendung von ‚Industrie 4.0' im Mittelstand, Mühlheim an der Ruhr

BITKOM (Hrsg): Big Data im Praxiseinsatz – Szenarien, Beispiele, Effekte, Berlin, 2012

Blue Yonder: White Paper Vorausschauende Wartung, Karlsruhe, o. J.

Bremmer, M.: BT-Umfrage: Schatten-IT verändert die Rolle des CIO, in: CIO-Magazin, 31.12.2014, http://www.cio.de/a/schatten-it-veraendert-die-rolle-des-cio,2979274?utm_source=twitterfeed&utm_medium=twitter, Abruf 02.01.2015

Bundesministerium für Wirtschaft und Energie (Hrsg.) (2016): Mittelstand 4.0-Kompetenzzentren, http://www.mittelstand-digital.de/DE/Foerderinitiativen/Mittelstand-4-0/kompetenzzentren.html, Abruf am 09.02.2016

Buxmann, P.; König, W.: Zwischenbetriebliche Kooperationen auf Basis von SAP-Systemen, Berlin et al., 2000

Chow, R.; Golle, P.; Jakobsson, M.; Shi, E.; Steddon, J.; Masuoka, R.; Molina, J.: Controlling Data in the Cloud: Outsourcing Computation without Outsourcing Control, in: Proceedings CCSW '09 Proceedings of the 2009 ACM workshop on Cloud computing security, 2015, Pages 85–90, ACM New York, NY, USA ©2009, doi>10.1145/1655008.1655020

Dadam, P.; Reichert, M.; Rinderle-Ma, S.: Prozessmanagementsysteme, Nur ein wenig Flexibilität wird nicht reichen, in: Informatik Spektrum, Band 34, Heft 4, August 2011, S. 365–376

Gadatsch, A.: Die Möglichkeiten von Big Data voll ausschöpfen, Controlling & Management Review, Sonderheft 1/2016, S. 62–66

Gadatsch, A. (2016d): Die Möglichkeiten von Big Data voll ausschöpfen, Controlling & Management Review, Sonderheft 1/2016, S. 62–66

Gehring, H.: Betriebliche Anwendungssysteme, Kurseinheit 2, Prozessorientierte Gestaltung von Informationssystemen, FernUniversität Hagen, Hagen, 1998

Google Trends: Schlagwortsuche „Big Data", https://www.google.de/trends, Abruf 02.11.2015

Klein, D.; Tran-Gia, P./Hartmann, M.: Big Data, in: Informatik-Spektrum, (36), 2013, 3, S. 319–323.

Komus, A.; Gadatsch, A.; Kuberg, M.: 3. IT-Radar für BPM und ERP, Ergebnisbericht mit Zusatzauswertungen für Studienteilnehmer, Koblenz und Sankt Augustin, 1 Quartal 2016

Laney, D. (2012): Big Data, Online im Internet, http://blogs.gartner.com/doug-laney/deja-vvvue-others-claiming-gartners-volume-velocity-variety-construct-for-big-data/, Blogeintrag, Abruf am 05.12.2013

Lassen, S.; Lücke, Th.: IT-Projektmanagement in der modernen Softwareentwicklung, in: Projektmanagement, Heft 1, 2003, S. 18–28

Loos, P.: Dezentrale Planung und Steuerung in der Fertigung – quo vadis?, in: Organisationsstrukturen und Informationssysteme auf dem Prüfstand. 18. Saarbrücker Arbeitstagung 1997 für Industrie, Dienstleistung und Verwaltung, Heidelberg, 1997, S. 83–99

Martin, R.; Mauterer, H.; Gemünden, H.-G.: Systematisierung des Nutzens von ERP-Systemen in der Fertigungsindustrie, in: Wirtschaftsinformatik, 44. Jg., 2002, Heft 2, S. 109–116

Markowetz, A.: Digitaler Burnout, Warum unsere permanente Smartphone-Nutzung gefährlich ist, München, 2015

Maucher, I.: ERP-Einführung: Den komplexen Wandel bewältigen, in: Zeitschrift für industrielle Geschäftsprozessen, Heft 4, 2001, S. 23–26

Mauterer, H.: Der Nutzen von ERP-Systemen, Eine Analyse am Beispiel von SAP R/3, Wiesbaden, 2002

Nägele, R.; Schreiner, P.: Bewertung von Werkzeugen für das Management von Geschäftsprozessen, in: Zeitschrift für Organisation, 71 Jg., 2002, Heft 4, S. 201–210

Seufert, A.; Bernhardt, N.: Business Intelligence und Cloud-Computing, HMD275, 47. Jahrgang, Oktober 2010, S. 39

Siepmann, D. Roth, A.: Industrie 4.0 Ausblick, in: Roth, A. (Hrsg.): Einführung und Umsetzung von Industrie 4.0, Berlin und Heidelberg, 2016, S. 247–260

Werth, D.; Greff, T.; Scheer, A.-W.: Consulting 4.0 – Die Digitalisierung der Unternehmensberatung, HMD, 53, 2016, S. 55–70, DOI 10.1365/s40702-015-0198-1

Zürcher Hochschule für Angewandte Wissenschaften (Hrsg.): Business Process Management, Zürich, 2014

Stichwortverzeichnis

A
Abhängigkeit, 82
Ablauforganisation, 2–3
Activity Diagram, 82
Add Ons, 96
Ad-hoc-Workflow, 14
Aktionsdatenbank, 3
Aktionsorientierte Datenverarbeitung (AODV), 3
Aktivität, 114
Aktivitätendiagramm, 90
Anwendungssoftware, 11
Anwendungssystem, 11, 107
Anwendungssystemgestaltung, 22
Architektur Integrierter Informationssysteme (ARIS), 4
Aufbauorganisation, 3
Aufgabenträger, 82
Augmented Reality, 162

B
Balanced-Scorecard, 62–63
Begriffssystem, 82
Big-Bang-Strategie, 153
Big Data, 5, 156
BITKOM, 159
Büroprozess, 8
Business Engineering, 32
Business Intelligence, 162

Business Process Management (BPM), 2
  BPM-Tool, 134
  BPM-Suite, 138
  BPM-Werkzeuge, 134
Business Process Management System (BPMS), 137
Business Process Model and Notation (BPMN), 112
  Notation, 114
Business Process Reengineering, 32
Business Reengineering, 32, 80

C
CASE-Tool, 134
Champy, J., 4, 6
Change the business, 51
Chief Process Officer (CPO), 51
Cloud-Computing, 4, 160
Community Cloud, 161
Controlling, 163
CPO. *Siehe* Chief Process Officer
Customizing, 146

D
Datenflussplan, 92
Datenobjekt, 121
Datenspeicher, 121
Diagrammsprache, 81

Digitalisierung, 156–157
Dramatisch, 33

E
Ebene, fachlich-konzeptionelle, 19
Einfluss-Prozessorganisation, 50
Einheit, organisatorische, 107
Einzelkennzahlen, 71
Elektronische Datenverarbeitung (EDV), 3
End-to-End-Prozess, 15
    Definition, 15
Enterprise 3D-Printing, 162
Enterprise Resource Planning (ERP), 146–147
Ereignis, 97

F
Fachkonzept, 94
Fehlersituation, 123
Fraunhofer Institut für experimentelle
    Softwareentwicklung (IESE), 138
Führungsprozess, 8
Fundamental, 33
Funktion, 96
Funktionssicht, 95

G
Gateway, 118
    inclusiver, 119
    komplexer, 119
    paralleler, 118
Geschäftsprozess, 6
    Definition, 12
    Ebenen, 24
Geschäftsprozessmanagement (GPM), 1
Geschäftsprozessoptimierung, 34, 80
Geschäftsprozess- und Workflowmanagement,
    integriertes, 19
Geschäftsprozessverantwortlicher, 15
Geschäftsprozessvereinbarung, 64
Grundsätze ordnungsgemäßer Modellierung
    (GoM), 126

H
Hammer, M., 4, 6
Hardwaresystem, 11
Hierarchisierung von Prozessen, 8

Homo Digitalis, 157
Human as a Service, 161
Hybrid Cloud, 162

I
Implementierung, 94
Industrie 4.0, 156, 162
Informationsobjekt, 107
Informationssystem, 11
Infrastructure as a Service, 160
ISO, 112
IT-Governance, 162
IT-Konzept, 94
IT-Radar, 156

J
Jost, W., 6

K
Kamineffekt, 31
Kennzahl, 65
Kennzahlensteckbrief, 69
Kerngeschäftsprozess, 85
Kernprozess, 8, 10
Kontrollfluss, 114–115
Kosten- und Leistungsrechnung, 65
Kunde, 65

L
Lean Production, 41
Leistungssicht, 95
Lieferant, 65

M
Machine-to-Machine Communication, 162
Make or Buy, 96
Manifest, agiles, 42
Matrixorganisation, 49–50
Mehrfachereignis, 123
Meta-Modell, 83
Methode
    datenflussorientierte, 81
    kontrollflussorientierte, 82
    objektorientierte, 82
Modell, 79

Modellierung
   fachliche, 24
   technische, 24
Modellierungsregel, EPK, 104
Modellierungssicht, 24

N
Nachrichtenfluss, 114
Nutzungsmodell, cloudbasiertes, 135

O
Objekt, 82
Österle, H., 4, 7, 33
OMG, 122
Optimierungskonzept, 56
Organisation, funktionale, 30
Organisationsgestaltung, 22
Organisationssicht, 95

P
Phasenmodelle, 25
Platform as a Service, 160
Pool, 117
Primärprozess, 8
Private Cloud, 161
Process Owner, 53
Process Performance Management, 41
Product Owner, 43
Prozess, 7
   Abstraktionsebenen, 8
   Analyse, 52
   Dokumentation, 52
   Hierarchisierung, 8
   nebenläufiger, 124
   Scorecard, 63
   technischer, 7
Prozessabgrenzung, 20
Prozessberater, 53
Prozesscontrolling, 59, 67
   strategisches, 60
Prozesseffizienz, 152
Prozesserhebungsformular, 88
Prozessführung, 20
Prozesskennzahl, 71
Prozesskostenrechnung, 75
Prozesslandkarte, 84
   Kraftfahrzeugbetrieb, 85

Prozessmanagement
   Konzept, 20
   Phasen, 25
   Struktur, 22
Prozessmanagementsystem (PMS), 21, 137
Prozessmanager, 53
Prozessmitarbeiter, 53
Prozessmodellierung, 20
Prozessorganisation, reine, 48, 50
Prozessqualität, 71
Prozessschritte, 82
Prozesssteckbrief, 86
Prozessstrategie, 63
Prozessverantwortlicher, 53
Prozessvereinbarung, 64
Prozesswürfel, 22
Prozesszeit, 71
Public Cloud, 135, 161

R
Radikal, 33
Realisierung, 56
Realisierungsplan, 56
Referenzmodell, 43, 86
   betriebswirtschaftliches, 43
Rollen, 51
Roll-Out-Strategie, 153
Round-Trip-Modellierung, 24
Run the business, 51

S
Scheer, A.-W., 4, 6
Schwellwert, 26
SCRUM, 43
Scrum Master, 43
Service Level Agreement (SLA), 64
Sichtenkonzept, 28
Situationsanalyse, 56
Skriptsprache, 81
Small Bang, 153
Software
   Beschaffung, 140
   Entwicklung, 82
   Referenzmodell, 44
Stabsorganisation, 49–50
Standardsequenzfluss, 115
Standardsoftware, Einführung, 83
Stephie's Bäckerei, 6

Steuerungsprozess, 8, 84
Steuerungssicht, 95
Strategie, 60
Sukzessiv-Strategie, 153
Swimlane-Diagramm, 90
Systematisierung des Prozessbegriffs, 6

T
Taylorismus, 1
Terminierung, 124
Termintreue, 71
Triggerdatenbank, 3

U
Unternehmensprozess, 6
Unternehmensprozessmodell, 44
Unterstützungsprozess, 8, 10, 85

V
Veränderungsprojekt, 51

Virtual Reality, 162
Vision, 60

W
Wasserfallmodell, 42
Workflow, 11–12
    allgemeiner, 14
    automatisierter, 14
    Definition, 13
    fallbezogener, 14
    freier, 14
    Management-System, 80
    Modelle, 80
    Monitoring, 21
    teilautomatisierter, 14
Workflowmanagement (WFM), 2, 20
Workflow-Management-System
    (WFMS), 12, 21, 136–137

Y
Youtube, 6

Printed by Printforce, the Netherlands